Guillemette Laferrère

Derrière la muraille de briques

Journal d'une Chine encore maoïste

ISBN : 978-2-493255-45-7

« Dépôt légal Juillet 2023 »

À François Cheng, Jacques Pimpaneau
et Danièle Li Chenshen, les maîtres-lettrés
qui m'ont fait découvrir et aimer le monde chinois

Avant-propos

Un voyage à Xiamen en Chine du Sud pour un dernier adieu à Danielle Li, ma professeure de Chinois en fin de vie, m'a tellement impressionnée par les changements radicaux de ce pays, qu'à mon retour je me suis replongée dans mes souvenirs d'un séjour à Kunming, au Yunnan, région isolée du Sud-Ouest de la Chine dans les années 1980.

Dans mon grenier, j'ai retrouvé une caisse en bois remplie de cahiers d'écoliers avec sur la couverture l'inscription en caractères rouges hǎo xuéxí Máo Zédōng de sīxiǎng[1]- « Étudions bien la pensée de Mao Zedong » et des centaines d'aérogrammes, légers feuillets bleus, pré-timbrés, qui se pliaient en trois et dont on léchait les rebords de la partie adresse pour les fermer avant de les confier à la poste. Archives endormies de ma vie à Kunming, pendant laquelle j'avais noté mes impressions tous les jours soit dans mon journal soit dans un courrier à un membre de ma nombreuse famille. C'était l'ère pré internet, et pré téléphone portable. Il n'y avait donc que l'écrit pour graver ses impressions et les pellicules de photos qui étaient développées en tirages papiers ou en diapositives. La découverte plus de quarante ans après de ces cahiers et de ces missives précieusement conservées et de plus de 1500 clichés, a ravivé mes souvenirs et a suscité l'envie de raconter mon expérience de cette Chine entre 1981 et 1982, aujourd'hui disparue.

La raison de mon intérêt pour la Chine est tout à fait fortuite, ce qui peut paraître étonnant vue que le choix d'apprentissage de cette langue difficile à une époque où elle n'était pas du tout populaire, a fait prendre à ma vie un tournant pour le moins marginal. J'ai décidé de m'inscrire en chinois, option japonais à l'Université de Lyon, alors

[1] La transcription du chinois utilisée pour une lecture occidentale est le pinyin.

que j'avais prévu de faire des études de langues européennes pour devenir interprète dans des institutions à Genève ou Bruxelles.

Pendant les deux premières années d'études à Lyon, nous n'étions que six étudiants aux profils très différents et aux objectifs divergents. Certains de mes collègues étaient des maoïstes convaincus qui participaient à toutes les manifestations possibles et essayaient de m'y entraîner. Il y avait même un assistant de notre Département, un Chinois du Cambodge, qui se disait ancien Khmer rouge et affichait son penchant pour des courants de pensées très gauchistes. J'avoue à l'époque que je n'étais pas intéressée par la politique mais fascinée par cette langue idéographique, l'histoire et la culture de la Chine si bien enseignées par Danielle Li, qui de professeure deviendra mon mentor.

Dans les années 1970, à 20 ans, je suis partie à Paris continuer aux Langues'O Licence et Maîtrise avec options littérature et poésie chinoises classiques, ayant le privilège de suivre les cours de Jacques Pimpaneau sur les arts de la scène et d'un jeune professeur de poésie, François Cheng. J'ai effectué un premier séjour d'un an à Taiwan en 1977-78, l'année où les États-Unis ont abandonné l'île de Tchang Kaï Chek[2] pour reconnaître la République Populaire de Chine. C'est lors de ce séjour à l'Université Fu Jen de Taipei que je me suis vraiment immergée dans la langue chinoise. Même avec une licence en poche, les débuts furent très difficiles. Je comprenais difficilement les indications de direction quand je m'égarais dans les rues à la recherche d'un logement. Mais j'ai atteint l'objectif que je m'étais fixé, maîtriser parfaitement le chinois à l'oral et à l'écrit. J'ai retrouvé des lettres envoyées à Danielle Li rédigées dans un chinois parfait et joliment calligraphiées.

[2] Tchang Kaï Chek, fondateur du Guomindang, après la guerre sino-japonaise de 1937 à 1945, élu président de la République de Chine en 1948. Il fuit les communistes en décembre 1949 et se réfugie avec ses troupes à Taiwan qui devient la République de Chine dont il est président de 1950 à sa mort en 1975.

Alors que j'effectuais un remplacement de maître auxiliaire de chinois au Lycée Fénelon, à Paris, j'ai bénéficié, l'été 1980, d'une bourse du gouvernement chinois pour étudier à l'Institut des Langues Etrangères de l'Université de Beijing. La visée du gouvernement, en offrant ces bourses à tous les enseignants de chinois en France, était clairement politique pour que nous découvrions les réalisations positives du communisme en Chine et que nous les transmettions ensuite à nos élèves. Après un mois de cours dans un Beijing caniculaire, nous avons participé à un voyage organisé sur la côte Est où nous avons vu ce que les autorités voulaient bien nous faire voir : communes populaires, usines, crèches modèles, plantations de thé, mais aussi des villes, Nanjing, Shanghai, Hangzhou, Suzhou entre autres. Nos chaperons se sont arrachés les cheveux de devoir guider un groupe de sinisants indépendants et indisciplinés qui n'avaient rien à voir avec les rares touristes de l'époque ou délégations des amitiés franco-chinoises, les sino-naïfs[3] qui s'émerveillaient de tout ce qu'on leur montrait et sagement gobaient toutes les statistiques judicieusement enjolivées.

En 1981, l'Institut Franco-Chinois de Lyon[4] me propose un poste d'enseignante de français à des étudiants en médecine de Kunming, dans la province du Yunnan. Parmi ces étudiants, les plus chanceux, triés sur le volet, deviendraient de futurs boursiers, pour approfondir une spécialité dans les CHU lyonnais. Encouragée par Danielle Li,

---

[3] Le terme sino naïf est emprunté au sinologue Jean-Luc Domenach.

[4] L'IFCL est l'unique université chinoise ayant été créée en 1921 hors de Chine. Le choix de Lyon était évident : point le plus occidental de la route de la soie, relations économiques, religieuses et commerciales tissées depuis des siècles et des personnalités lyonnaises comme Emile Guimet, industriel orientaliste de renom. L'objectif de l'IFCL était de renforcer les relations intellectuelles entre Lyon et la Chine avec pour mission de former des étudiants chinois de toutes disciplines dans les universités lyonnaises. Fermé après la 2ème guerre mondiale, l'IFCL ouvre de nouveau en 1980 sur l'initiative du professeur de médecine P. Mallet Guy, -qui avait formé à Lyon des médecins chinois dans les années 1940, dont le Professeur Liu de Kunming-, pour continuer sa mission de transfert de culture et technologies françaises vers le monde chinois, en s'adaptant aux besoins de la Chine moderne. Ayant peu de moyens, l'IFCL propose que les heureux élus aux rares bourses d'une durée limitée apprennent le français avant leur séjour à Lyon. C'est dans ce contexte que je pars à Kunming. www.institut-franco-chinois-lyon.com.

alors secrétaire générale de l'IFCL - dont le père, Li Shuhua, musicien, avait fait partie d'une des premières promotions d'étudiants à Lyon dans les années 1920-, et n'ayant pas d'idée précise sur mon avenir professionnel en France, je postule. Ma candidature est retenue et je m'embarque dans cette aventure à vingt-cinq ans, sans trop savoir ce qui m'attendait dans une des régions les plus isolées de Chine.

Cette même année, en France Mitterrand gagne les élections, aux États-Unis Reagan est président, en URSS c'est l'ère Brejnev. Dès 1979, Deng Xiao Ping, numéro un de la République Populaire de Chine, instaure l'économie socialiste de marché, ouvre aux investissements étrangers certaines parties du pays pratiquement fermé depuis l'instauration du communisme en 1949 et permet aux universités et centres de formations d'inviter des experts dont je fais partie, pour enseigner les langues étrangères.

Le Yunnan est sans doute la région de Chine dont l'histoire est la plus intimement mêlée à celle de la France en Asie. Dès la fin du XIXe siècle, des consuls se sont succédé à Yunnanfu[5] jusque dans les années 1950. En raison de son climat et de son altitude, le Kunming d'alors était un lieu de villégiature apprécié des Français d'Indochine. Cependant, l'avant-dernier consul, en poste de 1945 à 1948, y déplorait la morosité de la vie, évoquant comme unique distraction une petite bibliothèque française[6] et conseillant à son ministère : « Il faut avoir vécu en plein cœur de la Chine, loin des concessions et des centres importants, pour savoir ce que le contact permanent des Chinois peut, à la longue, représenter comme usure nerveuse. Il ne faut envoyer à Kunming, ni agent ayant plus de deux enfants, ni même célibataire. Mais il est impératif de réduire leur durée de séjour

---

[5] Ancien nom de Kunming

[6] …qui fut léguée à la bibliothèque régionale du Yunnan et que je découvrirai malheureusement assez tardivement lors de mon séjour.

à dix-huit mois »[7]. Le consulat sera définitivement fermé en 1951 alors que le Parti communiste s'installe et fait retomber une chape de plomb sur le pays.

Les Américains, eux, sont présents dans le Yunnan pendant la Seconde Guerre mondiale, Kunming étant une plaque tournante pour leur armée et la seule porte de la Chine vers l'extérieur. Les ports sont alors aux mains des Japonais. C'est par la route qui relie Kunming à la Birmanie que les Américains ravitaillaient les nationalistes chinois résistant à l'occupant. De nombreux GI stationnaient à Kunming et s'y comportaient un peu en maîtres des lieux. Les garnisons américaines sont évacuées dès 1950 lors de la fermeture de la Chine à toute ingérence étrangère. Bien que les États-Unis ne reconnaissent la Chine communiste qu'en 1978, quatorze ans après la France, l'influence américaine et l'usage de la langue anglaise sont indéniables dans le Kunming des années 1980 et rendront ma position et mon travail difficiles. Lorsque j'y arrive en 1981, unique Française et même Européenne, il n'y a pas eu de présence française depuis 30 ans.

En parcourant ces écrits, c'est un pan d'histoire de la Chine contemporaine parfois méconnu des nouvelles générations, qui se raconte. Et c'est surtout une rencontre inédite avec des Chinois du Far West, vivant sur les contreforts du Tibet, empêtrés dans un quotidien rude que je vais partager.

Ce qui suit est tiré de mon journal et d'extraits de lettres à ma famille, mêlés à des souvenirs revenus en mémoire en relisant ces archives et en visionnant mes photos.

---

[7] C'est un conseil que je suivrai devant la rudesse de la vie quotidienne, exilée dans ce Yunnan encore très arriéré à l'époque.

Première partie :
Vie & travail à Kunming

1981

Mercredi 19 août

Nous sommes plusieurs Zhuanjia - experts français, invités par le gouvernement chinois à devoir embarquer sur un Boeing 747 de la CAAC, Administration de l'Aviation Civile de Chine, qui n'assure alors qu'un voyage par semaine de Paris à Beijing. La CAAC n'avait à l'époque pas très bonne réputation. L'avion n'ayant pu décoller le jour J suite à des incidents techniques, les passagers du vol, logés au Novotel d'Orly, ont eu le temps de visiter tous les recoins de l'aéroport, d'acheter des denrées qui d'après certains habitués de la Chine ne se trouveraient pas facilement sur place, comme le café soluble, du bon chocolat, ou des biscuits au beurre.

13h30 de vol dans un avion à moitié vide. La CAAC nous présente deux films américains en anglais non sous-titrés en chinois. Les passagers Chinois ne comprenant pas l'anglais, se lèvent, passent devant l'unique écran et stationnent devant en parlant fort, se ruent sur les cocas colas et fument beaucoup[8]. Les hôtesses et stewards, en uniformes composés de pantalons et vestes grises identiques et chiffonnés, assurent un service minimum sans sourire et donnent l'impression que toute intervention de leur part les dérange dans la sieste qu'ils font sur les banquettes arrières. Nous faisons connaissance entre experts. Tous sont nommés dans des postes à Beijing, à Shanghai, ou dans des grandes villes et pratiquement tous sont accompagnés d'un conjoint. Je suis un peu perplexe de ce qui m'attend, seule à Kunming. Des ingénieurs d'Elf Aquitaine, qui

---

[8] La loi Évin date de 1991

travaillent depuis plusieurs années en Chine, semblent blasés voire résignés devant l'impossibilité d'être efficaces dans leur mission, trouvant très difficile de collaborer avec les Chinois. Je me sens plutôt privilégiée et ressens même une certaine fierté de m'être lancée dans cette aventure et de me rendre dans une région de Chine dont personne n'a entendu parler, mais j'ai le cœur serré de quitter mon pays, ma famille, mes amis et une certaine appréhension de l'inconnu qui m'attend.

L'arrivée à l'aéroport de Beijing est épique. Après une journée de retard, difficile de savoir qui attendait qui. J'aperçois un vieux monsieur qui fait des signes derrière la porte vitrée de la sortie. Dans la foule, je mets un certain temps à comprendre qu'ils me sont destinés. Je n'avais pas été informée de qui m'accueillerait. J'apprends plus tard que ce vieux monsieur est le Docteur Fan Bingzhe, dépendant du Ministère de la santé et qu'un certain Monsieur Wang, membre du Ministère de la sidérurgie, m'attend lui aussi. Les deux Ministères ne se sont pas concertés, chacun rivalisant pour l'obtention d'une experte française.

Je récupère ma valise facilement, les douanes étant très simplifiées pour les invités du gouvernement chinois et je file avec le Dr. Fan, tout sourire, m'accueillant dans un français impeccable, avec fils et belle fille. Dr. Fan est un ancien de l'Institut Franco-chinois venu étudier la médecine à Lyon dans les années 1930. Son fils, tout dévoué, tient à me rencontrer pour tenter sa chance de venir à Lyon étudier l'histoire. Son épouse est là aussi avec leur petit garçon de quatre ans. Ils m'aident à confirmer mon vol pour Kunming et surtout à en changer la date pour disposer d'un jour de plus à Beijing. La voiture avec chauffeur du Dr. Fan me conduit à l'ambassade de

France où je m'inscris sur la liste consulaire et reçois ma carte signée par Claude Martin, premier conseiller[9]. L'ambassadeur, Monsieur Chayet n'est pas là. Il paraît qu'il s'est occupé de mon dossier à Kunming, très intéressé par ce contrat d'expert d'un nouveau genre, géré entre l'IFCL et le gouvernement chinois. Je prends rendez-vous avec B.Y., jeune collègue de mon beau-frère à l'INSEE, qui chaque année envoyait des polytechniciens dans les ambassades. On s'est déjà rencontrés lors de l'été 1980 quand j'étais étudiante boursière à l'Institut des Langues de Beijing. Il travaille ici depuis deux ans au service commercial, connaît les ficelles qu'il faut tirer au bon moment et m'invite gentiment à dîner le soir de mon arrivée. Il n'a pas l'air très encourageant et me dit avec un humour cynique : «Quelle idée d'aller à Kunming, passe encore pour des vacances mais pour y travailler, toutes mes condoléances». J'emprunte six livres pour deux mois à la bibliothèque de l'ambassade. Je les renverrai par la poste et il me faudra quelqu'un sur place à Beijing pour en retirer d'autres. La fatigue du voyage, le décalage horaire, le plongeon dès la sortie de l'avion dans une chaleur inhabituelle, un grouillement de foule, une cacophonie de klaxons sonores des bus mêlés aux sonnettes des innombrables vélos rendent cette arrivée pour le moins agressive. J'espère que l'installation à Kunming va être plus sereine. Et puis, bonne nouvelle, Dr. Fan m'annonce qu'une délégation de personnalités lyonnaises membres de l'IFCL s'est invitée en octobre dans le Yunnan.

Direction l'hôtel Beiwei dans le quartier historique de Xuanwu au Sud, vers le Temple du Ciel. Je reconnais les lieux, arpentés à vélo lors de mon séjour l'été dernier. La publicité

---

[9] C. Martin, d'attaché à ambassadeur, restera trente ans en Chine. Grand diplomate et sinologue, il publie en 2019 *La diplomatie n'est pas un dîner de gala, Mémoires d'un ambassadeur Paris-Pékin-Berlin*, Edition l'Aube 2018, 942 p. Il m'a encouragée dans ce travail d'écriture de mes souvenirs pour témoigner de la Chine des années 1980.

pour des cosmétiques, des tracteurs ou pour la politique de l'enfant unique, exhibant une belle petite fille souriant béatement dans les bras de ses parents, s'étale partout sur de grands panneaux longeant les larges avenues, noires de monde. Quelques mobylettes pétaradent croulant sous un chargement inimaginable. Des bus à soufflet, bondés, roulent poussivement, crachant du noir. On me laisse me reposer, déjeuner tranquille et faire une sieste.

Pendant ce temps, le pauvre Monsieur Wang, du Ministère de la sidérurgie, me cherche partout, dans tous les hôtels de Beijing, à l'ambassade, à l'Institut des Langues. Me trouvant enfin à la réception de l'Hôtel Beiwei, il m'administre un beau sermon. Mais comment pouvais-je deviner que deux ministères m'accueilleraient à l'aéroport, qu'ils se disputeraient l'honneur d'avoir une experte française ? Il ne comprend pas lorsque j'explique dans un chinois qui se veut le plus poli possible, qu'étant envoyée par l'IFCL pour enseigner le français à de futurs médecins qui viendraient ensuite à Lyon pour parfaire leur formation, j'ai trouvé naturel de suivre le Dr. Fan et que je suis très honorée que le Ministère de la Sidérurgie tienne aussi à m'accueillir mais que je ne comprends pas son grief. En attendant, je dois déménager de l'Hôtel Beiwei, réservé par le Ministère de la Santé, à l'Hôtel de l'Amitié, réservé par celui de la Sidérurgie. Fan et Wang échangent des propos vifs sur le paiement de mes frais de séjour à Beijing; quel ministère règlera l'addition ? La Chine a un grand besoin d'experts pour former des cadres à l'international, mais les ministères se disputent les budgets et les dossiers traînent ou disparaissent au profit d'une institution plus puissante qu'une autre. Je commence à réaliser l'imbroglio dans lequel je me trouve bien malgré moi, l'ambassade chinoise à Paris ne m'ayant rien dit, sans doute pour ne pas perdre la face vis-à-vis de l'IFCL[10].

Je me rends, en bus, à la grande *Xīn huā shū diàn,* librairie de la Chine Nouvelle, chercher les œuvres du programme du CAPES[11] de chinois, pour tenter de le passer, encouragée par Madame Bourgeois, professeure des Langues'O. Les épreuves se dérouleront au consulat de Hong Kong en mai prochain. Mais je n'en trouve qu'une seule, le reste, me dit-on, est épuisé ou simplement indisponible. Je tente un contact téléphonique avec un ami expert depuis un an ici, mais le téléphone marche horriblement mal. La réceptionniste de l'hôtel, malgré sa bonne volonté, a bien du mal à obtenir la ligne demandée. On entend des grésillements, des bips assourdissants dont l'intensité diminue, mais en vain.

Samedi 22 août

L'aéroport de Kunming est minuscule, une sorte de grand hangar qui a servi d'aéroport militaire pendant la guerre sino-japonaise entre 1937 et 1945[12]. Après un accueil chaleureux dans un français parfait, du Professeur de médecine Liu, -lui aussi ancien de l'IFCL et à l'origine de la création du poste

[10] L'IFCL accueillait davantage de médecins que de scientifiques depuis sa réouverture en 1980 par le Prof de Médecine Mallet Guy : 114 médecins pour 50 scientifiques. Annick Pinet, Danielle Li, *L'institut franco-chinois de Lyon l'ancien 1921-1950, l'actuel depuis 1980.* Edition Tixier et Fils, Lyon, avril 2001.

[11] CAPES Certificat d'Aptitude Pédagogique de l'Enseignement Secondaire, sésame indispensable pour enseigner le chinois en lycée. L'enseignement du chinois se développait alors très lentement et il n'y avait qu'un à deux postes par an proposés au CAPES.

[12] En 1981, Kunming reste une ville de garnisons chinoises en poste pour gérer le conflit frontalier avec le Vietnam voisin, le casus belli étant le renversement du Kampuchéa démocratique par l'armée populaire vietnamienne. Il y avait une dizaine d'atterrissage d'avions militaires par jour pour un avion de voyageurs. L'actuel aéroport sera construit en 2009.

d'expert de français à Kunming - et de sa femme, souriante et charmante, les Liu disparaissent. Je me retrouve dans une voiture de l'Institut Technologique conduite par un chauffeur et accompagnée d'une certaine Bao Zhang, cheveux courts, coupe sévère au carré. Elle est officiellement l'interprète de l'Institut et ne me parle que dans un anglais approximatif, me répétant qu'elle sera mon amie, toujours à mes côtés. Charmant. Elle s'essaye au rôle de guide touristique me précisant que Kunming est située dans une région réputée être une des plus belles de Chine et que l'on surnomme *yī nián sì chūn,* «une année quatre printemps ou le printemps éternel» à cause de son climat plutôt tempéré malgré son altitude à 2000m.

Tout en l'écoutant poliment, j'essaye de regarder le paysage en tirant les petits rideaux de cretonne d'un beige sale de ma vitre, mais Bao Zhang m'en empêche, comme si elle voulait me protéger ou être la seule à profiter de moi. C'est la première fois me dit-elle qu'elle officie et est en contact direct avec une Occidentale. Sur le parcours, défilent des maisons traditionnelles en bois, avec échoppes en rez-de-chaussée et habitations à l'étage. Devant les portes donnant dans la rue, des femmes éventent des poêles à charbons sur lesquels cuisent les paniers à riz. Aux balcons, les pantalons et chemises sèchent, manches ou jambes enfilées sur des bambous. Des fleurs et bonsaïs en pots recouverts d'une couche de poussière ornent les rebords de fenêtres. Et, collés sur les chambranles des portes, les bandes en caractères rouges porte-bonheur du Nouvel An passé, sont à moitié déchirées. Comme le chauffeur roule à vingt à l'heure sans passer la troisième vitesse, on peut même apercevoir sur les murs intérieurs des maisons dont les portes restent ouvertes, les portraits de Mao, Hua Guofeng[13] ou bien celui de Lei Feng, l'ouvrier modèle, le Stakhanov chinois, un saint du panthéon maoïste, dont les exploits sont connus de tous.

Trente minutes plus tard, nous atteignons les faubourgs au Nord-Ouest de la ville et rentrons dans le campus par un immense portail grand ouvert, sur une piste de terre battue bordée d'eucalyptus. Le chauffeur s'arrête devant une petite maison au soubassement de pierres grises et murs en pisé recouverts en partie d'une peinture tirant vers le jaune pâle. Autour de la maison, une bande d'herbe mal entretenue, de la terre qui me frappe par sa couleur orange et quelques buissons. Des gravats, des briques, des outils, tout semble inachevé. Un mur d'enceinte du jardinet est en construction.

Dimanche 23 août

Chers tous,

À peine mon chaperon parti, je m'empresse de vous décrire ce qui va être mon chez moi dans un premier courrier. Visiblement de gros efforts ont été faits pour accueillir la première experte étrangère invitée à l'Institut. La chambre qui m'est attribuée est plutôt austère : sol en béton, grand lit rustique recouvert d'une moustiquaire, chaise et table faisant office de bureau et armoire bizarrement installée devant la fenêtre. Tout a été repeint et décoré au goût du jour, provincial, parfois romantique : Pivoines roses sur la literie et camélias, la fleur emblématique du Yunnan, sur les

[13] Successeur de Mao à la Président du PCC de 1976 à 1981, suivi de Hu Yao Bang dès 1982.

taies d'oreillers. Sur le bureau recouvert d'un napperon en dentelle, une lampe à néon, dont le pied, un piano rouge en plastique, s'allume lorsqu'on appuie sur une touche blanche et s'éteint sur une touche noire. L'armoire bloquant la lumière, je change la disposition des meubles pour m'approprier cet espace qui va être mon refuge dans les mois à venir. J'égaye les murs avec les posters des dernières expositions parisiennes que j'ai eu la bonne idée de mettre dans mes bagages.

Il y a profusion de bestioles en tous genres, une sorte de lézard triton sur un mur, beaucoup de moustiques, de grosses araignées et des cafards en pagaille dans la salle de bains. Un évier bien sale avec deux robinets dont un qui fuit. Souvenir de nos voyages en famille en Yougoslavie et Tchécoslovaquie communistes où l'on évoquait « la petite musique socialiste des fuites d'eau ». La baignoire, surélevée sur des pieds en forme de pattes de lion, est imposante. Mais pour avoir de l'eau chaude, il faut mettre en route une chaudière à charbon située à l'extérieur pendant près d'une heure avant de pouvoir prendre une douche. Ce ne sera possible qu'une fois tous les quinze jours, sinon la toilette se fera à l'eau froide. J'apprendrai à me laver à la chinoise, de la tête aux pieds, avec juste l'eau que peut contenir une cuvette. Il y a un WC avec un siège et couvercle en bois, une corbeille en plastique à côté pour y déposer les papiers usagés qui sinon boucheraient la tuyauterie».

J'apprécie ce grand luxe, car les toilettes ou plutôt latrines que j'ai déjà pratiquées en Chine, sont des baraques extérieures dont une cloison partage le côté des femmes de celui des hommes, où sont creusées parallèlement deux étroites tranchées de vingt centimètres sur une douzaine de mètres de long. On y opère tout en conversant, si l'on vient entre connaissances, pour se mettre au courant des derniers cancans. Vu la densité de population en Chine, il faut pratiquement toujours y faire la queue. Il est fréquent de s'entendre demander : Nǐ dà biàn huò xiǎo biàn ?« Grande ou petite commission ? » et ne pas faire patienter trop longtemps celle pressée de se soulager. L'intimité aux toilettes est impossible. Il faut pratiquer l'apnée pour supporter l'odeur et avoir une bonne dose de philosophie pour opérer alors qu'une douzaine de regards vous dévisagent.

Je ne me sens pas très courageuse et réalise maintenant la vérité des prophéties entendues à mon arrivée à Beijing. La présence envahissante de Bao Zhang, l'environnement déroutant, l'altitude et la chaleur me compriment tel un étau, alors que défilent dans ma tête les souvenirs de la liberté insouciante et débridée de ma vie parisienne. Le doute s'installe, ai-je fait le bon choix ? Vais-je supporter cette sensation d'isolement sans intimité, le paradoxe d'un sentiment de solitude dans un environnement encombré de gens, de bruits, d'odeurs que je vais devoir apprivoiser ?

Lundi 24 août

Les allées du campus de l'Institut, toutes en terre, sont encore boueuses de la dernière pluie. Les bâtiments sont délabrés et vétustes, cicatrices douloureuses de *Wén huà dà gē mìng,* la Révolution dite culturelle qui dura dix ans[14] pendant lesquels les centres de formation furent pour la plupart fermés ou pas du tout entretenus. Tout semble en réfection, surtout le département des langues étrangères, où l'on voit encore des copeaux de bois par terre. Les fenêtres ne ferment pas ou sont cassées et l'odeur de peinture fraîche est tenace. Lors de ma visite avec Bao Zhang, que j'ai vite surnommée « pot de colle », je réalise l'attention apportée pour installer les honorables étrangers dans un confort certes relatif mais tellement supérieur à celui des étudiants et même des professeurs. Ils sont misérablement entassés dans des dortoirs aux lits superposés avec un seul bâtiment de sanitaires communs dont l'accès est réglementé.

Sur le campus, il y a une piscine mais l'eau est vraiment trop sale pour être tentante, ou tentée. Les courageux qui s'y risquent prennent la douche après la baignade. De drôles de moustiques volètent à la surface. J'apprends que le paludisme sévit dans le

---

[14] La Révolution culturelle est lancée en 1966 par Mao pour consolider son pouvoir et éliminer toutes politiques contraires à l'idéologie du Parti et dure jusqu'en 1976. La force de Mao est de s'appuyer sur les jeunes collégiens et étudiants, les «gardes rouges», inspirés et motivés par les principes de son «Petit Livre Rouge» et à qui est confiée la responsabilité de purger la société de tous les éléments qui pourraient être considérés comme contre-révolutionnaires. Toute hiérarchie est mise en cause et ces jeunes s'octroient le droit de dénoncer, réprimer les intellectuels, les cadres du parti, les artistes, les religieux et d'éliminer tout ce qui a un lien avec les traditions anciennes cataloguées de bourgeoises. Véritable catastrophe nationale, pendant laquelle presque toutes les familles sont touchées, elle fait des millions de victimes. La dite «Bande des Quatre», - quatre responsables du PCC dont la femme de Mao, Jiang Qin-, renforce la répression en portant le culte de la personnalité de Mao à son paroxysme et menant la Chine à un chaos qui lui fait prendre un retard considérable. Le Yunnan fait partie des régions chinoises d'exil pour les intellectuels et artistes indésirables appartenant à la classe appelée des « porcs puants » pendant la Révolution culturelle.

sud du Yunnan et le choléra dans le Sichuan voisin. Sur une esplanade est érigée une immense statue de Mao en plâtre blanc, vêtu d'un grand manteau, le bras droit brandit, montrant le chemin de la révolution. Il n'en reste que deux à Kunming et l'Institut est fier d'en avoir une.

Ma présence avec Bao suscite beaucoup de curiosité plutôt bienveillante. Les conversations s'arrêtent à notre passage, les gens se poussent du coude en me désignant d'un mouvement de tête. Pour la plupart, c'est la première fois qu'ils voient une Occidentale. Ceux que je croise et qui osent me parler ne le font qu'en anglais pour respecter la consigne donnée avant mon arrivée : Apprendre les langues étrangères certes, mais ne pas frayer avec les *Dà bízi* les « grands nez », surnom donné aux Occidentaux. Les « Hello, how are you ? » fusent mais ça s'arrête là. Quand je leur réponds en chinois, ils sont étonnés. N'ayant pas les bases nécessaires pour continuer en anglais, les échanges sont limités. Ils restent toujours en petits groupes, jamais un individu seul ne songerait à m'aborder. J'entends leurs commentaires sur mon apparence physique qui les étonne. Je suis bien trop brune et trop bronzée pour être une Française qui, selon leurs critères, doit être blonde aux yeux bleus et avoir la peau blanche. Comme j'ai encore mes vêtements occidentaux, ils savent que je suis l'experte tant attendue. À mettre sur ma liste d'achat dès que possible : un costume Mao, pantalon de coton bleu ou vert kaki, lâche, entrejambe au genou et veste de cadre avec poche fendue pour le stylo, - pas de casquette, cela ne me va pas. Ainsi on me prendra si ce n'est pour une Han, au moins pour une des *shǎoshù mínzú* minorités nationales, très présentes dans le Yunnan. Car j'ai entendu des gamins crier en me voyant :

« *Xīnjiāngrén*, fille du Xinjiang », cette vérité sortie de la bouche d'enfants, augure pour moi d'une future liberté pour me fondre dans la foule multiethnique du Yunnan. Mes traits du visage, les pommettes saillantes, les yeux noirs et mes cheveux bruns tressés en deux nattes sont plus proches de ceux d'une femme d'Asie centrale que d'une Européenne. Pour mon premier repas, ils m'ont préparé un très bon et copieux déjeuner d'accueil mais j'avale avec difficulté. Toujours cette boule au ventre. Je mange seule dans une cantine réservée aux experts où ils s'obstinent à me donner fourchette et couteau alors que j'insiste pour avoir des baguettes. La cantine est située dans un bâtiment à toit bas, fenêtres fermées par des barreaux, murs peints à la chaux et au sol une dalle de ciment gris, comme la plupart des constructions du campus. Deux tables seulement, recouvertes d'une toile cirée dont on ne distingue plus la couleur, présagent du nombre restreint d'honorables étrangers invités à l'Institut. Il y a des tabourets en guise de sièges. La cuisine donnant sur la pièce à manger, il y règne une odeur de friture, les aliments étant quasiment tous sautés à l'huile dans de grands woks.

Souriante, les cheveux recouverts d'une casquette bleu délavée, la femme âgée d'environ 50 ans qui me sert, ne me parle qu'en *Kūnmínghuà*, le dialecte local. Bonne occasion pour moi de l'apprendre, car ici il est autant parlé que le *guóyǔ*[15], la langue nationale. L'ingéniosité de l'écriture idéographique permet de se comprendre à l'écrit dans tout l'empire chinois. On voit parfois des gens qui avec un doigt dessine

[15] Le *guóyǔ,* langue du pays, langue nationale. On peut dire aussi le *hanyu*, langue des Hans, les locuteurs de l'ethnie principale, autrement dit les Chinois. Le mandarin est une appellation occidentale. *Yu* et *hua* veulent dire langage, et *hua* accolé à un nom de ville est le dialecte parlé dans cette ville : le *Guǎngdōnghuà*, le cantonnais, le *Shànghǎihuà*, le shanghaien, le *Kūnmínghuà*, le dialecte de Kunming etc.

l'idéogramme dans la paume de leur main pour en valider le sens avec un locuteur d'un autre dialecte. Je lui ai dit que j'aimais bien ce qu'elle cuisinait mais je n'ai pas encore compris où passent les morceaux de porc, vu que je n'ai que de la couenne accompagnant les légumes.

Mardi 25 août

Depuis mon arrivée Bao ne me quitte pas et passe ses journées avec moi. Elle m'énerve déjà. Comme elle est plus jeune que moi, j'ai le droit d'aînesse, très important en Chine et j'ai obtenu à grand peine qu'elle rentre chez elle le soir, alors qu'elle voulait dormir avec moi. J'essaye également de faire comprendre à Xiao Ma, Petit Ma, qui surveille toute la journée avec son regard de lynx ma maison assis dans un abri de fortune à l'entrée, qu'il n'a nul besoin d'y rentrer, sous prétexte de venir vider ma poubelle et tirer les rideaux. Ce jeune homme maigrichon, casquette vissée en permanence sur le crâne, a les clefs et je sais très bien qu'il rentre dans ma chambre et ouvre les fenêtres pendant mon absence, donnant rendez-vous à tous les insectes du coin, alors que je fais une chasse minutieuse aux moustiques. Priorité sur ma liste d'achats, un cadenas pour ma porte dont j'imagine sans doute naïvement qu'il n'aura pas la clef. Question nourriture, c'est assez comique. M'ayant demandé si j'aimais les champignons, j'ai fait une belle phrase complimentant cette spécialité de Kunming et dès lors, j'ai le même menu tous les jours.

Comme les cours ne commencent que la semaine prochaine, j'ai du temps pour repérer qui est qui et qui fait quoi. À Kunming, en cet été 1981, nous sommes en tout et pour tout six experts étrangers : des Américains à *Yúndà* l'Université du Yunnan, P. une Australienne, à l'École Normale et moi, l'unique Européenne, à l'Institut Technologique. On m'annonce que deux autres Américains, un garçon de 20 ans et une fille de 23 ans, vont arriver mi-septembre pour y enseigner l'anglais dans le cadre d'une organisation américaine «Volunteers for Asia». Ils vont partager ma petite maison dans les deux autres chambres, salon et salle de bains seront communs. La clientèle de la cantine pour experts va augmenter.

Les Américains Ben Booz[16] et son fils sont arrivés à Kunming il y a près de deux ans en 1979 et furent les pionniers des experts étrangers à l'Université du Yunnan. Ils ont publié un article dans le National Geographic : « Two American teachers in Yunnan », dont l'université s'enorgueillit et sont venus ici dans un esprit de générosité teinté d'aventure patriotique. Les États-Unis étant la dernière puissance occidentale à avoir reconnu la Chine populaire[17], ils veulent rattraper le temps perdu et être présents pour aider la Chine à se développer par l'apprentissage de l'anglais, première étape pour de futures bonnes relations commerciales entre les deux pays. Les experts américains ont des budgets importants alloués par les grandes universités qui les envoient pour créer des bibliothèques, financer des abonnements à des revues. Ces moyens leur permettent d'accepter des salaires de misère, parfois complétés par leurs universités de rattachement. La plupart sont animés d'un altruisme sincère et ils se dévouent corps et âmes pour les bonnes relations sino-américaines. Certains ne parlent que

---

16 Ben Booz, artiste, journaliste, traductrice américaine est morte en 2016 à l'âge de 91 ans. Elle a enseigné trois ans à l'Université du Yunnan.

17 La France a reconnu la RPC en 1964 avec de Gaulle, les États-Unis seulement en 1978, lors de mon séjour à Taïwan.

quelques rudiments de chinois[18] et acceptent donc avec gratitude la présence des interprètes et chauffeurs, la cuisine spéciale faite pour eux. Ce sont parfois de bons petits soldats, un peu «sino-naïfs», respectant le contrôle des autorités de l'université et acceptant de n'avoir aucun temps libre pour eux. Ils organisent des *English evenings*, donnent des conférences, offrent des heures de conversation avec les étudiants en dehors des cours. Et surtout ne parlent qu'anglais tout le temps. L'impact de la langue anglaise est bien plus important que le français. Tout ce qui vient des États-Unis provoque la fascination et il faut essayer de se procurer des produits américains au marché noir pour garder bonne figure. L'objectif de mon séjour ici n'est pas tout à fait comparable. Je suis venue certes pour enseigner le français et préparer les éventuels boursiers de l'IFCL à venir à Lyon parfaire leurs études. Mais je voudrais aussi en profiter pour présenter le CAPES, améliorer mon chinois et affiner les traductions des poèmes de Zhu Shuzhen[19], poétesse des Song sujet de mon mémoire de Maîtrise, en vue d'une éventuelle publication. Je rêve aussi d'essayer de vivre au plus près des Chinois et d'assouvir ma soif d'aventures pendant mes congés en voyageant plutôt à l'Ouest, ayant eu la chance de visiter l'Est l'été 1980. J'ai l'excuse d'être française, européenne, la seule ici pour l'instant. Je joue sur le fait que la France, expérimentant le premier septennat de

---

[18] Je rencontrerai lors de mes voyages pendant les vacances des experts américains enseignant l'anglais, certains à Changsha, et Taoyuan, brillants diplômés de Yale, parlant couramment le chinois dont Mark Salzman qui raconta son séjour dans le livre *Iron and Silk*, édité chez Random House, New York 1986.

[19] Zhu Shuzhen, poétesse méconnue de la dynastie des Song du Sud. Ses poèmes ont été regroupés dans un livre intitulé « Le recueil du cœur brisé » que j'avais acheté à Taïwan. Très peu ont été traduits et ce fut l'objet de mon mémoire sous la direction de François Cheng. Trois de mes traductions ont été publiées dans la Revue *Port des singes* n°8 automne 1980.

Mitterrand, soit socialiste et donc serait plus proche politiquement de la Chine.

Chers tous,

Bien que chaperonnée pendant mes rares escapades en ville, je suis dévisagée, détaillée des pieds à la tête. Mon niveau de chinois est suffisant pour comprendre les commentaires qui sont faits à mon égard et je les trouve plutôt amusants. Je souris ou dis bonjour ou m'excuse quand on me bouscule, attitude très occidentale et déroutante ici. Les trottoirs grouillent de monde. Beaucoup de paysans vêtus de pantalons et vestes en velours côtelé noir ou d'un bleu roi éclatant, souvent très rapiécés; des hommes portant chemisettes blanches ou vareuses au col Mao dans des nuances allant du bleu marine au bleu de chauffe délavé tirant vers un gris triste ; des femmes aux chemisiers à carreaux ou fleurs aux tons discrets, osant une fantaisie très modérée. Tout le monde porte des pantalons, aucune femme Han n'oserait se montrer en robe ou jupe alors qu'il est fréquent d'en apercevoir à Beijing. Mais les évolutions de la société, visibles dans les grandes métropoles de l'Est, ne parviennent à Kunming que des mois voire des années plus tard. Quelques minorités nationales venues des montagnes voisines mettent un peu de gaité et de couleurs dans les foules par leurs vêtements brodés magnifiques, des coiffes bleu turquoise des Hanis, des jupes plissées en batik des Miaos, des porte-bébés et sacs brodés de fils multicolores éclatants des Yi. Ces costumes donnent aux femmes de ces ethnies une élégance exceptionnelle comparée à l'ensemble pantalon- veste informe des camarades Han. Défilent devant mes yeux ébahis, des foules aux visages variés, du très brun presque noir au plus pâle ; des enfants fagotés dans leur culotte fendue, aux yeux parfois malicieux. Une marée de vélos noirs, tous identiques, aux cadres très élevés alors que la population est plutôt de petite taille, envahit les rues. Des bus à soufflet crachant une fumée nauséabonde, de rares voitures d'officiels aux rideaux tirés, des charrettes tractées par des mules et des camions de toutes tailles d'où débordent des charges impressionnantes et brinquebalantes, occupent la chaussée écartant les piétons dans un grand concert de klaxons. Il règne une agitation digne d'une fourmilière dans laquelle on aurait donné un coup de pied. La cacophonie assourdissante des sonnettes, les odeurs multiples et parfois saisissantes contrastent avec l'uniformité des couleurs de la foule. On dirait une vague bleu ou vert kaki qui, malgré parfois l'étroitesse des ruelles, s'étale sans résistance. Des vieux semblent passer leur journée à boire du thé, d'autres à fumer leur pipe à eau, soit assis sur de minuscules tabourets ressemblant à de grosses bobines, soit pour les plus souples accroupis sur le trottoir. Au Yunnan, ce sont plutôt les hommes non Hans qui fument la pipe à eau creusée dans un bambou et dont on entend le glougloutement. Ils l'accrochent dans leur dos, dans un joli sac en forme de tube, une fois la pause tabac terminée.

L'eau n'est pas potable mais on trouve partout de l'eau bouillie disponible dans des thermos aux couleurs éclatantes et proposée pour quelques sous sur des étals à même le trottoir. Il faut faire attention où l'on met les pieds car l'habitude de cracher est encore bien ancrée. Le Yunnan étant au sud du Yangzijiang, le Fleuve Bleu, il fait partie de la Chine où les habitations, pour des raisons climatiques, n'ont pas de chauffage. Des petits poêles à charbon servent uniquement pour cuisiner. Sur les paliers et balcons des stocks de galettes ou boulets de charbon sont empilés au milieu d'un débarras impressionnant débordant des logements exigus. La fumée âcre qui s'en dégage irrite les gorges et provoque cette habitude de rassembler dans la bouche les glaires avant de les expectorer tout naturellement et sans vergogne. J'ai déjà reçu deux crachats sur les jambes. On apprend à être attentif, surtout aux arrêts de bus, à d'éventuels projectiles glaireux qui giclent des fenêtres ouvertes. Dans les lieux de réunions ou les couloirs de l'Institut on trouve des crachoirs ressemblant à des pots de chambre décorés de fleurs ou de paysages de montagnes. A la télévision, lorsqu'on regarde les interminables sessions de l'Assemblée Populaire, ces pots trônent au premier plan des estrades. Cette manie de cracher choque les étrangers. Et pourtant, si le petit Chinois est encouragé à expectorer pour sa santé, l'Occidental lui sortira son mouchoir, comble de la saleté ici : conserver son crachat dans sa poche alors que la rue est là pour s'en débarrasser ![20]

Mercredi 26 août

Chers tous,

J'ai été accueillie à l'aéroport de Kunming par ces mots : «Nous sommes fiers d'avoir la première Française de Kunming et même du Yunnan, chez nous à l'Institut. Avec les deux Américains qui vont arriver plus tard, nous allons pouvoir enfin tenir tête à l'université Yúndà qui bénéficie de la présence d'experts américains depuis deux ans». On m'a bien expliqué que c'était une occasion unique pour les étudiants de pratiquer leur anglais et leur français, ainsi que pour les professeurs ou ceux qui ont séjourné en Europe et que je devais être totalement disponible pour parler avec eux. Les cours ne commenceront pas à l'Institut avant quatre jours, pour laisser le temps d'achever les travaux. On m'a attribué huit heures par semaine à une classe de débutants d'une vingtaine d'élèves dont la plupart sont d'anciens professeurs relativement âgés, de différents départements -géologie, mécanique, mathématiques, physique-chimie-, d'un bon pedigree politique, dont certains ont déjà appris le russe et qui, sans avoir eu le

[20] Des panneaux invitaient encore à ne pas cracher dans les trolleys bus lyonnais dans les années 1960.

choix, doivent se «recycler» en français, depuis la fin de l'amitié avec l'URSS[21].

Mon emploi du temps comprend également quatre heures à une classe d'une trentaine de jeunes étudiants en ingénierie de 18 à 25 ans dont certains ont étudié le français pendant deux ans avec le sympathique et excellent Professeur You. Mince, de taille moyenne, il porte le costume Mao avec élégance. Son visage cerclé de lunettes est doux et toujours souriant. Il doit avoir dans les 60 ans, mais pas un seul cheveu blanc. Les Chinois blanchissent plus tard que les Occidentaux et il est difficile de leur donner un âge. Son séjour en France dans les années 1940 lui a fait subir de nombreuses brimades pendant la Révolution Culturelle et il fut même catalogué contre- révolutionnaire. D'une grande finesse et sensibilité, il adore la France et les Français et évoque son séjour dans un français raffiné. Unique professeur de français avant mon arrivée, il attendait l'experte avec impatience. Je sens déjà qu'il sera un soutien précieux et un ami secourable et discret. J'ai aussi à assurer quatre heures par semaine d'entretien et de conversation pour une classe d'assistants, de futurs interprètes à la Lǚxíngshè l'Agence Nationale de Tourisme ou au Wàibàn Département des Affaires Étrangères et pour certains qui sont déjà enseignants de français à l'École Normale et à l'Université du Yunnan, avant qu'ils ne puissent trouver leur propre expert.

Les dix années de chaos et de fermeture des établissements de formation pendant la Révolution Culturelle ont eu pour résultat, qu'au début des années 1980, les classes que l'on me confie sont très disparates, comprenant des étudiants de plusieurs générations : des jeunes de mon âge qui étaient trop jeunes pour être envoyés travailler comme paysans ou ouvriers mais dont les parents ont généralement souffert ; des trentenaires qui ont parfois

[21] Un pacte d'amitié entre les deux pays communistes, signé en 1950 a expiré en 1979. Pendant presque trente ans, des générations de Chinois ont appris le russe et sont allées étudier en URSS.

été des gardes rouges et ont subi la Révolution culturelle de plein fouet mais de façon très différente selon leur origine politique, leur filiation, les prises de positions de leurs parents ou grands-parents; mais, le plus touchant, ce sont les cinquantenaires et plus, qui reviennent sur les bancs de l'école après avoir gâché dix ans de leur vie dans des conditions parfois inhumaines, souvent séparés de leurs proches à faire des tâches ingrates ou inutiles.

Il faudra que je dégage du temps pour accueillir les étudiants et répondre à leurs questions, traduire des manuels, constituer une bibliothèque, faire des conférences sur la France et surtout enregistrer des cassettes audio. La nécessité d'entendre une Française prononcer sa langue est vitale. Surtout pour les vieux professeurs qui se recyclent et disent que « leurs oreilles et langues sont trop vieilles pour prononcer ces nouveaux sons ». On m'a donc bien fait comprendre que je devrai passer des heures dans le laboratoire à enregistrer toutes sortes de manuels et textes, à m'en rendre aphone. J'aurai au moins la satisfaction de savoir que des générations d'étudiants auront dans l'oreille ma voix comme référence pour apprendre le français. Sur le campus, on m'arrête et on m'interpelle : «Bonjour je suis intéressé par la France, pouvez-vous m'enregistrer la leçon 1 du manuel, pouvez-vous me parler de la France mais en anglais car mon français est pauvre, mon professeur m'a dit de vous demander des explications ?». Avec un beau sourire irrésistible, certains même me lancent « wǒmen zuò péngyou hǎo bú hǎo ? On va faire amis, d'accord ?». Vous voyez que je ne vais pas chômer.

Jeudi 27 août

Les latrines de l'Institut sont vidées tôt le matin, vers 7h et il faut veiller à s'écarter du chemin quand passent les paysans, venus chercher cet engrais pour leurs cultures et qui portent habilement ce précieux butin odorant dans des baquets remplis à ras bord en équilibre sur une palanche. C'est justement l'heure où je vais chercher le lait avec mon bidon, pour le petit déjeuner. Un paysan vient tous les matins en vendre, une berthe à lait accrochée à son vélo.

Très chers,

La cuisine du Yunnan, comme celle du Sichuan voisin, est épicée. Une distraction, que mon austère chaperon accepte de partager, est d'aller tester les innombrables petits restaurants ou gargotes. Les bols et baguettes sont généralement si sales qu'il faut s'équiper de ses propres ustensiles pour ne pas risquer de problèmes gastriques. Dans certains bouisbouis, les comptoirs sont crasseux; il ne faut surtout pas s'y appuyer ou poser les mains car, après s'être mouchés dans leurs doigts, les clients les moins stylés s'essuient où ils se trouvent, laissant partout des traces luisantes, tels les escargots. Ici c'est le royaume du thé, dont le célèbre Pu- Erh au goût raffiné qui pousse au sud du Yunnan, du riz dont j'aime l'odeur de la vapeur qui se dégage des paniers de cuisson en bambou et qui me met l'eau à la bouche. Seul un Vietnamien, installé dans une toute petite ruelle, fait un pain délicieux à la française. J'ai repéré le jour où il cuit ses petits pains ronds à la croûte craquante et j'essayerai de m'y rendre régulièrement. Kunming étant en altitude, les fruits disponibles sur les étals sont peu variés : poires dures mais juteuses, petites pommes sans goût, celles qu'on laisse pourrir sous les arbres chez nous, quelques mandarines. Des ananas et mangues, arrivés du Xishuangbanna au sud du Yunnan, sont très chers. Les bananes sont moins gouteuses que les indiennes qui m'avaient permis de ne pas trop dépérir lors de mon voyage en Inde l'année précédente, où la nourriture trop épicée était immangeable pour mon palais non habitué.

Au zoo, où l'entrée ne coûte que quelques fens-centimes, il y a plus à voir dans les allées que dans les cages minuscules et endommagées. Des familles se pressent et se bousculent, beaucoup de minorités en costumes traditionnels sont venues des campagnes environnantes se divertir. De beaux paons se pavanent et pour attirer l'attention des panthères du Tibet voisin, des visiteurs crachent sur les barreaux de leur cage. Ils me dévisagent encore plus que les animaux prisonniers et je me sens mal à l'aise. Mais j'ai appris à dire en dialecte local « qu'est-ce que tu regardes ? » en fixant moi aussi mais avec un grand sourire désarmant. Le tutoiement est habituel en chinois. Il existe une forme de vouvoiement qui est très peu usitée, surtout dans une société nivelée où l'appellation camarade est de mise. Le « vous » correspondrait à votre Seigneurie. Il y a des jeunes Chinois que l'on a surnommé les Mods, comme les punks en Occident, vêtus de pantalons et vestes en tissu synthétique, de godillots ferrés, portant des ceinturons ornés d'un aigle doré sur la boucle, aux cheveux longs, pas trop quand même, arborant des lunettes de soleil énormes made in Hong Kong, des filles à boucles d'oreilles, cheveux à la mise en plis d'un autre temps, sac à main en plastique de couleur crème, décoré de pandas roses. On se dévisage mutuellement, chacun fasciné par le spectacle exposé au regard de l'autre.

Comme pour se venger d'une existence rude, on voit parfois des enfants maltraiter les animaux, voire tuer les oiseaux avec des lance-pierres de fortune. À leur décharge, un slogan stupide, en vigueur peu avant mon séjour, incite les jeunes à tuer les oiseaux qui « mangent les graines semées par le peuple travailleur ». Les jeunes garçons commencent au lance-pierre, puis les adolescents et militaires continuent au fusil et dès qu'un faible gazouillis se fait entendre, ils tirent et tuent. C'est également un entraînement au tir, bien encouragé par le Parti. Des jeunes balancent négligemment au bout d'un bambou de tous petits oiseaux morts, bleus, jaunes, rouges, attachés par leurs pattes. D'autres, plus cruels les tirent derrière eux à moitié vivant au bout d'une ficelle comme d'autres enfants tireraient un cheval de bois. L'oiseau hurle et se débat. Les criquets eux aussi n'ont pas leur mot à dire, les enfants les embrochent sur un bambou et ils agonisent dans un bruissement d'ailes. Les supplices chinois.... Mon jardin-cour est devenu un refuge pour les oiseaux rescapés. Un besoin de défoulement, une soupape émotionnelle, bien compréhensible quand on voit les écoliers assis sagement des heures durant dans les classes, répétant à voix haute les paroles du maître. Parfois quand je me promène dans le campus, je m'arrête pour voir les enfants jouer à la marelle, au cerceau et à ce jeu typiquement chinois et très difficile, le tījiàn qui consiste à faire rebondir sur la face intérieure du pied un volant fait d'un poids de plomb enrobé de tissu et coiffé de plumes sans le faire tomber. Les adolescents jouent au billard ou au ping pong dehors sur les trottoirs, sur des tables qu'ils louent une heure pour quelques fens. Dans des courettes à l'ombre des arbres, des petites vieilles assises autour de tables basses, font claquer les pions de mah-jong. Je vais profiter de vivre ici pour en apprendre les règles.

Mardi 1er septembre : début des cours

La salle de classe qui m'est attribuée est peinte en bleu clair pour la partie haute des murs et vert pâle pour la partie basse, avec deux larges fenêtres qui inondent la pièce de lumière. Au plafond, des tubes fluorescents dont les fils électriques pendent dangereusement et au sol, un plancher rustique. Les bureaux rappellent ceux de mon enfance, un ensemble banc et table où l'on se glisse pour s'asseoir entre les deux et placer ses jambes sous le casier à livres. Le mien est un pupitre dont le dessus, incliné, se soulève pour y ranger mes affaires. Il flotte une légère odeur d'encaustique.

À 8h pile le cours commence. Pas de retardataires, ni de gobelets à moitiés vides sur les tables ou de mégots par terre comme on pouvait voir dans les salles des universités françaises. Le tableau est lavé, les craies neuves bien disposées dans une boîte en carton sur le bureau du professeur et la classe entière se lève en déclamant : « *lǎoshī nǐ hǎo,* bonjour Professeure ». Assez impressionnant de voir une classe d'adultes de 30 à 60 ans me traiter, moi, jeune fille de 25 ans, avec tant de déférence surtout dans une société où les marques de respect sont en proportion de l'âge. Les élèves attendent que je leur dise de s'asseoir. Dès le premier cours, je les prie de ne pas se lever, de parler l'un après l'autre mais, empreints de la politesse due au professeur, chaque fois que je les interroge individuellement, ils se lèvent. Pour montrer leur bonne volonté, ils parlent tous à la fois, ne laissent pas de temps au voisin interrogé pour répondre. Ambiance déconcertante et je m'évertue à essayer de faire un peu de calme pour que les plus timides puissent s'exprimer, même si leur enthousiasme me réjouit.

À 9h55 dans les hauts parleurs disséminés sur le campus éclate une musique ponctuée de *yī èr sān sì*, c'est le quart d'heure de gymnastique obligatoire. Juste le temps pour tous les étudiants et les professeurs de sortir dehors et d'exécuter quelques mouvements : flexion des bras, torsion du corps, sautillements. Des mauvaises langues disent que c'est une bonne préparation pour monter à l'assaut des bus. Des compétitions sont organisées entre les départements pour récompenser ceux qui s'appliquent à bien faire leurs mouvements. C'est au son de la même musique à la même heure, malgré l'immense territoire traversé par plusieurs fuseaux horaires, que toute la population s'agite depuis Beijing jusqu'à Urumqi au Xinjiang, aux confins de l'empire.

À 12h le chef de classe me fait signe avec sa montre. Si j'empiète un peu sur le temps du repas, la queue à la cantine sera trop longue et il y aura moins de choix entre le riz au chou et lard, les courgettes aux œufs, le porc au piment et autres fritures en fonction des légumes de saison. Dans la besace vert kaki de tout bon étudiant,- sur laquelle on peut lire parfois inscrite en caractères rouges une des nombreuses devises de Mao : *wéi rénmín fúwù*, pour servir le peuple- outre les livres, cahiers et crayons nécessaires à l'étude, il y a toujours un bol en émail et une cuillère, très rarement des baguettes. Certains étudiants ont avoué ne plus savoir très bien s'en servir, la cuillère permettant d'avaler plus vite une plus grande quantité. Il paraît que les autorités locales organisent des concours pour manger avec des baguettes, afin que la coutume ne se perde pas chez la jeune génération. La gageure pour un non habitué est de prendre un œuf entier dur écalé, de le saisir bien fermement entre les deux baguettes et de le tremper dans une coupelle de sauce soja pimentée sans le faire tomber ni maculer la nappe de taches noires et le ramener victorieusement, dégoulinant de sauce dans son bol. J'ai bien l'habitude du maniement des baguettes et j'en avais même rapporté de très grandes de Taïwan, pratiques pour cuisiner et retourner minutieusement des morceaux de légumes dans une poêle sans se brûler. J'aime particulièrement celles en bambou, ou laquées et apprécie moins le contact du plastique.

Les étudiants et le personnel chinois du campus achètent leur nourriture avec des coupons qui remplacent l'argent,-comme les chèques repas chez nous- un coupon pour la base du repas à savoir riz ou *mántou* petit pain rond cuit à la vapeur et un coupon accompagnements ou plats, généralement des légumes sautés et quelques morceaux de gras de poulet ou porc. C'est d'abord la queue pour le riz ou les *mántous*, puis on y verse dessus une louche du plat choisi en échange des coupons. Pas de table ni de chaise ni même de réfectoire. Les étudiants sont trop nombreux. Ils mangent debout ou accroupis en papotant, plus rarement assis sur les bancs pris d'assaut ou sur de petits tabourets sur lesquels un Occidental de taille normale ne pourrait s'asseoir confortablement plus de cinq minutes. Le repas est avalé goulûment en faisant glisser le contenu du bol dans la bouche, avant d'aller le laver au point d'eau froide. La sieste dure jusqu'à 14h en hiver, 15h en été. C'est un moment de calme pendant lequel il vaut mieux ne rien avoir à demander ou à organiser. J'en profite pour déguster un café de fortune en parcourant le China Daily à la recherche d'une idée de ce qui se passe à Beijing, Shanghai et dans le reste du monde à travers la lorgnette de la propagande du Parti. Je scrute aussi le programme des cinémas et opéras publié dans le *Yúnnán wǎn bào* le journal local du soir, anticipant des soirées qui seront un bon moyen de détente et d'instruction.

J'ai fait l'erreur d'arriver à ce premier cours avec des nu-pieds, sans chaussettes bien sûr, - il faisait 28° à l'ombre- et ai créé malgré moi un gros malaise. Une femme ne montre pas ses pieds nus, même dans la Chine communiste où Mao a dit que la femme est la deuxième moitié du ciel. Réminiscence de la coutume barbare des pieds bandés, qui faisaient fantasmer les hommes[22] ? Même en plein été, les femmes portent chaussettes ou mi-bas sous les pantalons. Pour essayer de me fondre mieux dans le décor et éviter ce genre de bévue, je vais

---

[22] L'horrible coutume des pieds bandés, tradition née en Chine au XIe siècle, ne fut bannie qu'en 1912 et perdurera jusqu'en 1950. On bandait les pieds des petites filles de la classe aisée dès l'âge de 6 ans en comprimant leurs pieds dans des tissus, les orteils repliés afin de stopper leur croissance et leur donner la forme d'un bouton de fleur de lotus, le pied ne dépassant pas 10cm, sous peine de ne pas garantir à la jeune fille un mariage digne de son rang. Le pied « lotus d'or » était un objet d'attirance sexuelle, d'où le titre du plus grand roman érotique chinois du XVIe siècle, le Jin Ping Mei Fleur en fiole d'or. Il était encore indécent en 1981 de montrer ses pieds nus pour une femme.

rapidement aller acheter des chaussures en tissu, noires, fermées par une boucle, style ballerines, très populaires ici.

Mercredi 2 septembre

L'apprentissage du français est difficile, spécialement pour les Chinois. Je dois aller très lentement et beaucoup répéter. La prononciation surtout est terrible. Un Chinois ne fait pas de différence entre le p et le b, entre le d et le t, le c et le g. Y a-t-il un cahier sur la table ? Où est le crayon ? Impossible pour eux de distinguer pain et bain, pas et bas, gâteau et cadeau, dent et temps. Certains mélangent les sons s, che, je zhe. Ils mettent des h aspirés devant haut, haricot… J'aimerais pouvoir appliquer la méthode Silent Way[23] associant des couleurs pour aider à la prononciation, mais on n'attend pas que je sois innovante, je dois rester dans le classique. Il faut que je trouve des moyens d'apprentissage davantage adaptés aux locuteurs chinois, que j'essaye de coupler des images ou des onomatopées qui leur sont familières pour les rapprocher de sons français. Il m'est facile de comprendre leurs difficultés à retenir les bases de la grammaire et la prononciation ayant moi-même peiné avant de pouvoir parler et écrire le chinois couramment. Si, plus jeune, j'ai eu des velléités d'être comédienne, voilà un défi à relever, un rôle à la fois physique, artistique et intellectuel. Il n'y a aucun autre manuel disponible que le Mauger, que je trouve rétrograde et bourré d'images stéréotypées sur la France. Je m'en sers uniquement pour la grammaire et j'invente des textes simples un peu plus drôles et contemporains sur la vie en France. J'explique les mots en français et si les visages de mes étudiants

[23] Caleb Gattegno, *Teaching Foreign Languages in Schools: The Silent Way*, 1st ed. Reading, UK: Educational Explorers, 1963

restent fermés je passe au chinois. Pas de photocopieur mais un système de ronéotype qui permet de dupliquer à l'aide d'une solution alcoolisée donnant aux documents fraichement imprimés une forte odeur de papier, d'encre et d'alcool mêlés.

Mes étudiants soi-disant avancés ont en fait des connaissances plutôt limitées. On m'a attribué un jeune assistant qui, après cinq ans d'études, parle une langue ressemblant au français et que je comprends difficilement tellement sa prononciation est mauvaise. De plus, il est toujours triste. Il est supposé me seconder et me déclare en soupirant : « C'est ma tâche, c'est mon devoir », d'un air d'aller à un enterrement. Je n'ai nul besoin de ses services, mais dois le supporter sans lui faire perdre la face. Bao aussi semble affligée et répète : « *It is my duty to accompany you* », comme si elle était au bagne. Attitude étonnante quand on sait comme les postes affectés auprès des étrangers sont convoités. Est-ce la jalousie qu'ils suscitent qui rend mes chaperons d'humeur morose ?

Très chers,

Être professeur en Chine c'est un peu expérimenter le « bon vieux temps » où les étudiants polis et respectueux n'osaient contredire les paroles du maître. Mais pour apprendre une langue vivante, il faut un tant soit peu de spontanéité, de vivacité et d'audace, qualités qui semblent absentes des rapports entre mes élèves et moi en cette rentrée. J'espère que l'ambiance va se détendre quand nous aurons fait davantage connaissance. Les débutants sont tous modelés par la méthode d'enseignement à la chinoise à base de par cœur. Ils font preuve d'une grande application certes, mais sont aussi déroutants, habitués à répéter davantage qu'à réfléchir. Rares sont ceux qui ont le courage de m'interrompre pour avouer qu'ils n'ont pas compris.

Plus qu'un professeur de langue, l'expert est aussi un représentant de son pays. Les journaux, la télévision et les romans montrent une certaine image de la France parfois très négative : les Français dorment avec leur chien, les enfants n'aiment pas leur parents, le chômage est élevé. Alors qu'ici, on mange les chiens l'hiver dans le Sud, leur viande étant riche en calories, on adore les enfants d'autant plus qu'on ne peut en avoir qu'un et il n'y a pas de chômage, juste l'attente, sans allocation, d'un emploi que l'État providence va fournir. Ces allégations sont heureusement tempérées par des louanges sur la délicieuse cuisine française, la civilisation, la culture et l'histoire et surtout sur la Commune de Paris que j'aurais bien dû me remémorer avant mon séjour pour affronter les nombreuses questions qu'elle suscite. Surtout que cet épisode de l'histoire de France, à l'origine de mesures aussi importantes que l'école laïque et gratuite et la séparation de l'église et de l'État, semble avoir été totalement occulté des programmes de ma scolarité[24]*. Or, pour la plupart des Chinois, surtout ceux de la génération des 30-50 ans, la Commune de Paris est un modèle de démocratie de masse.*

Pendant mes cours, je ne veux pas entendre un mot d'anglais. C'est le français ou le chinois. Dans ma classe d'avancés, il y a quelques jeunes plus extravertis qui font exprès de parler en anglais, se vantant de maîtriser déjà une langue européenne. Ces étudiants se destinent à être de futurs interprètes ou traducteurs des services publics. La plupart travaillent déjà soit à l'agence de voyage officielle, ou à la poste comme censeurs des courriers en provenance de l'étranger, soit sont accompagnateurs de délégations officielles. Parfois seulement deux ou trois étudiants sont présents au cours. Génération ayant vécu de plein fouet la Révolution culturelle en tant que gardes rouges ou jeunesse urbaine exilée à la campagne pour se réformer par le travail

[24] Et n'a réellement réapparu auprès du grand public qu'en mars 2021 lors des commémorations du 150ème anniversaire de la Commune.

manuel, ils semblent n'avoir pas de méthodologie de travail, ne pas savoir ou pouvoir établir leur priorité. Je dois me plier à leurs exigences et leur faire apprendre le vocabulaire dont ils auront besoin dans leurs futures fonctions administratives, ce qui n'est pas des plus amusants.

Ma modeste expérience d'enseignante de chinois en France devant des classes au nombre très limité d'élèves, ne m'a pas préparée du tout à ce travail que je trouve très physique. Je suis déroutée, je me sens débordée. Et après deux heures de cours je suis complètement vidée et perd ma voix. Pour mes deux classes d'étudiants qui ont déjà fait du français, le niveau est tel qu'il faut tout réviser, réexpliquer. Ils répètent tous ensemble, d'une voix forte ce que je dis, comme à l'école primaire de mon village dans les années 1960, où par les fenêtres ouvertes, aux beaux jours, on entendait les petits déclamer d'une seule voix les tables de multiplication ou les conjugaisons des verbes. J'essaye de les faire répéter un à un, mais je sens que certains sont mal à l'aise pour s'exprimer devant les autres. Je ressors de mes cours blanche de poussière et commence une allergie à la craie.

Certains sont parfois assez paresseux, n'ouvrent pas leur livre entre les cours et ne font pas le travail que je suggère. Il ne faut surtout rien imposer si on veut être considéré comme un bon professeur. Par contre, les étudiants apprentis ingénieurs ou techniciens semblent, eux, motivés et travailleurs, mesurant la chance, même relative, de pouvoir se former après les années de troubles politiques où l'éducation était limitée à l'apprentissage du Petit Livre Rouge de Mao. Ils mettent les bouchées doubles pour étudier du lever à 6h30 à l'extinction des feux 23h. Quand je sors le soir prendre l'air sur le campus, j'en croise certains qui apprennent leurs leçons à voix haute à la lueur des réverbères.

Jeudi 3 septembre

Très chers,

Près d'un milliard[25] *de Chinois se partagent une centaine de noms de famille; il y aurait 100 millions de Wang, 90 millions de Li et pas moins de 88 millions de Zhang, les noms les plus courants. Ceux qui sont en contact avec des étrangers aiment avoir des prénoms occidentaux pour se distinguer les uns des autres. À l'Institut, certains ont déjà des prénoms anglais et mes étudiants me demandent des prénoms français dont ils sont très fiers. J'ai épuisé tous ceux de la famille et de mes amis, ce qui rend parfois les interpellations un peu cocasses, voire émotionnelles et commence à être à court d'idées, car des têtes nouvelles se présentent chaque semaine. J'ai plus de trente élèves par classe alors qu'on m'en avait annoncé une vingtaine au maximum. Cela me semble beaucoup trop pour avoir des résultats tangibles. On perd un temps fou à reprendre les explications pour les nouveaux et pendant que je les interroge un à un, je perds l'attention des autres.*

Certains viennent voir par curiosité la Française à l'œuvre et s'amuser, mes cours ayant la réputation d'être divertissants. Un étudiant m'a avoué venir écouter le français parce que c'est joli. Comme il a un bon pedigree politique, il a le droit d'assister aux cours quand il veut sans être inscrit. La plupart des étudiants savent qu'il sera sans doute difficile d'utiliser le français dans le monde professionnel qui les attend et leur motivation est

[25] En 1981, la population était estimée à 981 millions de Chinois, aujourd'hui c'est plus 1,5 milliards.

plus limitée que s'ils avaient été sélectionnés pour apprendre l'anglais, sésame qui offre débouchés et bourses pour partir aux États-Unis. Il me semble que le français n'est pas vraiment pris au sérieux et je me sens plutôt un pantin politique, qui alimente la concurrence entre le Ministère de la sidérurgie et celui de la Santé sans qu'il y ait de plan stratégique mises à part les maigres bourses qu'attribuera l'IFCL pour les heureux élus.

Pour comprendre la motivation de ma classe de débutants, dont la moyenne d'âge est de 45 ans, je leur ai demandé d'exprimer en chinois et en trois phrases maximum, leur raison d'apprendre le français. Deux professeurs de mathématiques m'ont répondu qu'ils étaient motivés par mes cours car très intéressés par les scientifiques français Poincaré, Lagrange et Laplace. Mais la réponse pratiquement générale fut : « Pour la bonne entente amicale entre nos deux peuples et pour mieux servir mon pays ». À leur âge, ils ont vécu *bǎihuā yùndòng* le Mouvement des Cent Fleurs[26] et certains ont pris de plein fouet le retour de bâton qui en a découlé et restent donc sur leur garde.

Fraîchement arrivée, je n'ai pas encore vraiment déterminé si Bao Zhang et Xiao Ma font partie de l'aréopage de personnes sélectionnées pour me surveiller sur des critères principalement politiques, souvent membres du PCC et parfois même diplômées de langues étrangères. Tous sont d'excellents comédiens prenant des airs modestes, voire de paysans

---

[26] Le Mouvement des Cent Fleurs, lancé en 1957 par Mao, sous couvert de redonner au peuple une certaine liberté d'expression, l'invitait à critiquer le Parti et à s'exprimer en prenant l'image poétique de cent fleurs qui s'épanouissent. Mises en confiance, les langues s'étaient déliées et la réaction du Parti ne s'était pas fait attendre et devant l'ampleur de la contestation, la répression pour tous ceux qui avaient osé parler fut violente. Il y eu plusieurs centaines de milliers de victimes, emprisonnées, déportées et parfois exécutées simplement pour avoir pris la parole ou avoir été dénoncées.

analphabètes, alors qu'ils ont la respectable tâche très enviée de contrôler mes activités, mes allées et venues, fouiller dans mes affaires pour voir s'il n'y a rien de compromettant et rédiger un énorme rapport sur moi qu'ils restitueront aux *wàibàn*, le service des affaires étrangères, qui gère la vie et règle l'existence des étrangers sur le territoire chinois.

Vendredi 4 septembre

Chers tous,

Les journées sont rythmées et on se doit de tout faire ensemble. Je me remémore "1984" de George Orwell. Un matin les hauts parleurs m'ont réveillée à 6h30, mais je me suis rendormie jusqu'à 7h30 et j'ai raté l'horaire du petit déjeuner constitué d'un long beignet torsadé que l'on trempe dans un bouillon de riz ou un bol de lait de soja fumant. Je suis donc allée acheter un petit pain cuit à la vapeur à un vendeur sur le campus. Il fallait des fànpiào tickets céréales en sus de l'argent. L'usage de ces tickets de rationnement a presque disparu à Beijing mais demeure dans les régions plus difficiles à approvisionner. Les tickets ne remplacent pas l'argent. Remis avec le salaire mensuel, ils permettent d'acheter avec les fànpiào une certaine quantité de céréales et produits alimentaires et avec les bùpiào des articles en coton. Ils sont rarement nationaux, plutôt provinciaux et parfois mêmes locaux, utilisables seulement dans sa ville d'origine, favorisant ainsi la stabilité de la population et limitant l'exode rural. Rien ne peut s'acheter sans ces fameux tickets, souvent décorés des spécificités architecturales locales. C'est pourquoi, les montreurs de singes ou acrobates ambulants essayent de se faire rémunérer leur prestation en tickets pour pouvoir manger dans les nombreux xiǎochībù[27] *petits restaurants des villes qu'ils traversent. N'ayant pas encore reçu de salaire,*

[27] Xiao chibu, littéralement petit manger, petit restaurant en bord de route, gargote, bouiboui.

j'ai expliqué à mon vendeur de mántou que je n'avais pas de ticket et il a accepté de me vendre un de ces pains ronds de couleur crème, sans croûte, qui m'a calée jusqu'au déjeuner.

Samedi 5 septembre

L'appellation "camarade" du temps de la Révolution persiste encore ici. Mais les titres honorifiques comme *lǎo báitóu* vieille tête blanche, sont usités pour les professeurs et surtout le doyen et les nombreux vices doyens. Il y en a sept à l'Institut. Parfois les surnoms sont cyniques : petit Zhu, gros Yang, pipelette Gao, maigrichon Yao, binoclard Li. Je voulais que mes étudiants m'appellent camarade Fei, ou Fĕi Guìmĕi, mon nom chinois 斐桂美. C'est Danielle Li, lors de mes débuts à l'Université de Lyon, qui avait choisi ces caractères phonétiquement proches de la prononciation de mon nom et prénom et qui, disait-elle, correspondaient à ma personnalité. Fei, 斐la lettrée, comme nom de famille, Gui, 桂 le cannelier et Mei, 美la beauté, pour le prénom. Je trouvais alors ce choix prétentieux, mais elle m'avait prédit qu'un tel nom, sonnant si bien en chinois, me porterait chance. Et de fait, il a été tout de suite adopté.

À l'Institut, hiérarchie oblige, je suis Fĕi lǎoshī, Professeur Fei, malgré mes 25 ans. Ce titre me gêne devant ma classe d'anciens professeurs. La plupart ayant la quarantaine ont passé plusieurs années de rééducation à la campagne. Ce sont mes « post révolution culturelle ». Ils sont gentils mais eux comme moi savons que l'apprentissage sera fastidieux. Il y a même une ancienne enseignante de russe de 70 ans, qui a passé plusieurs années en URSS au moment de l'amitié entre Staline et Mao et qui vient se recycler en français. Elle est membre du Parti et s'absente quand elle veut. Elle semble déjà perdue, mais il faudra cependant que je la ménage, même si elle ne fait aucun progrès. Cette classe est attachante, certains font d'énormes efforts et boivent mes paroles. Les femmes, plutôt timides, pouffent de rire nerveusement quand je les interroge. Je dois faire très attention de ne jamais leur faire perdre la face, de toujours les encourager et je répète inlassablement les mots nouveaux en utilisant le chinois pour me faire comprendre et les détendre un peu.

Lundi 7 septembre

J'ai instauré un jeu que je leur ai expliqué en chinois pour que tout le monde comprenne bien. Dès qu'ils rentrent dans ma classe, ils investissent un petit coin de France et doivent essayer de se comporter à la française et donc ne pas cracher par terre.

J'en vois alors qui se lèvent d'un bond et courent expectorer par les fenêtres qui n'ont pas de carreaux. J'explique qu'on ne peut pas non plus éructer par la fenêtre et je raconte comment j'ai été plusieurs fois malencontreusement maculée en marchant dans la rue. Ils rient et confient discrètement leurs crachats à une feuille déchirée de leur cahier. À la fin du cours, les bureaux sont couverts de boules blanches comme s'il avait neigé.

Les autorités de l'Institut sont venues à cinq pour discuter de mes heures de cours. Impossible d'aborder la question du salaire de 600¥[28] stipulé dans le contrat signé en France pour peu qu'on soit titulaire d'une maîtrise. Certes cela peut paraître élevé par rapport au salaire moyen des Chinois d'environ 50¥, mais il est loin de celui que touchent les experts étrangers qui ne sont pas sous contrat local comme moi. Personne ne semble au courant. Sur les conseils de mes amis experts à Beijing, je souhaiterais avoir la moitié en monnaie locale, le *rénmínbì,* la monnaie du peuple et la moitié en monnaie pour les étrangers, le *wàibì*, très prisé car permet entre autres de régler ses emplettes dans les *yǒuyí shāngdiàn* les magasins de l'amitié - si cyniquement nommés que les Chinois n'y ont pas accès- où l'on peut acheter des produits introuvables ailleurs. Le *wàibì* est surtout un sésame pour voyager, monnaie d'échange pour obtenir des faveurs d'un employé qui pourra ainsi avoir accès à ces billets magiques[29].

J'ai pris Bao Zhang entre quatre yeux et lui ai remis mon diplôme de Maîtrise avec mention. Je lui ai fait préciser certains points. Qui paye la nourriture ? Où est la prime d'installation prévue dans le contrat ? Je voudrais m'acheter un vélo, indispensable pour quitter le campus qui est assez éloigné du centre-ville, mais je dois attendre qu'il y en ait un de disponible et ainsi mes allées et venues sont mieux contrôlées par mes protecteurs. « De toute façon, le chauffeur de l'Institut et moi-même pouvons t'emmener où tu veux ». Bao commence à se fatiguer de mon énergie et de sa lourde tâche de m'accompagner partout et m'annonce qu'une télévision en couleur est à ma disposition, m'imaginant collée devant pour

---

[28] En 1981 : 1 yuan ¥ = 3,30 FF soit 0,50€, un salaire de 600 ¥ était un équivalent très approximatif de 300€ (au taux de change 2022 environ 87€).

[29] Bien entendu, malgré ma demande, mon salaire ne sera réglé qu'en *rénmínbì* monnaie locale bien moins utile que le *wàibì* monnaie pour étrangers.

qu'enfin elle puisse prendre un repos bien mérité. Mais quand je demande à regarder les infos, la personne chargée de la TV n'est pas là. En fait, la TV n'existe pas, elle n'est pas encore achetée, mais il ne faut pas perdre la face.

Mardi 8 septembre

Deux étudiantes sont venues me voir, bravant courageusement le gardien Xiao Ma, en me donnant du «Très respectée femme professeure». Elles avaient rencontré un touriste français qui leur avait laissé sa carte et se demandaient s'il pourrait leur servir de tuteur pour pouvoir quitter le pays. Elles précisent que c'est un secret et craignent qu'il y ait des micros dans la maison. Je prends le temps de leur expliquer que ce touriste ne connaît sans doute pas le fonctionnement de la Chine; qu'il leur a donné sa carte comme sans doute à toutes les personnes qu'il aura rencontrées pendant son voyage et qui lui auront parlé dans sa langue; qu'il est peu probable qu'il ait même imaginé les inviter en France. Je suis gênée de voir leur visage s'assombrir, leurs espoirs s'évanouir. Je les encourage à poursuivre leurs études pour essayer d'obtenir des bourses d'études à l'étranger.

La fameuse cantine pour les experts est en fait payante et au prix fort. Méfiante et commençant à comprendre comment tout fonctionne ici, je me suis renseignée. La facture pour les quinze premiers jours est exorbitante, comme si je mangeais dans un restaurant de luxe. J'explique patiemment en dialecte local que je voudrais juste un bol de riz et un accompagnement et que le prix doit être d'un yuan par repas, ce qui est déjà le quadruple de ce que paye un étudiant. Le personnel de la cantine acquiesce avec un grand sourire et j'imagine m'être fait comprendre. Mais le lendemain, mon assiette est remplie de plusieurs morceaux de gras de porc immangeables et que je laisse. À ce rythme, mon budget alloué à la nourriture va exploser et m'empêcher d'économiser pour voyager et sortir de ma prison dorée. Serait-ce d'ailleurs le but de cette cantine, me ruiner et engraisser les employés ? Je décide de n'y aller que les jours où j'ai cours à midi et d'acheter de quoi manger dans les petits marchés paysans qui envahissent les trottoirs alentours.

Mercredi 9 septembre

En ce jour de l'anniversaire de la mort de Mao, j'ai guetté en vain une émission ou un article dans la presse. Mais comme Mao est le responsable de la Révolution culturelle, accusée de tous les dysfonctionnements dans la société, les médias restent muets sur la mort du grand timonier.

Lors d'un trajet dans un bus bondé, j'ai eu pitié d'une vieille dame aux pieds minuscules qui avaient dû être bandés selon la coutume des fleurs de lotus[30], pourtant interdite dès 1911 mais encore en vigueur dans les années 1930-40, surtout dans les provinces reculées comme le Yunnan. J'ai vu plusieurs femmes âgées dont les pieds déformés devaient mesurer à peine une douzaine de centimètres, assises sur les pas des portes, ou jouant au *mahjong*[31] à l'ombre d'un arbre et même une fois au zoo, des femmes de l'ethnie Lisu d'une quarantaine d'années qui

---

[30] La coutume des pieds bandés (voir note p 18) est relatée dans une bande dessinée originale de Li Kunwu, *Les pieds bandés*, Editions Kana, 2013. Li Kunwu, né en 1955 à Kunming, est journaliste dessinateur dans le *Yunnan ribao, le Quotidien du Yunnan.*

[31] Le Mahjong est un jeu de société d'origine chinoise qui se joue à quatre joueurs, avec 144 tuiles spéciales. Le mot vient du chinois májiāng mais est connu sous l'appellation mahjong en cantonnais.

se reposaient sur un banc. J'ai pu voir leurs pieds-moignons chaussés dans des pantoufles brodées miniatures. Elles avaient donc subi le bandage des pieds dans les années 1940, d'après mes calculs. Dans ce bus, j'ai fait lever un jeune militaire pour que la petite vieille puisse s'asseoir. En descendant au même arrêt qu'elle, je l'ai assistée en la tenant par le bras. On me regardait étonné. Est-ce que le fait que cette femme ait eu les pieds bandés montre qu'elle vient d'une famille de contre-révolutionnaires bourgeois, que la taille de ses pieds lui a permis d'épouser un homme fortuné lui assurant ainsi une place dans la société ? Est-ce tout simplement que la foule omniprésente et les bus toujours bondés rendent les gens insensibles aux autres ? Les premiers jours je disais à tout bout de champs *duìbuqǐ*, excusez-moi, désolé, alors qu'on me bousculait, que je recevais des coups dans les côtes, que j'évitais un crachat de justesse et je voyais avec perplexité les auteurs de ces incivilités ricaner. J'ai vite compris qu'en Chine on ne s'excuse pas sinon on y passe la journée[32].

Vendredi 11 septembre

Les cours s'arrêtent à midi le vendredi, car l'après-midi est réservée aux réunions politiques. La province est en retard sur Beijing et les villes côtières où ces réunions ont disparu. Ici elles sont obligatoires, sauf pour les étrangers. Mais les Chinois sont malins et savent s'en accommoder. Les hommes ont une étonnante maîtrise du sommeil les yeux ouverts et les femmes ont le droit d'apporter leur tricot et s'en donnent à cœur joie, transformant l'éducation politique en un club de tricoteuses,

---

[32] Quand je rentrerai en France et qu'on me demandera ce que j'ai trouvé de plus difficile à vivre, je dirai sans hésiter « la foule partout ». J'irai même jusqu'à dire que jamais je n'aurai d'enfant, la planète étant surpeuplée !

échangeant les modèles et les combines pour trouver de la laine pas chère ou des jolis coloris. Chacun apporte son petit siège en bambou. On m'a rapporté des propos sur le manque de culture de certains leaders politiques qui animent ces réunions du vendredi. Avant la chute de la Bande des Quatre[33], un ancien mineur, propulsé leader de Yúndà, a fait un discours critiquant Kongzi-Confucius en ces termes : « Confucius était un sale contre révolutionnaire français qui a saboté l'esprit de la Commune de Paris[34] ». Un chef est venu lui chuchoter à l'oreille de reprendre le discours en précisant que Confucius était chinois. Un autre responsable de cellule du Parti, issu de la classe paysan-ouvrier-soldat a déclaré qu'il était regrettable que la fête de la révolution Xinhai, qui renversa la dernière dynastie des Qing en 1911, appelée la révolution de Sun Yat-sen soit le dix octobre, le même jour que la fête nationale du Guomindang à Taïwan[35], qu'il était incongru de fêter ces deux événements ensemble.

Samedi 12 septembre : arrivée des Américains

Les deux jeunes Américains, annoncés comme futurs colocataires, sont arrivés dans le cadre de l'organisation VIA, Volunteers in Asia, avec force bagages et tout un aréopage de

---

[33] Jiang Qin la starlette shanghaienne devenue la quatrième épouse de Mao, avec ses comparses de la Bande des Quatre a profité d'un Mao vieillissant et affaibli pour s'emparer du pouvoir. Les opéras, pièces de théâtres ou spectacles de marionnettes d'avant 1949 furent interdits. Moins d'une dizaine d'opéras révolutionnaires étaient autorisés dont «La légende de la lanterne rouge», «La fille aux cheveux blanc», «Le détachement féminin rouge», que je verrai plusieurs fois. La Bande des Quatre a été arrêtée en octobre 1976 après la mort de Mao mais en 1981, leur procès est toujours en cours et parfois évoqué au journal télévisé.

[34] Cf. page 41.

[35] Il s'agit de la même fête du Xinhai le 10 octobre, qui est devenue la fête nationale à Taiwan et que les communistes célèbrent comme la fin des dynasties et l'avènement de la République.

personnel de l'Institut présent pour les accueillir. Eugene, -dont le prénom Youjin prononcé à l'anglaise, résonnait asiatique- aux yeux légèrement bridés et cheveux très noirs, répond patiemment aux innombrables questions sur son origine, un père militaire américain qui a rencontré sa mère lors de la guerre de Corée. Diplômé de l'Université de Stanford, il prend deux années sabbatiques avant de poursuivre des études de droit. Sydney, blonde aux yeux bleu, cheveux très courts, née à Hawaï, est diplômée d'anthropologie du collège Bryn Mawr en Pennsylvanie. Le système d'études aux États-Unis leur permet, après l'équivalent d'une licence, de prendre du temps pour voyager et tenter des expériences qui leurs seront utiles pour poursuivre leurs études universitaires dans de nombreux domaines[36].

Venus dans un esprit généreux, consacrer deux années de leurs vingt ans au développement de la Chine, leur travail est presque bénévole et ils ne touchent qu'un salaire de 250 ¥[37]. S'ils ne font pas partie des experts, ils peuvent s'appuyer sur le réseau VIA et leurs collègues en poste dans les villes côtières à l'Est. Ils m'expliquent le fonctionnement de cette organisation créée en 1963 par un Président de l'Université de Stanford dans le but de proposer aux étudiants d'abord des projets d'aide aux réfugiés chinois à Hong Kong, puis, pendant les années de guerre avec le Vietnam jusqu'en 1970, des places d'objecteurs de conscience dans des pays d'Asie du Sud Est, au Japon et à Taiwan. En 1980, des emplois d'enseignant d'anglais, pour une durée de deux ans sont offerts

---

[36] Eugene deviendra juriste, Sydney professeure d'université en anthropologie et je découvrirai grâce à internet leurs belles carrières au moment de la rédaction de ces lignes, pour leur demander l'autorisation de les évoquer.

[37] Equivalant à 125€.

en Chine. Arrivés mi-septembre 1981, Eugene et Sydney sont presque les pionniers de ces programmes en RPC. Ils s'installent donc dans ma petite maison sur le campus qui va devenir notre «home», refuge où nous allons tisser des liens d'amitié forts. Habitués à vivre dans des espaces ouverts, sans barrière, ils sont étonnés par la hauteur du mur de briques qui ceint notre jardinet et restent perplexes quant à son utilité.

Lors du voyage entre boursiers l'été 1980, le guide nous avait expliqué la présence familière des murs dans le paysage chinois. D'ailleurs, les idéogrammes choisis pour un mur d'enceinte, 围墙 expriment visuellement la notion de claustration, des carrés renfermant d'autres éléments et précédé de la clé de la terre[38], rappelant qu'ils sont souvent en pisé. La population, concentrée depuis longtemps dans les zones urbaines, est habituée à une promiscuité permanente et se préserve traditionnellement des voisins par les innombrables murs qui encerclent les maisons, les immeubles, les temples. L'entrée dans un temple se fait toujours par un porche en demi-cercle qui donne sur un mur-écran, parfois gravé de calligraphies de textes bouddhiques, taoïstes ou confucianistes selon l'affectation du temple. Ce mur aurait une fonction magique destiné à empêcher les mauvais esprits de pénétrer dans le temple en s'y cognant. Les visiteurs, eux, passent par deux issues sur les côtés. Mais, plus souvent, le mur témoigne du besoin de se protéger de l'agressivité de l'extérieur, de s'isoler de la foule et des curieux et de préserver un semblant d'intimité. À l'intérieur d'un habitat traditionnel, le mur sert aussi à multiplier les espaces de déambulation entre les pièces donnant

[38] Les idéogrammes chinois sont classés par des clefs, un des éléments de l'idéogramme le rattachant à une catégorie sémantique.

sur des courettes. Beaucoup de portes d'entrées sont «à chicane» et exigent qu'on lève le pied pour franchir le seuil et ne sont que rarement au même niveau que la rue. D'ailleurs il est amusant de voir les acteurs d'opéra sur une scène, généralement dépourvue de tout décor, simuler le geste d'entrer dans une demeure en levant le pied pour franchir un seuil imaginaire. On dirait que je commence à m'habituer à ce mur. N'est-il pas déjà une protection contre les regards insistants des passants du campus ? Il me semble qu'une fois la guérite d'entrée franchie, je ressens une sorte de relâchement physique de ne plus me sentir observée, de pouvoir redevenir moi-même, sans crainte d'être vue et jugée, en quelque sorte, je rentre chez moi.

Chers tous,

Dans notre maison, la partie à gauche de l'entrée est réservée pour les filles, Sydney et moi et la décoration en est romantique à souhait : fleurs et papillons, beautés accoudées à un puits, alors que la moitié droite est le domaine de Eugene qui lui a des cendriers et des housses de couette décorées de dragons. De chaque côté a été installé un poste de TV, l'arrivée des deux Américains en a fait avancer la livraison, mais il serait inconvenant que filles et garçon la regardent ensemble. De même, chaque partie est équipée d'un petit réchaud électrique et nous sommes très gâtés, car c'est un luxe de pouvoir se passer de charbon pour cuisiner. Les stéréotypes ont bon dos. On nous fait comprendre que les garçons sont désordonnés et n'aiment pas laver leur linge, Eugene aura donc une machine à laver. Mais nous les bonnes petites ménagères on a l'habitude de laver ! Alors, sans demander l'autorisation qu'on n'aurait jamais eue, on a fait des deux salons un seul du côté des filles et de l'autre, côté garçon, une cuisine avec les petits réchauds et l'on vadrouille d'un côté à l'autre librement. Sydney et moi, essayons d'égayer notre coin avec des textiles ethniques, Eugene achète des plantes mais le cœur n'y est pas. À peine arrivés, ils découvrent que tout est compliqué et qu'il faut savoir attendre et être patient. Ils déchantent et veulent déjà essayer de négocier pour faire la deuxième année de leur contrat VIA à Shanghai ou Beijing où des collègues de leurs universités semblent mieux s'adapter. Heureusement, ils sont accueillis par la colonie d'expatriés américains de Kunming qui les a déjà invités à un « English evening ». Des souris ont élu domicile dans la maison, ce qui effraie terriblement Sydney qui craint microbes et saletés. La femme de ménage nettoie à force d'éclaboussures d'une eau douteuse sans détergent qui met un temps fou à s'évaporer.

Au département des langues étrangères, nous occupons un bureau spacieux pour nous trois, alors que les autres professeurs chinois s'entassent dans une petite pièce. Et surtout, nous avons accès à des WC à l'occidentale, avec clef, et… porte aux vitres non dépolies. Les Chinois bavent d'envie devant la porte. Mais impensable d'en céder la clef, les utilisateurs non attitrés seraient immédiatement remis dans le droit chemin.

Dimanche 13 septembre

Les idées toutes faites sur l'Occident sont courantes. Les Américains sont aimables, les Français sont romantiques. Alors aujourd'hui, 15e jour du 8e mois lunaire, jour de la fête de la lune, je suis invitée par une Chinoise rencontrée à la poste - et qui très vite a *zuò péngyou* fait ami avec moi- à la rejoindre pour une soirée au bord du lac du parc Daguan, pour admirer le reflet de la pleine lune dans l'eau. Une légende dit que deux amants ont été séparés par leurs familles et qu'ils se sont consolés en regardant chacun la lune de leur exil et en s'y retrouvant par la pensée. Il est de bon ton évidemment d'aller au parc avec son amoureux ou sa dulcinée et d'essayer discrètement de lui prendre la main. En regardant la même lune, on pense à ceux qui sont loin, séparés par des milliers de kilomètres, ce qui est le lot de beaucoup de couples, l'un ayant été affecté dans une unité de travail au Nord, l'autre au Sud, un bon moyen de limiter les naissances en cette période où sévit la politique de l'enfant unique.

Le parking à l'entrée du parc est noir de milliers de vélos enchevêtrés. Les parcs publics ne sont payants que de quelques *fēn*, l'équivalent de deux centimes de Francs[39], mais du coup, il faut patienter dans une queue impressionnante pour acheter son billet au guichet. Dans le parc, la cohue est inimaginable, la foule à touche-touche comme si on jouait au petit train. Il faut se lever sur la pointe des pieds pour voir la lune à l'horizon. Je l'aurais bien mieux vue du pas de ma porte où sa vision auréolant la statue de Mao en aurait été comique. Mais ça faisait tellement plaisir à mon amie d'un soir et j'améliore ma résilience à être ballotée dans une foule dense et animée. Des jeunes garçons exhibent d'énormes magnétocassettes recouverts d'une serviette éponge, protection pour la poussière, d'où jaillit une musique pop chinoise à pleins tubes. Ils sont habillés de tee shirts, style Kung Fu, achetés au marché noir et portent, bien qu'il fasse nuit noire, des lunettes de soleil dont l'étiquette est encore collée sur le verre. Les filles se sont mises sur leur trente et un. Certaines arborent chaussures et sacs en plastiques du dernier cri et osent même des boucles d'oreilles qui me font penser à celles qu'on gagnait dans les foires du village de mon enfance, avec écrit sur l'emballage « plaisir d'offrir, joie de

---

[39] Équivalent impossible en euros d'aujourd'hui : 0,004 €

recevoir ». Ce soir-là, on déguste des gâteaux en forme de lune, faits de riz frit et fourrés à la farce de graines de lotus, de haricot rouge ou de la spécialité locale de jambon sucré du Yunnan et de figue, assez bourratifs et indigestes mais joliment enveloppés dans des papiers rouges, couleur du bonheur.

Nous partageons une pomme que j'ai apportée et elle me parle de ses problèmes. Je comprends alors la raison de vouloir entrer en contact avec moi et saisir l'occasion de la fête de la lune où elle peut s'exprimer librement dans la foule sans se faire remarquer. Elle veut quitter le pays pour rejoindre son petit copain à l'étranger et aller vivre peut-être en France avec lui. Alors est ce que je pourrais lui apprendre le français ? J'aurais été Norvégienne, elle aurait appris le norvégien. Je prends son adresse, le téléphone n'existe pas, seulement entre administrations, et je lui promets de l'inviter à manger un de ces jours des *guòqiáo mǐxiàn* « les nouilles qui traversent le pont », la spécialité de Kunming, des pâtes de riz dans un bouillon de poulet[40]. Elle me ramène chez moi sur le porte bagage de son vélo et je lui offre un beau collier rouge porte bonheur en remerciement; elle est aux anges.

Lundi 14 septembre

Chers tous,

Bien qu'il y ait pléthore d'employés à l'Institut, ils semblent pour la plupart parfaitement inefficaces. L'administration chinoise est une des plus

---

40 L'origine de ce plat remonterait à l'histoire d'une jeune fille qui tous les soirs portait des nouilles à son fiancé de l'autre côté de la rivière Banlong.

anciennes au monde[41]*. Le code Napoléon fait petite figure à côté de ce système rôdé depuis tant de siècles en Chine. Je me remémore pendant mes cours aux Langues'O les exemples de carrières mandarinales largement évoquées dans toute la littérature classique et qui contraignirent des grands poètes à s'exiler loin des villes. Le fils - aucune femme n'avait le droit de concourir- qui réussissait l'examen et devenait fonctionnaire, assurait la richesse et la sécurité à toute sa famille. Maintenant c'est le Parti qui remplit ce rôle, assurant la sécurité de l'emploi, même si les salaires ne sont pas très élevés. Le système aléatoire de retraites n'existe en 1981 que pour les fonctionnaires et parfois les travailleurs dans des usines d'État, alors que la population est encore pour les deux tiers rurale. Je découvre progressivement comment les Chinois s'accommodent du système et trouvent des subterfuges pour contourner les interdits et les innombrables barrières administratives et améliorer leur quotidien. Pour l'instant je suis novice et ne connais pas encore la façon de tirer les ficelles pour faire avancer les choses en ma faveur. Les dossiers traînent et je n'ai toujours pas la liste de mes élèves. Je ne peux donc pas faire l'appel, ni contrôler les absences.*

Le manuel d'enseignement du français Mauger est très rapidement dupliqué et chaque étudiant en a déjà un exemplaire. Les responsables de la pédagogie regardent le nombre de leçons étudiées et les pages de textes tapées par la secrétaire du département des langues étrangères, qui, la pauvre, ne parle pas un traître mot de français. Quand je propose une dictée de mots aux débutants pour en vérifier l'acquisition, une vraie panique s'installe. Certains trichent dès que je baisse la tête en regardant dans le livre ou sur le voisin et je fais semblant de ne rien voir. En Chine on ne dit jamais non et rien n'est plus terrible que de perdre la face devant ses

[41] Dès la dynastie des Zhou, 12e siècle av JC, se met déjà en place une bureaucratie centralisée qui se complexifiera au cours des dynasties suivantes. L'officiel, le mandarin, le fonctionnaire a toujours eu une aura en Chine. Déjà, les cinq vertus du gentleman confucéen, la danse, la musique, le tir à l'arc, la conduite des chars, l'écriture et le calcul lui assuraient une fonction dans l'administration. Les examens impériaux créés en 605 ap. J.-C. ont perduré jusqu'en 1905 à la fin de la dernière dynastie des Qing.

camarades en faisant des fautes. Même à 50 ans, on panique à l'idée d'être interrogé et on préfère se tatouer l'intérieur de la main avec la conjugaison du verbe «aller» plutôt que de faire de la peine à son professeur en rendant une copie truffée de fautes.

Mardi 15 septembre

Chers tous,

S'ils se savent surveillés et mesurent leur prise de parole en classe, en revanche les élèves s'épanchent à l'écrit et la lecture de certaines copies est un vrai régal d'expressions poétiques, imagées, réalistes, détaillées, dans un français parfois piquant. L'étudiant qui a appris par cœur une liste de vocabulaire écrit montgolfière pour mammifère, j'ai pris un court-circuit pour un raccourci, excusez mon haricot pour argot. Je ne résiste pas à évoquer telles quelles ces quelques coquilles trouvées dans des copies : « Quand on est libre en ville, on va au cinéma ou on promène compagnie sa madame. Il est tombé amoureux et la fille lui a fait mille amitiés ». Un jeune élève géologue m'a fait ce compliment révérencieux et politiquement très correct :«Professeur vous êtes française, vous quittez beau Paris et ta parenté et venez à notre pays pour la révolution et construction socialiste de notre pays natal. Je vois que vous êtes en effet forte. Le peuple chinois n'oublie pas les personnes pour leur contribution, surtout étrangers qui sont amis du peuple chinois et vous êtes notre professeur respectable et amie ! Il faut constituer l'arc en ciel de l'amitié avec la belle nature» (sic). On n'est pas loin de Tintin et le lotus bleu «il y a un arc-en-ciel dans mon cœur Vénérable ».

Un de mes jeunes étudiants géologues me déclare sa flamme dans un devoir et m'assure que si je l'emmène avec moi à mon retour en France, il est prêt à faire les plus sales besognes, comme nettoyer les latrines. Quel courage et surtout quelle confiance de se livrer ainsi ouvertement. Mais tous savent que leurs secrets sont bien gardés avec moi. Je n'ai aucun mérite ; qu'aurai-je à gagner en les dénonçant ? Je suis déjà tellement privilégiée par rapport à la moyenne. Alors qu'entre eux, une dénonciation peut leur offrir un avancement, une récompense qui peut être bienvenue selon les circonstances.

Mercredi 16 septembre

Le doyen m'a convoquée pour m'interdire d'aller donner des conférences à l'Université du Yunnan, car je suis, me dit-il, la propriété de l'Institut. Mais en même temps, les autorités ont honte car le public qui a assisté à ma première conférence sur le système d'éducation en France, est très limité, d'un niveau académique bien plus faible qu'à *Yúndà* et très peu comprennent le français. Pour pallier ce problème, ils invitent des francophones ou francophiles d'une autre génération et qui viennent de l'Université pour assister à mes conférences. Cela m'amuse mais je me garde bien de dire quoi que ce soit.

Jeudi 17 septembre

Je suis arrivée depuis près de trois semaines seulement et j'ai un peu de mal avec les attitudes obséquieuses de mes chaperons, à les entendre me baragouiner en anglais les sempiternelles questions sur ma santé, sur mon emploi du temps, sur ce que j'ai mangé à midi, sur comment je trouve la vie ici et comment je m'adapte. Certains ne semblent intéressés que par la pratique de l'anglais et mitraillent l'étranger de questions parfois embarrassantes : Êtes-vous mariée ? Combien gagnez-vous ? Combien coûte votre montre ? Je voudrais qu'on m'adresse la parole en chinois pour avoir l'impression de m'intégrer. La langue chinoise serait-elle la grande muraille de Chine pour protéger le peuple des barbares étrangers ? Après tant d'années d'apprentissage, de mémorisation des caractères et de leur prononciation, je suis frustrée de devoir échanger dans un mauvais anglais, alors que j'ai fait l'effort de m'exiler à 10000 kilomètres de chez soi.

Je manque de patience, indispensable dans ce monde si différent du mien. Les échanges guindés, limités, font que je suis en permanence sur le qui-vive. J'aimerais entrer en contact avec d'autres personnes que mes gardes, me faire des amis de mon âge, mais je n'ai encore trouvé personne avec qui échanger sans craindre de l'exposer aux critiques pour s'être fourvoyé avec une étrangère. Paradoxalement, les jeunes garçons chinois que je croise, même parmi mes étudiants, sont très entreprenants, voire dragueurs, aussi dois-je m'inventer un faux fiancé pour avoir la paix. Mais surtout je me tiens sur mes gardes pour ne pas leur porter préjudice et garder ma réputation de jeune Française sérieuse. Déjà, pendant l'été 1980 à Beijing, mes collègues féminines des Langues'O et moi, nous nous faisions courtiser ouvertement, parfois même par des jeunes militaires qui nous donnaient rendez-vous dans les parcs pour nous rejoindre le soir sans leur uniforme et pouvoir nous approcher plus facilement. Certains osaient même nous envoyer des baisers de la main, geste inimaginable en Chine où les sentiments ne sont jamais exposés au grand jour mais suggérés par des attitudes toujours retenues et des codes spéciaux. Dans les bus bondés, il n'était pas rare de se faire tripoter par des hommes qui pouvaient pourtant craindre de perdre la face si on rabrouait en chinois l'harceleur. J'aurais pu être flattée en me disant que mes formes plus généreuses et féminines d'Occidentale étaient tentantes, mais c'était surtout l'espoir de me séduire pour imaginer pouvoir quitter le pays qui poussait ces jeunes garçons à m'aborder.

Vendredi 18 septembre

L'altitude et le bruit permanent m'empêchent de dormir. On dirait que les activités bruyantes ne s'arrêtent jamais, qu'il n'y a pas de trêve nocturne. Ai-je rêvé, ou bien y avait-il un film en plein air avec des tirs de mitraillettes ? Le matin, dès 6h30 l'hymne national *« Qǐlai »* jaillit des hauts parleurs dispersés sur le campus et par malchance l'un d'entre eux est dans un eucalyptus juste devant ma fenêtre. Vais-je arriver à m'habituer à cette horrible institution du haut-parleur qui me tire de mon sommeil si brutalement ? Ici, les gens s'en accommodent, voire font abstraction et continuent leurs occupations dans le tintamarre de ces objets de torture. Ils parlent fort le soir ou le matin, habitués à leurs congénères qui ont le sommeil lourd et pas du tout conscients que de l'autre côté de la planète, les «grands nez» sont dès leur naissance isolés dans leur berceau autour duquel on évite tout bruit. La faculté qu'ont les Chinois de dormir au milieu d'une foule bruyante, d'un bus bondé, est étonnante. Ils arrivent à s'isoler en se mettant dans une bulle protectrice. Dans ce pays où la population est concentrée depuis des siècles sur les terres les plus fertiles, la promiscuité est inévitable et l'isolement rare. Je comprends mieux alors le refuge que procure l'art poétique ou pictural. Mon choix décrié d'étudier la poésie classique chinoise, conduisant très certainement au chômage, va-t-il me permettre cette échappatoire de mon quotidien ? Me revient alors en mémoire un poème de Wang Wei que François Cheng avait décortiqué pendant une heure de cours pour nous faire comprendre cette quête d'évasion quasi spirituelle à la recherche d'une sérénité solitaire et apaisante et que j'ai retenu par cœur :

Montagne vide

Plus personne en vue

Seuls échos des voix résonnant au loin

Rayons du couchant dans le bois profond

Sur les mousses, un ultime éclat : vert[42].

Samedi 19 septembre : le contrat non respecté

Ce samedi-là, je suis invitée à dîner chez le Dr. Liu, qui fut à l'initiative du poste d'experte pour Kunming, même si sa fac de médecine se l'est fait voler par l'Institut technologique. Le Dr. Liu, ancien étudiant de l'IFCL en 1936, a fait sa thèse sur les fonctions biliaires et a été l'élève du Dr. Mallet Guy[43]. Son épouse, gynécologue, est la fille d'un riche propriétaire qui possédait plusieurs maisons et terrains autour de Kunming, alors que lui vient d'un milieu plus modeste. Tout a été

---

[42] Clos aux cerfs de Wang Wei, traduction F. Cheng, *Entre source et nuage, la poésie chinoise réinventée*, Albin Michel, 1990, p. 59.

[43] Voir note page 7.

confisqué pendant la Révo. cul[44]., jusqu'aux meubles et vêtements. Leurs trois fils ont perdu plusieurs années à planter du riz au sud du Yunnan ou à casser des cailloux et n'ayant pas pu faire d'étude sont devenus ouvriers. Depuis quelques années et surtout depuis la réhabilitation de certains intellectuels, ils suivent un enseignement télévisé et vont aux cours du soir pour devenir ingénieurs, dont un dans l'énergie solaire. La cadette suit les traces de ses parents et fait médecine[45]. Tous parlent très bien le français et l'anglais et sont charmants avec moi.

La famille occupe un appartement de cinq pièces pour un loyer modeste, compensant la moyenne peu élevée des salaires des médecins d'environ 70¥[46] mensuels, même si j'ignore le montant du salaire des époux Liu et reste encore empreinte de la politesse française qui interdit de parler d'argent. Il y a une télévision en couleur, un magnétophone et des bibelots disposés sur les meubles, malheureusement d'un goût bien éloigné des objets raffinés qu'ils ont dû connaître autrefois. Des pages d'un calendrier représentant les héros d'un roman classique sont les seules décorations au mur de la pièce où nous mangeons. Le repas, cuisiné de façon conjointe par le couple Liu, est excellent et j'ai goûté le fromage de chèvre local en aumônières, de délicieux champignons, du poisson de rizière et des petites poires dures et juteuses du Yunnan. Tout ce qui touche à la nourriture est tellement important en Chine, que cuisiner n'est pas réservé qu'aux femmes. Les Chinois des deux sexes aiment

[44] La Révo. cul». J'emprunte cette abréviation à l'ouvrage « Révo. Cul. dans la Chine Pop.», une anthologie d'articles de presse des gardes rouges sortie en 1974.

[45] Liu Kiaoling vit maintenant à Lyon avec son mari chinois lui aussi et leurs deux filles. Le couple travaille dans le monde de la santé. Elle m'a donné l'autorisation de mentionner sa famille dans ce livre. Le Dr Liu est décédé en 1997, à l'âge de 83 ans.

[46] Soit 35€.

échanger des recettes, évoquer les spécialités culinaires qu'ils ont dégustées lors de voyages dans d'autres coins de Chine, et m'interrogent sur ce qu'on mange en France. Partout ailleurs j'aurais proposé de cuisiner un repas français. Mais ici, vu l'exiguïté des logements et la difficulté à entrer dans l'intimité d'une famille, je ne peux le faire que dans ma maison, en tout petit comité et avec les produits locaux apprêtés à la sauce française.

À la fin du repas, Dr Liu m'a mis sous les yeux le nouveau contrat rédigé par le ministère de la sidérurgie. Les autorités de l'Institut lui ont confié la tâche, en tant qu'ancien de l'IFCL, de m'en faire accepter les termes. La Chine veut s'ouvrir aux experts étrangers mais n'a pas encore l'habitude de respecter un contrat pourtant écrit en chinois et signé en France avant de partir. Ils imaginent qu'une fois l'experte intégrée dans le système, elle s'y pliera. Je n'aurai pas la prime d'aide à l'installation, le salaire d'essai des premiers mois sera de 420¥[47], puis selon mes capacités d'enseignante, je toucherai le salaire prévu selon mes diplômes soit 600¥. Mais qui sera juge ? Comment ? Pas de congés payés. Il faudra donc voyager au prix étranger, inabordable pour moi avec ce salaire. Je dois payer les repas à la cantine au prix fort. Seul le logement est «offert», c'était mentionné dans le contrat. Je suis consciente cependant que, pour les Chinois que je côtoie dans mon travail ou parmi mes amis, je touche jusqu'à dix fois plus qu'eux et j'imagine leur frustration. Mais en comparant avec les autres experts payés par la France, c'est moi qui suis frustrée. Je fais lire le paragraphe de résiliation du contrat au Dr Liu. Il sourit poliment et me dit : « C'est impossible, on a eu tellement de mal à obtenir le feu vert

---

[47] 420 ¥ = environ 200 €

du ministère, ce serait bien trop long pour faire venir un autre expert ». Je l'interroge sur les conditions de visite pour ma famille. La réponse est rapide « Uniquement si vous travaillez deux ans chez nous ». Je commence à poser des jalons pour la visite de ma sœur étudiante en médecine. Il répond que ce serait possible si une lettre de l'Institut suffit à l'ambassade de Chine à Paris pour obtenir le visa, mais s'il faut passer par le ministère, c'est impossible. J'ai sorti mon diplôme de maîtrise des Langues Orientales à Paris, mention Très Bien, précisé que je l'ai faite avec deux éminents professeurs, François Cheng et Jacques Pimpaneau, des sommités en France, que j'ai déjà enseigné à Taiwan un an, en France aussi et que j'ai signé avant de partir, un contrat précisant 600¥ de salaire dès mon arrivée. La conversation s'arrête par le traditionnel: « Si vous avez des problèmes, n'hésitez pas, nous sommes à votre disposition ».

D'après le Dr. Liu, le Dr. Mallet-Guy va venir début novembre avec une délégation de personnalités lyonnaises, dont les directeurs du lycée du Parc, de l'INSA et le Recteur de l'université, entre autres. Ils sont invités par le Ministère de l'Education. Une bonne opportunité pour leur confier des lettres qui ne seront pas ouvertes par la censure. Je remarque en effet un délai très inégal dans la réception des lettres expédiées de France et j'en reçois qui ont été ouvertes et mal recollées par les agents censeurs. Le jour où j'ai vu un caractère chinois écrit au crayon à papier au-dessus d'un mot un peu sophistiqué écrit en cursif par ma mère, j'ai bien ri puis me suis résignée en pensant au débouché d'un job finalement amusant pour mes étudiants. L'habitude est prise de se rendre dans les hôtels pour étrangers de Kunming pour transmettre des lettres à nos familles qui, postées hors de Chine par des Occidentaux inconnus mais en qui nous faisons confiance, échapperont à la censure.

Je rédige une liste de livres dont j'aurais besoin sur l'histoire et la géographie de la France pour alimenter mes conférences et y ajoute quelques douceurs introuvables, café, chocolat et plus pragmatiquement des serviettes hygiéniques et tampons[48] car cela n'existe pas en Chine. Les filles doivent se débrouiller avec des bandelettes de tissu, qui sèchent sur les fils à linge, laissant tout loisir au voisinage de contrôler les éventuelles grossesses. Les règles, *yuèjīng* « le mois qui passe » sont plus familièrement appelées *dǎoméi* « pas de chance ou chance pourrie ». Elles sont carrément annoncées publiquement sur un calendrier affiché à l'accueil des usines ou communes populaires, toujours dans l'optique de contrôler les naissances et proposer l'avortement si nécessaire.

Dimanche 20 septembre

Je suis invitée à un brunch chez un couple d'intellectuels et d'artistes de Shanghai, James et Yuqi Di et malgré un état fiévreux, je m'y rends, contente de faire leur connaissance. Catalogués bourgeois réactionnaires, ils ont été exilés au Yunnan lors de la Révolution culturelle[49]. Lui, professeur d'anglais à l'École Normale, participe à un travail gigantesque de rédaction d'une encyclopédie chinois-anglais. Elle, institutrice et musicienne, joue du piano et de l'accordéon. Ils regrettent le temps où ils habitaient à Shanghai et ne se font pas

---

[48] Lorsque je quitterai le pays, je laisserai à ma secrétaire devenue mon amie mon stock de tampons et serviettes. Elle m'en sera très reconnaissante.

[49] Voir note page 22.

à Kunming où ils me disent qu'il leur a fallu quinze ans pour trouver cinq personnes intéressantes. J'ai répliqué que j'avais beaucoup de chance de les rencontrer au début de mon séjour. C'est grâce à la secrétaire du département des langues de l'Institut, -à qui j'ai donné, sur sa demande, le prénom d'Isabelle-, que j'élargis mon cercle d'amis dans les milieux intellectuels et artistiques, tout en respectant la plus grande discrétion pour ne pas leur causer de tort. Isabelle, cheveux courts entourant un visage doux, très discrète et trop modeste, a vite cerné ma personnalité et mes intérêts et gentiment me fait profiter de son réseau. Je sens que nous allons devenir de bonnes amies et je m'en réjouis. Elle est pour l'instant la seule à ne me parler qu'en chinois alors qu'elle a un bon niveau d'anglais et qu'elle tape sur sa machine à écrire les textes en français pour mes cours sans les comprendre.

James, qui s'est donné ce prénom anglais en souvenir de son émotion en découvrant les œuvres de James Joyce, et Yuqi vivent dans un microscopique appartement avec une pièce à vivre qui sert de cuisine, salon, salle à manger et chambre pour les parents et une autre pièce pour leurs deux fils. Toilettes et salle de bains sont sur le palier, communes aux autres appartements de l'immeuble de style HLM. Beaucoup de ces bâtiments cubiques, en béton, sans caractère, ont été construits ces dernières années pour remplacer les petites maisons en bois, considérées insalubres mais pourtant si charmantes. James adore la poésie classique chinoise et me montre sa collection d'anthologies; nous échangeons sur les grands poètes des Tang et des Song et je lui parle de mon travail de traduction de l'œuvre de Zhu Shuzhen qu'il connaît, ce qui montre sa grande culture littéraire, car c'est une poétesse bien moins célèbre que la grande Li Qing Zhao. J'évoque mes difficultés à trouver une personne suffisamment cultivée pour m'aider avec les œuvres du CAPES de chinois, en échange de cours de français ou même de conversation anglaise. Certaines ont accepté pour ne pas dire non et perdre la face, sont venues une fois, puis je ne les ai plus jamais revues. La Révo. cul. a fait tant de ravages que trouver quelqu'un qui s'intéresse à la littérature chinoise classique à Kunming ne va pas être facile. Mais James a promis de m'aider en cherchant dans ses relations.

Yuqi a accès à un piano tout neuf, récemment acheté par son école et dès qu'elle apprend que j'en joue, me propose de faire un duo à quatre mains, une fois tous les quinze jours. Très expansive, aimant bien avoir plein de monde autour d'elle et pour sceller ce pacte, nous nous rendons illico dans la petite école primaire où tout le voisinage accourt. On essaye de pianoter dans un brouhaha indescriptible qui ne favorise pas ma concentration, surtout que la partition qu'elle pose sur le pupitre est notée avec des chiffres, de gauche à droite, me déroutant complètement[50]. Ma partenaire tape violemment sur les touches. J'avais déjà remarqué à Taiwan que la notion de nuances dans le jeu musical est différente. Yuqi s'accompagne en chantant des airs populaires qui me sont à ce jour inconnus mais que j'aimerais apprendre.

Lundi 21 septembre

Les étrangers du Yunnan, peu nombreux, sont bien plus surveillés qu'ailleurs. Seuls Kunming et le site touristique de Shilin, un endroit géologique karstique très exceptionnel appelé la Forêt de Pierres, à 90 kilomètres à l'Est sont accessibles et

[50] Les notations en chiffres 1234567, prononcés do ré mi fa sol la si, comprennent parfois des points souscrits ou suscrits indiquant les octaves.

ouverts aux rares touristes, le reste du Yunnan est strictement fermé. La région frontière avec le Vietnam explique aussi cette surveillance, puisque le conflit est encore latent entre les deux pays[51]. On aperçoit parfois à la TV des bombardements ou des mouvements de troupes. C'est aussi une région très montagneuse considérée comme dangereuse, les autorités locales craignant des soulèvements des minorités non Hans y demeurant.

En échangeant avec un professeur de l'université qui est un *Huí,* musulman, j'apprends que cette religion est très représentée au Yunnan. Comme rien ne les distingue physiquement des Hans, il n'est pas facile d'en connaître le nombre exact, surtout que la pratique religieuse n'est que très récemment tolérée depuis la réouverture des mosquées[52]. Même si des peintures murales ou de gigantesques panneaux prônent la richesse de cette mosaïque de peuples, tous fiers de vivre au sein de la République Populaire de Chine, être une minorité ou un *Huí* n'est pas une sinécure. Une politique d'assimilation est en cours depuis plusieurs années. Pour avoir un travail dans l'administration, pour aller à l'école, il faut parler le *guóyǔ,* la langue nationale, troquer son habit identitaire pour la vareuse Mao et il vaut mieux rester discret quant à sa pratique religieuse. Un Institut des Minorités a été cependant créé en 1951 à Beijing pour former des cadres issus des ethnies et favoriser le dialogue.

Un de mes objectifs en acceptant ce contrat au Yunnan est de me rendre par tous les moyens possibles et imaginables dans

---

[51] Voir note page 17.

[52] La religion, «opium du peuple», a été malmenée dans toute la Chine depuis 1949 mais surtout interdite et réprimée pendant les dix années de la Révolution culturelle. Une liberté relative se fait sentir pour la pratique des cultes dans les années 1980.

les zones aux frontières de l'empire, comme le Xinjiang et le Tibet dont je rêve depuis si longtemps, sur les traces des héros de mes lectures, Alexandra David Néel, Ella Maillart entre autres. Je n'en parle évidemment à personne, bien trop inquiète d'une fuite malencontreuse aux autorités. J'ai ouïe dire par des amies des Langues'O qu'il est possible, même si difficile, de voyager dans ces contrées fermées aux étrangers et qu'une femme seule n'y risque rien. Avec mon look asiatique et prête à me déguiser s'il le faut, j'espère pouvoir m'y aventurer. Je suscite d'ailleurs l'étonnement en ayant cousu des galons tissés en cotons de couleurs chatoyantes à ma vareuse Mao, renforçant l'idée que la Française a de drôle de goûts.

Très chers,

J'insiste pour qu'on me prête un vélo, sésame d'un peu de liberté pour explorer Kunming et les environs. Je leur promets que dès que j'aurais mon salaire je m'en achèterai un. On me répond « pas de problème » mais je dois insister tous les jours et ne vois rien venir. En attendant d'en avoir un, j'emprunte celui d'Isabelle qui très généreusement me met le sien à disposition. Son vélo est un « Canard de mer »[53] *et j'exulte de l'enfourcher pour parcourir les rues et venelles de Kunming où, vivant depuis plus d'un mois, je me repère maintenant presque aussi bien qu'à Lyon*[54]*. Mais, chaque fois que je sors de ma maison, Bao Zhang, dont ironiquement le prénom Bao veut dire trésor, est à l'affût, enfourche immédiatement son « Hirondelle du printemps »*[55] *et me suit sans jamais se lasser. J'ai donc*

[53] Marque de vélo.

[54] Kunming 2 millions d'habitants à l'époque ; 6,6 millions aujourd'hui.

[55] Autre marque de vélo très populaire, fabriquée à Shanghai et supposée être de meilleure qualité que celle du *Canard de mer* !

décidé de l'inviter au cinéma pour lui montrer que je suis capable de me débrouiller toute seule et d'aller voir un film en chinois. Nous allons voir « Nuli », un film mélo indien, doublé en chinois. Les films au cinéma et à la télévision sont en guóyǔ, mais le théâtre-opéra, le « jīngxì » est parfois en dialecte local, les caractères des airs principaux sont heureusement projetés à droite de la scène sur un pan de mur permettant de mieux comprendre l'intrigue. Bao est touchée que je lui offre le cinéma ainsi qu'un bâtonnet glacé et que j'échange avec elle sur le film, sur l'Inde, la comparaison entre ces deux immenses pays surpeuplés, sans bien sûr rentrer dans des considérations politiques de démocratie dans l'un et régime autoritaire dans l'autre. J'évoque plutôt les traditions culturelles. J'essaye de la faire parler de sa famille, ses études, mais elle se referme comme une huitre et je n'insiste pas pour ne pas la mettre mal à l'aise, comprenant aisément que vu son rôle de surveillante, elle ne peut pas se lier avec moi et aborder des sujets plus intimes. Pauvre Bao-Trésor !

Mardi 22 septembre

Pour sortir de la ville où se trouve notre unité de travail, *hùkǒu* - pour moi le *Kūnmíng gōngxuéyuàn,* Institut Technologique de Kunming[56]- et pour voyager, c'est compliqué. Les étrangers doivent obtenir un permis et faire apposer un tampon-visa sur un passeport interne, document obtenu auprès de l'autorité en charge des affaires étrangères. Manque de chance, la personne qui s'occupe des permis de voyage à l'Institut est un jeune homme d'une mollesse et d'une inefficacité incroyables, qui se nomme Jeremy Wang. C'est un ancien paysan promu fonctionnaire, portant donc la vareuse Mao avec poche spéciale

[56] Je dois porter lors de tous mes déplacements le badge de mon unité de travail, épinglé sur la poche supérieure de ma veste Mao.

pour le stylo bille. Avoir affaire à lui, c'est expérimenter un genre de torture. Et il n'est que le premier échelon d'une longue pyramide de personnalités qui doivent apposer leur signature. Il faut que je m'arme de patience, ce qui n'est pas ma qualité première.

Mercredi 23 septembre

Après mes cours, j'ai prévu d'aller faire quelques emplettes au magasin d'État. Celui de Kunming est une grande bâtisse sans vitrine, que l'on accède par un escalier de quelques marches. Dans de grandes salles parquetées sont disposées le long des murs des étagères plus ou moins remplies des produits à vendre. Devant les étagères et debout derrière un comptoir qui fait tout le tour de la pièce empêchant tout contact avec les produits, les vendeuses. Même si l'égalité des salaires entre hommes et femmes se voudrait réelle, le job de vendeur est si mal payé qu'il est pratiquement réservé aux femmes. J'ai décidé d'acheter des cahiers pour écrire mon journal, des chaussettes pour cacher mes pieds et un récipient pour cuisiner. Après avoir vainement essayé de me faire remarquer par la *tóngzhì*, la camarade qui papote avec sa collègue et n'est certes pas intéressée au chiffre d'affaires, j'élève la voix et suis alors fusillée du regard. Elle aboie : *yào shénme*, qu'est-ce que tu veux ? Entre les coupons de rationnement et l'amabilité des vendeuses, on ne risque pas de faire de folies.

Pour lutter contre le chômage, il y a suremploi de personnels par conséquent assez inactifs dans l'administration, les magasins, les hôtels, la poste. Leur maigre salaire est proportionnel à leur amabilité. On a tellement pris l'habitude de voir des visages fermés, peu affables, alors, quand par hasard un employé est souriant et efficace, la journée devient belle. Pourtant je m'exprime bien en chinois et me débrouille avec le dialecte de Kunming, je reste toujours polie et sais qu'il ne faut jamais faire perdre la face à mon interlocuteur. Je me souviens des conseils de notre mère, « plus l'employé à qui vous avez à faire vous semble désagréable et buté, plus vous devez être polis et respectueux, ajoutant ironiquement, et vous devez lui faire comprendre qu'il est intelligent et compétent pour obtenir ce que vous voulez ». Après plus d'un mois ici, je commence à être connue des gardiens de parking à vélo, des guichetières de cinéma, des paysans du marché libre où j'ai mes habitudes, des libraires que je fréquente assidûment. Tous sont prêts à converser avec moi, à complimenter mon chinois en me demandant pour la énième fois où je l'ai appris. La paysanne chez qui j'achète les pâtés de soja m'en rajoute parfois un morceau pour faire bon poids, surtout quand je lui demande un conseil de recette pour en rehausser le goût. J'ai même le privilège de connaître en avance le programme des cinémas ou des théâtres quand un bon film ou un bon spectacle est annoncé pour que je pense à venir acheter ma place.

Jeudi 24 septembre

Chers tous,

Je repense au film « Le Christ s'est arrêté à Eboli », adapté du roman de Carlo Levi, vu avant de partir. Ma vie ici est assez comparable. Kunming est le bout du monde, de la Chine, perdue entre les contreforts du Tibet et la jungle de l'Asie du Sud Est. Le Yunnan est beaucoup moins développé que les régions côtières où j'ai des amies expertes dont la vie est bien différente de la mienne et moins difficile[57]*. Les passants dévisagent et se montrent les étrangers d'un coup de coude en riant. Nous ne sommes pas les indésirables d'Eboli, mais sommes autant surveillés. Tout se sait, tout le monde parle de nous : « Eh dis donc, j'ai vu la wàiguórén, l'étrangère, sapée comme ci et je l'ai vue discuter le prix des poires au marché de la rue des Lanternes ». Si je m'arrête devant une échoppe, le trottoir se remplit aussitôt de cinq, puis dix, puis bientôt vingt passants qui s'arrêtent également et me regardent. Il est parfois impossible pour moi ne serait-ce que de sortir d'un magasin sans l'aide des employés qui chassent les curieux. Certains me posent les inévitables questions: "how are you, where do you come from"? À la réponse Făguó, France, les sourcils se soulèvent, la plupart ignorant où peut bien se trouver ce pays. Sauf quelques rares exceptions qui entendant la France, crient Bula Tini, connaissant le célèbre joueur de foot Platini ! J'essaye de blaguer en leur disant que je suis la plus petite minorité du Yunnan. Mais j'avoue que la foule resserrée autour de moi, même si elle est bienveillante et juste curieuse, m'angoisse. Je sais qu'il n'y aura pas de violence, qu'à part les vieilles femmes, personne n'osera me toucher, mais très rarement quelqu'un élèvera la voix pour m'aider à sortir du cercle et à trouver une échappatoire. Parfois, j'arrive à m'extirper de l'attroupement causé par mon arrivée en criant : « Allez, allez, laissez-moi passer, je suis pressée », ce qui cause l'hilarité. Pour les blondes aux yeux bleus comme Sydney, c'est plus délicat et les attroupements finissent par bloquer la circulation. Des aveugles quêtent et chantent aux carrefours, des mendiants utilisent des gamins pour apitoyer. Un petit d'à peine sept ans fait de son corps un pont où son frère aîné se tient debout en criant: « Allez camarades, donnez des pièces, on a faim ». Sous les grimaces de douleur du petit, les pièces tombent en pluie sur le trottoir.*

---

[57] En 1981, la Chine fait partie des pays dits à l'époque sous-développés, dont seules certaines régions côtières voient leur niveau de vie s'accroître selon leur ouverture encore timide vers l'international. Le reste de la Chine se remet lentement des erreurs des mouvements politiques et révolutions des années précédentes. Le lecteur d'aujourd'hui aura sans doute du mal à imaginer une Chine pauvre et encore très rurale.

Vendredi 25 septembre

Depuis que nous avons la télévision, *at home,* regarder les journaux télévisés me permet d'entendre du chinois et de tenter de mieux appréhender la vision que peuvent avoir les Chinois de ce qui se passe dans leur pays et dans le monde, entre information et propagande. Les nouvelles, souvent répétitives d'un jour à l'autre, font longuement état de statistiques irréalistes, voire légendaires, de récoltes toujours excellentes, de tonnes de blé moissonnées, prouesses d'une commune populaire modèle. L'occupation chinoise des zones frontalières vietnamiennes à 250 kilomètres au sud de Kunming, font parfois la une. On imagine entendre des bombes, mais il y a un champ d'exercices de tir non loin du campus. S'il s'est passé quelque chose de grave, les journalistes ont l'interdiction d'en parler et, pris de court, rediffusent les mêmes nouvelles que la veille ou de la semaine précédente. Toujours dans un souci d'améliorer mon niveau de chinois et vérifier que j'ai encore l'esprit critique, j'achète régulièrement les journaux, le *China Daily,* que l'on trouve facilement dans les hôtels pour étrangers, journal de propagande en anglais, le *Rénmínrìbào*, journal national et le *Yúnnán rìbào*, quotidien local, vendu partout dans la rue. Les inondations du Fleuve Jaune au Shanxi sont évoquées comme un drame faisant des milliers de morts, des barrages qui sautent, des voies ferrées coupées, le ton de l'article est résigné et le Parti dégagé de toute responsabilité, ce sont des catastrophes naturelles, normales dans un si grand pays. Gros succès pour une émission sur l'accueil chaleureux reçu par six Vietnamiens, arrivés en hélicoptère à Chengdu pour « chercher bonheur et liberté en Chine et fuir le régime vietnamien ». On les voit lire un discours traduit en anglais et en chinois devant une salle comble qui leur pose des questions : « Et vos familles au Vietnam ? Qu'attendez-vous de la Chine ? » Pendant toute la semaine, des émissions à la gloire d'un jeune Taïwanais, venu se réfugier en Chine, ont monopolisé le petit écran, les autorités en profitant pour insister sur le prompt rétablissement des relations entre Taiwan et la Chine[58]. Tous les matins, à la radio ou à la TV, la réunification avec Taiwan est évoquée. Le China Daily expose les neufs points pour une normalisation entre les deux états, « un pays deux systèmes »[59].

Samedi 26 septembre

Cher tous,

Cela fait quinze jours que je traîne un rhume qui s'est aggravé en une sorte de gastro qui me cloue au lit avec fièvre et toux caverneuse. Dans la ville du printemps éternel, le climat n'est pas aussi clément que l'on pourrait croire : froid, humidité, trombes d'eau à l'instar d'une mousson mais permanente, nuit et jour. Le campus s'est transformé en une mare boueuse. Les maisons, non chauffées, sont humides à souhait. Les fenêtres ferment mal et laissent passer un courant d'air frisquet. Pour dormir, il faut s'équiper de chaussettes et de pulls sous couette et couvertures. La salle de bains est un frigo et nous n'avons pas d'eau chaude depuis quinze jours. La chaudière à charbon est cassée. On se douche d'une eau froide et marronnasse s'écoulant de tuyaux rouillés. Ayant pitié de mon état, le gardien de la maison a enfin réparé la chaudière et l'a mise en route en la

[58] La proclamation de la République populaire de Chine le 1er octobre 1949 est suivie par le départ du gouvernement du Guomindang, dirigé par Tchang Kai check sur l'île de Taiwan (Formose) pour créer la République nationaliste de Chine.

[59] Les événements de Hong-Kong et les discours actuels sur Taiwan de Xi Jinping montrent à quel point la politique extérieure ne change pas depuis 40 ans et combien le slogan un pays deux systèmes est hypocrite et langue de bois.

garnissant de galettes de charbon. Les femmes médecins du dispensaire de l'Institut sont venues pour me soigner et bien davantage pour regarder ma chambre, les posters aux murs, fouiller sur ma table avec l'aide de Bao qui avait décidé de la ranger. Le passage de ces médecins fut malheureusement inutile, les médicaments chinois qu'on m'a donnés n'ont eu aucun effet. L'une d'entre elles a voulu me faire une piqûre et heureusement mes amis américains, inquiets, ont exigé qu'elle utilise par sécurité la seringue dans ma trousse de secours. Contracter une hépatite B par-dessus le marché serait fatal ! Finalement je les ai priées de vider les lieux et je me soigne avec de la vitamine C et de l'aspirine. Les médecins ont déclaré que toute personne non habituée au climat de Kunming tombe malade. Je bénéficie donc d'un arrêt maladie. Malgré mon état, j'ai dû honorer les officiels de l'Institut de ma présence lors d'un dîner au restaurant pour célébrer l'installation depuis quelques semaines des trois experts sur le campus. J'ai regretté de n'avoir aucune envie des viandes, poissons et fruits de mer qui semblaient délicieux. Chaque arrivée d'un nouveau plat était accompagnée d'un toast long et déjà entendu sur l'amitié franco-américaine-chinoise et l'entente entre les peuples.

Dimanche 27 septembre - l'anniversaire

Aujourd'hui j'ai 26 ans. La tradition en Chine le jour de son anniversaire est de contacter sa mère pour la remercier d'avoir donné la vie en souffrant. À défaut de moyen d'appeler la mienne, je pensais dormir tranquille et faire une grasse matinée surtout un dimanche, jour où la musique militaire s'échappe plus tard des hauts parleurs. Mais c'était sans compter sur les gentilles attentions empressées de mes étudiants débutants qui m'ont réveillée à 8h avec un gâteau genre mousseline au glaçage à l'huile de soja recouvert de roses en sucre. J'ai eu droit à un bouquet de fleurs magnifique, un calendrier décoré de poupées de porcelaines différentes pour chaque mois, une statue de

Guanyin en plastique, un tableau représentant une jeune fille avec un cygne blanc en hologramme. Toutes ces attentions sont émouvantes de gentillesse et de générosité. Ces cadeaux et autres folies ruinent les élèves pour charmer leur professeure. Je me suis évidemment extasiée et j'ai bien remercié en pensant intérieurement que j'allais démarrer un musée d'objets insolites, à l'esthétique déroutante par rapport au style sophistiqué et au goût subtil des arts de la Chine ancienne. Ils m'ont écrit une lettre adressée à *Fěi Guìměi xiānshēng*, -littéralement née avant, traduit par monsieur, titre le plus élevé à une époque où tout le monde est camarade- évoquant dans une prose grandiloquente l'amitié franco-chinoise et la transmission généreuse de mon savoir. Une employée de l'Institut m'a apporté une robe blanche à fils d'or synthétiques, comprenant une jupe plissée et un haut en dentelle, m'assurant que je pourrais la porter en France. Ce sera une des pièces maîtresses de mon futur musée.

Mais ce jour-là, le plus beau cadeau pour Eugene, Sydney et moi fut la surprise de l'arrivée de trois beaux vélos « Coqs d'or de Kunming », dont la sonnette ne fait pas cocorico et qui vont nous changer la vie. J'apprends à monter dessus à la chinoise, pied gauche sur la pédale gauche, prendre un peu d'élan comme sur une patinette puis passer la jambe droite par derrière et enfin s'asseoir sur la selle. Les cyclistes ont l'habitude de descendre de vélo aux feux en passant la jambe droite par l'arrière et en se tenant sur la gauche du vélo en attendant que le feu passe au vert. Puis ils remontent en l'enfourchant de la même façon[60]. L'Institut a voulu acheter local, or il paraît que

[60] J'ai gardé cette habitude encore aujourd'hui.

les vélos de la marque « Hirondelle de Shanghai » sont plus solides, balivernes d'oiseaux sans doute ![61]

Cerise sur le gâteau pour mon anniversaire, je suis invitée chez mes amis les Di. James qui connait mon penchant pour la poésie, a fait calligraphier un poème de Zhu Shuzhen sur un rouleau et me l'a offert à cette occasion. Quelle délicatesse, j'en suis émue. Il me présente à Zouqi, leur ami artiste, spécialiste de peinture à l'huile de minorités et paysages du Yunnan qui décide de faire mon portrait grandeur nature. Je pose plus de trois heures, habillée d'une tunique indienne en coton rouge et jaune, bien trop légère pour la fraicheur qui règne dans l'appartement ce jour-là. Si je ne dois pas bouger, je peux parler et même rire aux histoires de James sur les aberrations des temps de troubles vécus à Shanghai. On dirait qu'il n'a plus rien à perdre. Il me raconte que pendant la Révo. cul., Zouqi et lui ont énormément souffert comme la plupart des intellectuels et artistes, considérés comme « la classe des porcs puants ». Les gardes rouges ont fait intrusion chez eux, ce qui était fréquent, personne ne pouvant s'y opposer. Ils les ont forcés à porter le chapeau pointu, le bonnet d'âne des « éléments inutiles », parodie des coiffes de lettrés du temps des empereurs et à sortir de leur domicile, pour les maltraiter au su et au vu de leurs voisins, incités à leur cracher dessus et leur jeter des légumes pourris. Ils étaient obligés de dire des phrases du genre *« Tout ce que j'ai fait ne vaut rien, je suis une mauvaise herbe à arracher, je n'avais pas compris et intégré la pensée de Mao, notre grand leader »*. Zouqi a passé près de dix ans sans pouvoir toucher un pinceau. Sa femme Lingling a dû arrêter ses études aux Beaux-

[61] Peu de temps après les avoir reçus, Eugene perdra son cataphote arrière, Sydney ses pédales, sans jeu de mots et moi j'ai eu trois trous dans la roue arrière. Heureusement il y a partout des petits réparateurs sur les trottoirs prêts à remettre votre vélo à neuf pour quelques fēn.

Arts pour être ouvrière dans une usine de chaussures. Certains calligraphes ou artistes peintres ont eu la main brisée pour ne plus pouvoir pratiquer leur art considéré comme contre-révolutionnaire. Yuqi, elle, se désespère pour son fils de 23 ans qui n'a pas pu faire d'étude et n'a pas d'emploi. Elle voudrait bien le marier à une étrangère pour qu'il puisse quitter le pays et aller aux États-Unis où ils ont de la famille. Malgré toute l'amitié que j'ai pour leur famille, j'ai dit que j'étais déjà prise. À demi-mots, je comprends qu'ils ne sont plus dupes et que pour eux, ils ne souhaitent plus rien, mais pour leurs enfants, ils feront tout pour qu'ils puissent avoir un avenir meilleur[62]. Trois heures plus tard, transie, je peux enfin découvrir la toile et voir le résultat du travail de Zouqi, ravi de son œuvre qui confirme ma ressemblance aux montagnardes du Yunnan.

Chers tous,

Avec mon vélo tout neuf, je file à Kunming dès que j'en ai le loisir et je commence à en connaître les moindres recoins. C'est encore une ville traditionnelle chinoise avec de nombreuses ruelles parfois de terre battue, bordées de vieilles maisons à un étage aux toits de tuiles recouverts de gazon, dû au taux d'humidité important et d'échoppes en bois peintes en vert ou rouge basque, où les métiers se regroupent : la rue des forgerons, celle des vanniers, celle des tailleurs qui pédalent sur leur machine dehors devant leur boutique. Dans la ruelle des pharmaciens, sur le trottoir, un vendeur propose, sur un morceau d'étoffe, des rats séchés contre la calvitie, des vieilles dents, des racines en tous genres, des herbes, des champignons et fait des démonstrations de ces petites poudres très appétissantes. Apparemment, pour soigner la vue, rien ne vaut quelques pincées de poudre de serpents. Mes yeux se portant bien, je ne m'y risque pas.

---

[62] Nous resterons en contact longtemps après mon retour en France et j'apprendrai quelques années plus tard, avec soulagement, qu'ils ont pu tous ensemble émigrer aux États-Unis.

Au centre, la grande place de style soviétique bordée de lampadaires est en partie occupée par des bâtiments officiels austères prolongés d'estrades en béton, décorées de pots de camélias. Les quartiers anciens, clos de murs, aux maisons traditionnelles serrées les unes contre les autres, commencent malheureusement à être remplacés par des buildings sans âme, semblables à ceux de toutes les banlieues du monde. Quel intérêt y aura-t-il à visiter ces paysages urbains tous identiques où l'architecture traditionnelle aura disparu, où l'on ne pourra plus se perdre dans un lacis de ruelles au charme suranné ? Je prends de nombreuses photos pour fixer sur la pellicule tout ce qui je crains va disparaître au profit de la modernité et vous en faire profiter. Heureusement il y a encore de jolis endroits où flâner à Kunming et ses avenues bordées de platanes lui donnent un petit air méridional. Parfois, émergent d'un îlot muré, les toits d'une pagode, vestiges d'un temple transformé en entrepôt ou bâtiment administratif. Devant les maisons de thé ou les petits restaurants, des marchands de pipes à eau et de tabac font affaire. Les hommes fument en tenant d'une main le large bambou rempli d'eau servant de filtre. Sur une minuscule table, où sont posés un porte-plume, un encrier et une pile de papier, un écrivain public propose ses services aux populations des montagnes soit illettrées, soit ne maîtrisant pas le guóyǔ. Les revendeurs étalent de la quincaillerie ou des produits d'entretien et d'hygiène, comme un tas de brosses à dent à même le trottoir que l'on tripote avant de choisir. Les policiers passent de temps en temps, mais sont plutôt bon enfant, bienveillants par rapport à Beijing où les vendeurs à la sauvette craignaient la vue d'un uniforme. On peut faire réparer ses chaussures ou bien le fond de sa cuvette en émail, refaire une clef en quelques minutes pour moins d'un yuan.

C'est un spectacle permanent et toujours renouvelé. Des balayeurs, en veste blanche, la bouche et le nez couverts d'un masque protecteur, avancent trois de front sur les larges trottoirs de terre battue, dont seule la séparation d'avec la rue est cimentée, agitant de grands balais de branchages. L'un d'eux est ramasseur de poussière et détritus qu'il verse dans une hotte en osier. La ville est assez propre, les balayeurs étant nombreux et à pied d'œuvre dès 6h du matin. La foule déambule dans les marchés libres sur les vastes trottoirs parfois bordés de platanes, ou elle s'arrête pour regarder des montreurs de singes, des petits cirques ambulants composés d'une chèvre savante aux cornes décorées de rubans rouges et de deux gamins acrobates. Des enfants, assis sur des minuscules tabourets en bambou, feuillettent ou lisent des romans en bandes dessinées, tirés de la littérature classique, étalés sur une bâche au bord de la chaussée. Des mendiants en haillons cherchent par terre des trésors qui seraient tombés des palanches des paysans. Sur le comptoir d'une échoppe, du riz est en train de cuire à la vapeur dans des paniers en bambous, d'où s'échappe un nuage laiteux à l'odeur aussi agréable pour mes narines que celle du pain frais qui sort de nos boulangeries, au petit matin.

C'est la Chine que j'aime, qui grouille, marchande, transbahute des charges incroyables au bout de palanches, traîne des gamins aux culottes fendues ou porte dans le dos des enfants dans des couvertures aux couleurs chatoyantes qui contrastent avec le vert kaki ou bleu sombre des uniformes. Dès la tombée de la nuit, dans Dōng Fēng Xīlù, la rue du Vent d'Ouest, des vendeurs de « chiens chauds », de patates douces frites, d'œufs au lait sucré, de nouilles de riz, s'installent à la lumière des réverbères. On y mange pour quelques maos, un dixième de yuan. J'apprends, en vivant ici, à exercer mes yeux pour voir la nuit, repérer les trous de la route, ne pas me faire renverser par un cycliste qui déménage un sommier, ne pas déranger des amoureux assis sur un trottoir, trouver l'échoppe où l'on peut déguster du ragout de chien, réputé tonique ou admirer une vieille femme titubant sur ses petits pieds, une autre enfilant sur une ficelle des feuilles de choux à faire sécher pour l'hiver. Odeurs, parfums, bruits insolites, c'est le temps de la détente où chacun se mélange sans se voir, profitant de l'obscurité pour vaquer à des occupations parfois étranges. Une ambiance différente se révèle le soir vers six heures lorsque, été comme hiver, le soleil disparaît pour faire place à une nuit profonde, inconnue dans les villes d'Occident. Le Yunnan est une région idéale pour apprendre à lire le ciel. Il y a moins de pollution à cette heure-là -les poumons souffrent suffisamment vers 17h quand les poêles à charbon sont allumés à l'extérieur pour chauffer le dîner-, peu ou pas d'éclairage public, sauf quelques réverbères dans l'artère principale de la ville, aucune lumière électrique agressive, aucun éclairage des vitrines des magasins et plus extraordinaire encore, des véhicules à peine visibles. Les vélos n'ont pas de phares et les voitures ou camions doivent obéir à des règlements très stricts pour ne pas éblouir les cyclistes. C'est le moment où, des rizières avoisinant le campus, s'élève tel un tintamarre assourdissant, le coassement des grenouilles qui se délectent des nombreux moustiques.

Quel plaisir de se mêler à la foule lors de mes balades à vélo. Vêtue d'un pantalon de coton et d'une veste Mao, chaussée de ballerines en tissu, coiffée de deux nattes, je suscite moins de curiosité. Je gare mon vélo dans les nombreux parkings près du magasin d'État, de la poste, d'une librairie où les gardiens me donnent un numéro et s'occupent de mon vélo. Pas besoin de cadenas, seulement un nœud de couleur au guidon pour le différencier, car ils sont tous pareils. Je leur glisse quelques fēn et suis rassurée de savoir qu'ils s'en occuperont et que des gamins mal intentionnés n'iront pas percer ma roue arrière ou dérober ma sonnette. D'ailleurs, pour plus de sûreté, on en dévisse la moitié et on la glisse dans sa poche. Je ressens un sentiment de liberté et m'enhardis à pédaler pour découvrir des quartiers éloignés du campus, longer la rivière Banlong, errer dans le Kunming « françai s» où planent les souvenirs décrits dans « Le fils du consul » de Lucien Bodard[63].

[63] Albert Bodard fut consul au Sichuan entre 1911 et 1919 après avoir été vice-consul à Kunming, appelée alors Yunnanfu. Il succéda à Auguste François, un des plus grands diplomates français en Chine, nommé au Yunnan entre 1899 et 1904, également ethnographe et photographe, il réalisa d'extraordinaires films avec une caméra prêtée par les frères Lumière. Il fut chargé de superviser la construction de la ligne de chemin de fer reliant Kunming au Tonkin en Indochine où les Français étaient installés depuis 1880. Albert Bodard poursuivit ces travaux herculéens lors de son mandat.

À Qing Ping Lu, la rue du Jade Vert, bordée de faguo wutong les platanes français, subsiste un café tenu par un Vietnamien bondé d'hommes, de jeunes fumant la cigarette, de vieux préférant la pipe à eau, les uns et les autres sirotant dans des tasses hautes non pas du thé comme partout ailleurs, mais du café noir sucré que l'on mélange avec une baguette ou des verres de lait. Pas de femme, à part une vieille folle qui parle toute seule et occupe deux tabourets et une jolie Birmane à l'anorak jaune citron qui sort régulièrement en charmante compagnie. La prostitution n'existe pas « officiellement ». On y voit le géant local, le seul Chinois qui mesure plus de deux mètres. Je l'ai vu saisir un vélo Hirondelle et le faire glisser entre ses jambes aussi aisément que je le ferais avec un tricycle d'un enfant de deux ans, alors que je dois enfourcher les hauts vélos chinois comme on monte à cheval. Le géant annonce à qui veut l'entendre qu'il vient d'ouvrir un petit bar privé, dont je note l'adresse. C'est une pièce de quatre mètres carrés ouvrant directement sur la rue. À l'aide d'une machine à presser les fruits venue de Hong Kong, il vend des verres de jus de litchis et d'ananas, du lait à la banane, accompagnés de petits gâteaux secs. J'emmène mon amie Isabelle tester cet endroit et nous avons l'impression fugace de nous retrouver à la terrasse d'un café en Occident. Depuis que je suis arrivée, j'ai vu s'ouvrir trois petits restaurants privés dans la ville. Les marchés libres pullulent et regorgent de légumes variés, point positif au Yunnan où le régime quotidien peut, si on y met le budget, ne pas se composer seulement de chou et de riz. On trouve en saison choux fleurs, courgettes, aubergines, concombres, tomates et oignons, quantités de champignons, échalotes, brocolis et surtout rare privilège du fromage de chèvre, le rouping, galette de lait ou le roushan, littéralement en forme d'« éventail de lait » que l'on mange chaud, frit à la poêle. Les Hans n'apprécient guère les produits laitiers et n'en consomment que dans les régions frontalières, Yunnan, Tibet, Xinjiang et Mongolie, sous l'influence des minorités. La gourmande que je suis peut s'offrir le luxe de déguster ce fromage, accompagné des fameux petits pains de mon boulanger vietnamien.

Mardi 29 septembre

J'apprécie le contact avec les Di et avec les Liu, deux familles que j'ai plaisir à voir sans toutefois les compromettre. D'autant que je suis naturellement sociable et que je trouve difficile de me faire des amis ici et cela pèse sur mon moral. Il y a souvent une notion d'intérêt qui fausse la relation dès le départ. Les contacts avec les étrangers étant très surveillés, il faut trouver des subterfuges pour ne pas mettre nos amis chinois en danger. Par exemple, Yuxi et moi, on se retrouve pour pianoter non plus chez elle mais à l'école. Notre dernière séance musicale a eu lieu après un repas au menu fortement aillé. Nous avons chanté le chant de la fleur de pivoine… à l'ail, accompagnées par la voix mélodieuse de Lingling. Nos progrès sont sensibles et nous essayerons de donner un petit concert en fin d'année pour un auditoire d'amis restreint.

Chez nous, le gardien de notre maison, Xiao Ma, qui semble n'avoir qu'un unique pantalon couleur kaki, flottant sur ses jambes maigres, relève le nom des Chinois qui entrent ou sortent. Je vois mes amis au cinéma ou à l'opéra, où l'on peut parler tranquillement. Les rendez-vous dans les parcs sont assez sûrs ou bien dans certains restaurants et on peut aller avec des amis chinois manger les fameuses « nouilles de riz qui traversent le pont ». Mais ils doivent supporter l'attitude parfois odieuse du serveur uniquement envers eux. On me dépose mon bol de nouilles avec un sourire, mais il est presque jeté devant mon invité par jalousie du statut social plus élevé que ce Chinois aurait atteint dû à l'amitié qui nous lie. Les marques de respect qu'un *xiǎo,* jeune doit à un *lǎo*, vieux, un enfant à ses parents, un assistant à un chef, un benjamin à l'aîné d'une fratrie, pèsent sur les relations depuis la nuit des temps.

Mercredi 30 septembre

Dans les foules uniformes, il n'est pas rare de voir une femme aux cheveux roux ou châtains très clairs, vestiges éventuels de la présence américaine en 1945 ou bien de l'Indochine proche par le chemin de fer construit par les Français[64] qui reliait Kunming à Hanoï. Je rêve souvent devant la carte du Yunnan, la frontière birmane et vietnamienne mais je ronge mon frein. Pour supporter l'exil ici, la récompense serait de pouvoir prendre un train et partir explorer cet immense pays, sortir de mon trou. Or le Vice-Doyen Chang vient de me refuser mon permis de voyage pour Guiyang début octobre pour les congés de la fête nationale. Je n'ai pas compris la raison car il est incompréhensible quand il parle. Pour le nouvel an, je n'aurais droit qu'à quatre villes seulement dans mon passeport interne. L'ouverture du pays aux étrangers par Deng Xiaoping reste parcimonieuse.

Dans ma classe de jeunes étudiants ingénieurs et géologues, j'ai repéré assez facilement celui qui joue le rôle d'espion et rapporte aux autorités mes faits et gestes. Je l'avais d'abord pris pour le chef de classe, assis toujours au fond, sans voisin de banc. Mais j'ai compris par sa façon de me regarder, ses traits du visage se crisper en réagissant à certains de mes propos ou interventions enjouées, qu'il me surveillait. J'ai été bien candide le jour où j'ai donné comme sujet de rédaction : « Racontez en quelques phrases, votre vie pendant la Révolution

---

[64] Il a fallu près de 10 ans entre 1904 et 1910 pour réaliser ces 850 kms de voies ferrées. Plus de 12 0000 coolies chinois et annamites et 80 Occidentaux ont péri. La complexité des travaux dans la jungle et le relief accidenté des montagnes, le climat extrême, les bêtes sauvages, la malaria ont fait de cet ouvrage ferroviaire un des plus meurtriers. Cf le *manhua* de Li Kun Wu, *La voie ferrée au-dessus des nuages*, Editions Kana, 2012. Pierre Marbotte, *Un chemin de fer au Yunnan, L'aventure d'une famille française en Chine*, Nouvelles éditions A. Sutton 2006, et L. Bodard , *Le fils du consul*, op.cit p.139

culturelle », loin de me douter que ce sujet allait soulever une polémique. Si, en 1981, les Chinois parlent un peu plus librement de la Révolution culturelle, le sujet reste très sensible et que la Française du Yunnan s'en mêle, révèle que c'est une espionne au service du gouvernement français. L'affaire remonte au Vice-Doyen Lao Chang, puis au Doyen de l'Institut et finalement, c'est le Dr. Liu, alerté, qui me sauve en me proposant d'aller m'expliquer, de faire une sorte d'autocritique devant les autorités. Je me tiens debout, devant une longue table où est assis tout le gratin officiel, largement masculin et fumeur, réuni dans un bâtiment administratif du campus. Une forte odeur de tabac me prend à la gorge. J'ai préparé un discours en chinois pour expliquer le choix du sujet et surtout faire acte de contrition pour montrer ma bonne volonté. M'étant rendu compte que les étudiants connaissaient beaucoup de vocabulaire lié à la Révolution, j'ai pensé qu'il leur serait plus facile d'écrire sur cette période afin d'obtenir de bonnes notes. En aucun cas je n'ai de motivation politique. J'en profite pour expliquer mon intérêt pour la Chine ancienne, en particulier la poésie des Tang et des Song, mon admiration pour la civilisation et la culture de ce grand pays et que bien sûr je suis venue en tant qu'amie de la Chine pour améliorer les relations franco-chinoises et consolider l'amitié entre nos peuples. Je conclus que je regrette sincèrement ce dérapage et que cela ne se reproduira plus jamais. Mon statut d'experte invitée par un ministère me protège de toute réprimande sévère. J'ai donc joué le jeu, saisissant l'opportunité de montrer mon souhait de m'intégrer, de respecter les autorités et de m'exprimer correctement en chinois en public. J'aurais aimé savoir ce qui se passait dans la tête de mes censeurs, mais plus personne n'en a jamais parlé[65] et, à mon grand soulagement, on ne m'a pas confisqué les copies, certaines racontant dans un français maladroit certes mais de façon tellement sincère, cette période troublée de leur vie. Beaucoup évoquaient un chaos incompréhensible, des contradictions, des violences incroyables et parfois l'aide inespérée d'un professeur qui bravait les interdit pour continuer à faire cours de façon clandestine.

J'en recopie quelque extraits tels quels dans mon journal : *« Tout le monde a adhéré au mouvement révolutionnaire, ouvriers, paysans, soldats, étudiants. Les ouvriers n'ont pas travaillé, les paysans n'ont pas labouré, les étudiant n'ont pas étudié. Tout le monde entrait dans la ville pour la manifestation : Attaquer la bourgeoisie, critiquer le révisionnisme. Mais qui est révisionniste, qui est bourgeois ? Personne ne savait. Il y avait des dàzìbào partout. Les écoles devenaient des champs de bataille et les parents des ennemis. Un collègue de mes parents érudit aimait raconter des contes pour enfants. Pendant la Révolution culturelle on disait qu'il racontait des histoires anciennes pour maudire les dirigeants, qu'il était un ennemi, on l'a critiqué, battu, persécuté jusqu'à la mort. Je ne comprenais pas pourquoi les professeurs étaient critiqués. Maintenant j'ai compris que la Révolution confondait les deux contradictions, le juste et l'injuste, on blessait les bons camarades, on faisait mourir les cadres, des savants. C'était comme une mer rouge. Les chefs de commune nous disent : les Chinois aiment le rouge la couleur de la révolution, mais les étrangers aiment le blanc, alors j'hésite encore sur cette question de couleur. Quand les écoles ont rouvert, nous n'avons pas pu apprendre les mathématiques, la physique, la chimie. Nous lisions les œuvres du président Mao et étudions la politique. Je déteste la politique et je déteste le mouvement politique. En*

---

[65] Cette aventure m'a aidée à mieux comprendre cette génération qui était la mienne, à l'aune de ma jeunesse, dorée, libre, gâtée, si différente de la leur. À partir de ce jour-là, une sorte de connivence s'établira avec cette classe qui sera ma préférée.

1976 le mouvement politique a fini. Mon enfance a aussi fini. Le peuple a écrasé la Bande des Quatre. C'est une enfance mémorable ! »

Parmi mes étudiants, quasiment tous ceux qui ont plus de 18 ans, ont passé de deux à dix ans dans les campagnes des provinces frontalières, à vivre avec les paysans dans les communes populaires. Si pour la plupart ce fut un temps précieux perdu de leur jeunesse, pour d'autres ce fut une période de liberté où ils voyageaient gratuitement dans cet immense pays et se sont affranchis de leur famille. C'est surtout vrai pour les filles. Ces jeunes ont cru en la Révolution et dans les valeurs communistes. Vivre avec des paysans, des minorités, dans des communes populaires, leur a permis de découvrir une autre Chine, celle des campagnes, des rizières, les pieds dans la boue, la tête au soleil. Ils ont réalisé le fossé d'inégalités de développement entre les villes et les campagnes. Plusieurs étudiants ont évoqué par écrit dans leur copie le fait que les paysans s'occupaient d'eux comme de leurs propres enfants[66]. Certains, dont Bao mon chaperon, -ce qui me rendra plus compréhensive à son égard-, ont transporté pendant deux ans des pierres pour combler le lac Dianchi de Kunming et répondre au slogan : « Aplanissons les montagnes, remplissons les lacs et les mers pour gagner de la terre pour le peuple travailleur », ce qui a malencontreusement détruit l'équilibre écologique du lieu. Je collectionne les slogans et les inscrits précieusement dans mon journal, participant ainsi, à mon humble niveau, à l'éducation des masses.

Mon amie Isabelle fait partie de ceux qui ont plutôt apprécié ces années. Elle parle d'une période loin d'être désagréable chez les Thaï du Xishuangbanna au sud du Yunnan, où elle a passé

[66] Voir annexe.

trois ans, m'avouant qu'elle avait trouvé leur façon de vivre et d'élever leurs enfants dans le respect de leur environnement naturel, bien supérieure à la vie encadrée des Hans. Les minorités peuvent avoir plusieurs enfants, c'est un de leurs rares privilèges. «J'aime le peuple thaï, qui parle franchement, sans détour, sans hypocrisie». Elle me montre l'album photos de son exil à la campagne. Une phrase de Mao orne la première page : «On doit apprendre des paysans». Les jeunes éduqués envoyés à la campagne formaient de bonnes bandes d'amis, soudés dans l'adversité. En feuilletant l'album je vois une photo d'elle habillée d'une robe et prenant la pose. «On osait se mettre en robe, mais uniquement les jours de pluie pour aller faire des photos dans les parcs sans être vues». Elle n'a pas eu de chance et aurait aimé pousser plus loin ses études mais ne rencontre que difficultés et incompréhensions. Elle a été rappelée trop tard de la campagne. Comme son père aurait été proche d'un camarade de la bande de Lin Biao, surnommé "le grand prêtre du culte de Mao", il a été dénoncé droitiste et elle en subit les conséquences. Elle va donc végéter derrière sa machine à écrire le temps de purger l'orientation politique de son père. Elle voulait apprendre le français pour pouvoir mieux taper mes textes et j'ai bien sûr accepté de lui donner des cours mais nous avons essuyé un refus catégorique du Vice-Doyen. Son mari est un charmant conducteur de bus, heureux de son état et qui la soutient le mieux qu'il peut. Ils ont eu le grand malheur de perdre un bébé garçon et n'ont qu'une fille, ce qui provoque des réflexions du genre : « C'est dommage que tu aies une fille », remuant le couteau dans la plaie.

Chers tous,

Tous les étrangers du Yunnan sont invités par le Préfet de la province à un thé officiel pour célébrer la veille de la fête nationale du 1er octobre. Sont présents les experts américains, deux Anglais travaillant dans une usine de fabrication de cigarettes sur la route de Birmanie, six Hollandais et quatre Allemands qui construisent une usine dans le cadre d'un transfert de technologie, un Texan qui fait du commerce, un vrai de vrai avec un accent incroyable et des bagues aux doigts et moi l'experte française. On subit discours sur discours sur l'amitié entre les peuples, que je connais par cœur et les traducteurs aussi ; parfois, ils traduisent avant même que l'officiel ait évoqué le sujet. Les textes leur sont fournis en amont et ils n'ont plus qu'à lire leurs traductions sans qu'elles correspondent aux discours si par hasard l'orateur se prend à improviser, ce qui est très rare.

En discutant avec les deux Anglais, je tente l'organisation d'une visite de leur usine, puisqu'ici les visites d'usines, de prisons et de communes populaires font partie de l'éducation politique du bon citoyen chinois et donc de l'étranger. Puis nous avons droit au traditionnel spectacle de zaju d'acrobaties à l'Hôtel du Lac Vert. Les jeunes artistes d'une souplesse exceptionnelle, entraînés aux arts martiaux, sont très professionnels, mais le spectacle trop standardisé suscite une impression de déjà-vu et un peu d'ennui. La salle est décorée des drapeaux de toutes les nationalités invitées. Une présentatrice en qibao, robe chinoise fendue en velours noir, s'avance au-devant de la scène et attire les photographes avec son sourire figé. Deux crachoirs en émail de chaque côté de la scène sont déjà remplis d'un liquide verdâtre où flottent des mégots de cigarettes. Les Chinois sont de grands fumeurs et aucune interdiction ou sollicitude ne les empêche de tirer sur leurs cigarettes en permanence. Yunnan oblige, un spectacle de danses et chants folkloriques suit, d'un niveau patronage, les minorités vêtues de costumes clinquants en synthétique, maquillées à outrance dansent sur des rythmes d'instruments chinois.

Jeudi 1er octobre : fête nationale

Chers tous,

Jour J de la fête nationale, nous nous levons aux aurores pour aller avec un petit groupe -à l'échelle de la Chine- d'une quarantaine d'étudiants du département d'anglais à Qiongzhusi, le Temple des Bambous à l'Ouest de Kunming sur le Mont Yufeng. La balade à pied est agréable, les environs vallonnés de Kunming offrent un paysage d'une grande beauté. Notre petite foule déambule sur le sentier qui mène au temple. Les étudiants s'expriment à voix forte, montrant leur joie de pratiquer l'anglais et de s'afficher avec des étrangers. Le sentier qui grimpe au temple traverse un village où les femmes et fillettes de la minorité Derung portent de superbes coiffes. Les temples sont souvent construits sur le même modèle, plusieurs pavillons donnant sur des courettes, avec à l'entrée les statues géantes de quatre guerriers aux visages terrifiants, contrastant avec la douceur lénifiante des bouddhas dans leur niche. Celui-ci est mal entretenu et les cinquante-cinq Luóhàn très célèbres sont en réparation. Des toits aux tuiles vernissées pendent des clochettes qui tintent agitées par une légère brise. Dans le jardin attenant au temple, rempli de détritus, deux moines balayent et donnent des explications à la foule qui se presse autour de nous. Le moine chargé du petit autel à Guanyin vient s'asseoir avec nous et jouer au mouchoir, une sorte de Colin Maillard, où celui qui récupère le mouchoir doit pousser la chansonnette. Les trois « foreign teachers » sont invités d'office à s'asseoir sur des rondins alors que même le moine de 60 ans est assis par terre avec les étudiants, ce qui me gêne au plus haut point. La quiétude du lieu est loin d'être respectée. Beaucoup de jeunes se promènent avec des magnétophones braillant de la musique sans que les moines n'osent rien dire. Le retour est joyeux, la troupe marche en grignotant des graines de courges dont les cosses noires striées de blanc recouvrent le chemin.

Dimanche 4 octobre

Enfin une escapade pendant le week-end de la fête nationale : notre trio de l'Institut a été invité à se rendre à Shilin, la Forêt de Pierres, à une petite centaine de kilomètres au sud-est de la ville. De quoi remplir mon journal.

Pour pouvoir admirer le paysage de la voiture de l'Institut, il faut s'arranger pour tirer les rideaux qui obstruent les vitres. Et surtout il faut bien s'entendre avec le chauffeur pour négocier qu'il ralentisse afin de prendre quelques photos, bien entendu, une fois notre accompagnateur Jeremy Chang endormi. Le voyage est passionnant. Nous suivons la voie ferrée de Kunming à Hanoï en passant par Mengzi, poste frontière actuellement en guérilla avec le Vietnam et donc situé en zone interdite aux étrangers. Parfois, isolées et disparaissant sous la végétation, des anciennes gares de style français se devinent. Habituée à voyager avec les cartes Michelin et surtout fille d'un géographe qui m'a appris à lire les paysages, je suis frustrée de n'avoir que l'atlas officiel du Yunnan, uniquement administratif, ne mentionnant que les bourgades de taille importante et bien entendu aucune route, voie d'accès, rivière ou relief. Les cartes sont inexistantes car considérées comme secret militaire. À mi-chemin entre Kunming et Shilin se trouvent des exploitations de charbon.

Nous roulons à travers une belle campagne sur des routes bordées d'eucalyptus dans un paysage classique de rizières d'un vert intense, de champs de maïs, d'avoine ou de blé qui contrastent avec la terre d'un rouge brun. Pas un mètre carré non cultivé. Ni friche, ni jachère, ni prairies. C'est presque un acharnement agricole dans les moindres anfractuosités ou dépressions. Les champs et rizières sont entourés de petits murets de terre bien soignés où pas un brin d'herbe ne dépasse et où parfois un buffle nonchalant se promène. La route s'élève à travers des terrasses plantées de pêchers. En ce mois d'octobre, les villages traversés sont en pleine moisson du blé, un travail fatigant dans ces coins reculés du Yunnan où tout ou presque est réalisé à la main. C'est toute la paysannerie chinoise traditionnelle qui apparaît aux détours de la route. Chacun a une serpette, cueille des gerbes, va les porter à celui ou celle qui actionne une petite machine à pédale qui sépare le grain de la tige. Ce sont souvent des femmes plus âgées qui vannent les grains en secouant de larges corbeilles plates pour qu'ils soient débarrassés de leurs enveloppes qui, elles, s'envolent. Les grains sont ensuite mis dans des paniers portés à la palanche et sont ensuite étendus à même la route pour sécher. Parmi les hommes et les femmes au travail dans les champs, en groupe ou isolés, beaucoup portent le célèbre chapeau de paille tressé à large bords, d'autres trottinent ployant sous le fléau d'épaule. Les champs sont labourés à la binette. Parfois un membre d'une commune populaire proche apporte de l'engrais humain, transporté dans deux seaux en équilibre au bout d'une palanche qu'il vide dans les sillons du labour avec une grosse louche en bois. Par la vitre baissée l'odeur est prégnante et on peut voir un liquide brun verdâtre s'échapper des seaux. On aperçoit quelques villages de terre ocre, ombragés d'eucalyptus, de peupliers ou nichés derrière des bosquets de bambous géants. Un jeune garçon équipé d'un bâton, dirige un troupeau d'oies qui cacardent à l'arrivée de notre véhicule. De nombreux fours à briques sont dispersés le long de la route.

Le chauffeur malheureusement a pour consigne de nous conduire rapidement à Shilin et n'accepte pas souvent de faire des pauses pour les photos. La route s'élève dans un massif montagneux où les roches calcaires pointent de plus en plus nombreuses à travers la terre carmin. Jeremy, heureusement fatigué, a dormi tout le long. Son anglais est très limité mais il a pour consigne de ne pas parler chinois avec moi. C'est *guīdìng*, le règlement. Il y a tant de règles qui en plus changent inopinément pour cadrer avec les directives du Parti qu'il est difficile pour un citoyen chinois et incompréhensible pour un étranger de séparer le permis du défendu. En chinois, la France se dit *Făguó,* 法*fa* la loi, 国*guo* le pays, le pays des lois. Nos lois sont publiées et consultables dans le journal officiel. Or, il n'y a jamais eu de lois officielles figées et inscrites dans un code spécifique au cours de l'histoire chinoise. Il faut donc respecter le *guīdìng* et surtout ne pas chercher à en comprendre la signification ou la raison. Je reste très polie avec lui, mais quand vraiment personne ne comprend ce qu'il essaye de dire, je me risque à m'exprimer en chinois et je vois son visage se détendre et un grand soulagement l'envahir. Je lui fais comprendre que ça reste entre nous et que son titre d'interprète n'est en rien diminué. Le chauffeur, lui, vient de Seuma près du Laos et me parle volontiers, surtout quand Jeremy dort. D'ailleurs souvent les chauffeurs sont plus savants que les interprètes[67] et on apprend beaucoup plus à leur contact qu'avec nos gardiens et surveillants. Il me dit sans malice que les minorités aiment danser et le font par plaisir sans être payées. J'arrive quand même à savoir qu'elles ont droit à une journée de congés payés si elles acceptent de danser le soir en spectacle. Lui est Han et fier de l'être.

Dans les villages traversés, au fin fond de vallées perdues, on entend parfois des tirs et on voit beaucoup de militaires, sans

[67] C. Martin *La Diplomatie n'est pas un dîner de gala, op. cit.*, p.145

doute en poste non loin de la frontière avec le Vietnam. Les hauts parleurs sont toujours bien présents, même dans ces endroits reculés, diffusant musique militaire ou informations en langue nationale. Personne ne comprend mais c'est la « hanisation » de la région. L'identité culturelle et linguistique des minorités est un sujet délicat et toute question pourrait encore me faire passer pour une espionne. D'après Zouqi, spécialiste en peinture de minorités et de leurs environnements naturels, leur niveau de vie est bien inférieur à celui des Hans qui les méprisent. Sur les murs, de nombreux slogans à la gloire de «la pensée marxiste-léniniste» qui «doit bien éclairer la commune populaire pour lutter contre le capitalisme», «A bas l'impérialisme, Vive la lutte des classes». Qu'en pensent les paysans ? Certains vont nu pieds, tous paraissent bien nourris et l'espace cultivable est parfaitement entretenu. Les animaux ne sont pas maigres comme en Inde, même si vaches et buffles tirent des charrettes aux charges énormes.

Pendus à des bambous fixés sur les façades des maisons paysannes en briques de boue séchée, des épis de maïs et de piments rouges sèchent à l'abri des cochons qui ne se gênent pas pour rentrer, le sol étant de terre battue. Les nombreux marchés libres permettent aux paysans qui y vendent les produits issus de leurs lopins privés, d'agrémenter le bas salaire qu'ils touchent de la commune populaire. Mais, logement, électricité, eau, nourriture et soins sont fournis gratuitement. Normalement l'éducation y est gratuite aussi, mais les enseignants ne voulant pas s'exiler dans les campagnes essayent de tirer tous les pistons possibles pour ne pas y être mutés. Souvent les paysans doivent se cotiser pour qu'un ou une plus éduqué que les autres apprenne à lire et écrire aux enfants de la commune. On en voit d'ailleurs davantage dans les champs et sur les routes qui ramassent le crottin de cheval dans des corbeilles que dans les salles de classe. Des gamines portent leur petit frère dans le dos. Des femmes déhanchées peinent sous le poids de palanches pleines de poireaux, choux, d'une sorte de navet de la forme d'une poire, qui est mangé cru, des kakis ou des fromages de soja.

Le chauffeur, à la demande de Jeremy que la faim a dû réveiller, s'arrête pour une courte pause restauration. Il y a beaucoup de petits bouis-bouis ambulants où l'on peut déguster des nouilles de riz au piment. L'installation est simple : sur une charrette à bras, dont les roues sont calées par une bûche de bois, un petit réchaud à charbon supporte un grand wok où mijotent quelques légumes à l'huile. Un seau d'eau, une cuvette remplie de nouilles complètent la panoplie du cuistot de bord de route. Après avoir encaissé le modeste prix, il jette dans le wok une louche d'eau qui se met à frémir et y plonge les nouilles. Le tout est servi en quelques minutes dans un bol essuyé à l'aide d'un torchon répugnant. Je regrette de ne pas avoir pris mon bol personnel dans ma besace vert kaki, mais me dis que je dois être immunisée.

Le village bordant la Forêt de Pierres et où se trouve notre hôtel est peuplé de l'ethnie Sanyi, d'une pauvreté visible, qui vit principalement du tourisme chinois et étranger, depuis l'ouverture du site dans le cadre de la politique menée par Deng Xiao Ping. Les maisons sont construites en briques crues ou en pisé sur un soubassement de pierres, parfois pillées dans les temples voisins et qui servent aussi de dallages. Les enfants sont assis à même le sol de terre battue des masures ou dans les cours boueuses où les cochons noirs cherchent à manger. Sur les chambranles des portes sont collés le diagramme taoïste et les distiques parallèles de poèmes à quatre caractères, calligraphiés en encre noir ou or sur du papier rouge. Ils sont changés à chaque fête du nouvel an. Parfois les battants de la porte sont décorés de *zhènmen,* des gardiens aux visages terrifiants qui sont censés écarter les mauvais esprits. À l'intérieur de la pièce principale, souvent unique d'ailleurs et toujours encombrée de lits, coffres, tabourets et même du vélo qui trône au milieu, sont pendus au mur les posters de Mao et Hua, souriant jovialement. Les hommes cultivent maïs, piment, choux, le riz ne poussant pas à ces altitudes. Ils font aussi des paniers, alors que les femmes brodent avec soin et raffinement principalement des décors floraux. Elles accourent pour nous vendre sacs, chaussures, tuniques qu'elles ont confectionnés. Nous sommes invités à nous asseoir devant le seuil d'une petite maison où l'occupante des lieux étale par terre toute ses œuvres. Elles ont l'habitude des touristes, il est donc recommandé de marchander un peu. L'une de ces paysannes parle le *guóyǔ* et nous annonce que les gens de son village vont danser ce soir dans l'unique hôtel où nous sommes logés. Très vite, cochons, chiens, biquettes et gamins nous entourent et nous devenons l'attraction principale.

À Shilin, l'eau a érodé un massif calcaire formant des sortes de stalagmites, d'où ce nom de Forêt de Pierres. Pour apprécier les formes féériques qu'ont pris ces prodigieux rochers, il faut s'y promener tard le soir ou au lever du soleil pour éviter les foules de touristes chinois qui déferlent pendant la journée et dont l'occupation principale est de se faire photographier[68] en prenant des poses avantageuses devant tel ou tel rocher à qui sont données des représentations imaginaires de bouddha ou

[68] À l'époque uniquement des appareils photos argentiques. Le selfie n'existe pas !

d'animal mythologique. Certaines parties de la «forêt» sont plus aérées et servent de pâtures pour des chèvres et même des vaches.

À l'hôtel, vers 20h la musique d'un petit orchestre se fait entendre et, en effet, des danseurs Sanyi font un spectacle en notre honneur. C'est simple et rafraîchissant, on retrouve des femmes brodeuses qui nous ont vendu leurs ouvrages. Elles nous sourient lorsque leurs pas de danse les amènent au-devant de la scène. Le spectacle dure à peine une demi-heure avant que les danseurs ne rejoignent leurs masures dans la nuit noire. Il n'est pas rare que les hôtels qui reçoivent des étrangers se mettent à acheter des flippers et juke box à Hong Kong, croyant se mettre ainsi au niveau international. Bien entendu aucun étranger ne s'amuse avec ces machines mais les employés en surnombre pour un si petit hôtel, se débrouillent pour trouver des jetons et jouent jusque tard dans la soirée ou carrément à 7h le matin dès qu'ils prennent leur service. Par malchance le flipper est juste à côté de notre chambre dont un des carreaux est cassé. À chaque fois qu'un point est marqué, on entend une sorte de musique que je prends, dans un demi-sommeil, pour la Marseillaise. Ne pouvant dormir, je sors m'asseoir sur une des concrétions rocheuses des alentours. La nuit est complètement noire, aucune pollution lumineuse ne vient troubler le spectacle magique d'un ciel criblé d'étoiles.

Le lendemain, le chauffeur nous emmène voir une cascade à une quarantaine de kilomètres au Sud de Shilin, près de Lunan, un coin perdu dans la montagne que nous atteignons par une piste poussiéreuse, suivie d'une marche à pied dans une végétation luxuriante. Nous traversons des plantations de tabac et parfois même apercevons des plantes ressemblant probablement à du cannabis, ce qui ne serait pas étonnant, le Yunnan fut célèbre pour ses plantations d'opium et faisait partie du Triangle d'Or[69]. Il y a des papillons aux couleurs flamboyantes, des paysans montés sur des ânes, des enfants qui émergent d'on ne sait où. Lors de la pause déjeuner à Lunan, il semble évident que le village a rarement vu d'étrangers. Les gamins nous collent comme des mouches et nous suivent partout. Bientôt se joint à notre cortège la police et deux mendiants aux yeux bridés mais blonds à la peau blanche, atteints d'une dépigmentation de la peau, maladie connue au Yunnan. Un dentiste, installé dans la rue avec une fraise à pédale, opère un patient qui a une brosse à dent dans la bouche que parfois il trempe dans un verre d'eau douteuse. Sur le trottoir, étendu sur un chiffon, toute une collection de dents, trophées retirés des mâchoires de courageux patients. Dans chaque ruelle se vend un produit différent : grains, épices, poules et œufs, nouilles de soja, corbeilles, nattes ou chapeaux. J'ai l'impression d'être dans un rêve, tout parait irréel et exotique. C'est un des meilleurs moments depuis mon arrivée en Chine.

Lundi 5 octobre

Les sorties à bicyclette, seule, sont à la fois euphorisantes et apaisantes, comme si je validais le choix de m'être exilée ici. De pédaler sur ces vélos sans vitesse, de naviguer au gré de mes envies dans cette ville que je commence à apprivoiser et qui, elle aussi, m'apprivoise à sa façon, j'ai l'impression de démarrer ma vie chinoise. Aucune peur de me perdre. Les rues bien signalées

---

[69] Le triangle d'or est une région de production d'opium depuis les années 1920 en Asie du Sud Est comprenant Laos, Birmanie, Thaïlande, Vietnam et Yunnan.

deviennent familières. Mon niveau de chinois écrit et oral me rassure en toutes situations et je commence à comprendre le dialecte local. Je ressens un sentiment d'exaltation de découvrir à chacune de mes sorties quelque chose de nouveau, d'intrigant, excitant ma curiosité.

Mardi 6 octobre

Grâce à mon guide Nagel[70], j'ai découvert le quartier musulman avec des restaurants et une boucherie sans porc, la seule de la ville qui vend de la viande de bœuf halal, avec une enseigne écrite en arabe et en chinois. Il y a cinq mosquées assez anciennes, dont une à Cheng Yi Lu et l'autre à Chang Shi Jié. Leurs toits ont des allures de temples et non de dômes comme dans les pays arabes. Ce guide Nagel m'a été d'une grande utilité à Beijing l'été dernier pour découvrir des temples transformés en greniers à foin, en usines ou envahis de plantations et d'où des badauds me chassaient en criant, « c'est interdit, va-t'en ». Il va m'être très précieux pour mes escapades.

Près de la rivière Banlong, des maisons rappellent celles d'Arles ou d'Avignon, demeures bourgeoises du Midi de la France avec terrasses, jalousies, escaliers de pierre et platanes dans la cour. Ces vestiges, du temps des consulats français, croulent maintenant sous le bric à brac de familles chinoises installées à plusieurs dans ces belles bâtisses décaties. Elles ont

[70] Nagel encyclopédie de voyages, Chine, 1978, 3ème édition, 1567 pages + cartes et plans. Les guides Nagel ont été créés par Louis Nagel en 1908 et ont été édités jusqu'en 1996. Les nuits d'insomnie, j'étudie mon Nagel qui comporte de nombreuses cartes précieuses mentionnant les lieux d'intérêts, avant que certains ne soient détruits ou abîmés par la révolution culturelle. Véritables encyclopédies érudites, les guides Nagel fournissent des informations historiques, culturelles, géographiques passionnantes et peu de détails pratiques. Dans l'édition 978, il n'y a qu'une vingtaine de pages d'informations sur les moyens de transports, les possibilités de se loger, de se restaurer, les activités de loisirs, dont sont remplis aujourd'hui les guides touristiques.

été partagées en de petits appartements où vécurent le directeur des chemins de fer, celui des douanes, de la poste, des médecins de l'hôpital Calmette[71], qui sait ? Sur une partie du campus de l'Institut il y aurait eu un ancien cimetière pour étrangers et il y a encore une tombe française en pierre gravée du nom d'un missionnaire en caractères chinois[72]. Du temps des colons français, Kunming ne devait pas être très différente de sa voisine Hanoï.

Il n'y a presque que des vélos et très peu de voitures mais des centaines de camions et petits tracteurs à remorques des communes populaires qui soulèvent la poussière des rues non asphaltées. Des bus, des véhicules miliaires, des motos et side-cars mal réglés empestent l'air ambiant. Il ne fait pas bon pédaler derrière l'un de ces véhicules, souvent tellement chargés qu'on dirait qu'il va racler par terre. Pourtant certains audacieux s'accrochent à l'arrière des camions pour se faire tirer dans les montées.

Mercredi 7 octobre : le cinéma, distraction n°1

Cher tous,

Le cinéma reste pour moi le divertissement le plus régulier et varié et un bon moyen de mieux comprendre la société chinoise de ces années post Révolution culturelle. Parfois je ne sais même pas ce que je vais voir avant d'être dans la queue pour acheter mon billet, qui ne coûte que quelques fens. On peut réserver sa place jusqu'à trois jours à l'avance et s'asseoir

[71] Hôpital inauguré par les Français en 1930.

[72] François Ducloux, fut missionnaire en poste au Yunnan en 1889. Grand botaniste, médaillé de la société d'horticulture, ses collections ont alimenté les herbiers du Muséum national d'histoire naturelle. Il meurt à Kunming en 1945.

dans une salle de spectacle dès 9h le matin. Elles ne désemplissent pas, la présence de ces foules de spectateurs s'explique par l'étalement du congé hebdomadaire. On va au cinéma en famille avec souvent deux tickets pour quatre, les enfants se mettant sur les genoux. Les petits Chinois, habitués au bruit et à la foule, sont du reste étonnants, dorment n'importe où et ne bronchent jamais. Des culottes fendues leur permettent une totale indépendance quant aux exigences naturelles. Un bīnggāo, bâtonnet de glace apaise la plus légère contestation.

C'est amusant d'aller voir un film étranger doublé en chinois. Les films ne sont jamais sous-titrés car il y a trop d'illettrés et surtout ils doivent passer à la censure, où il n'est pas rare que des pans entiers soient coupés, surtout les scènes d'amour un peu osées et encore plus celles de sexe. Les Chinois ont toujours été très pudiques en public et montrer ses sentiments est un signe de faiblesse. Entre hommes et femmes on ne se touche pas, toute marque d'intérêt entre les sexes opposés fait figure d'engagement voire d'une déclaration. C'est un cadeau d'une valeur inestimable que l'on m'a fait en m'offrant le Jin Ping Mei, le Lotus d'Or, le plus grand roman érotique chinois, équivalent des Mémoires de Fanny Hill ou de L'amant de lady Chatterley, complètement interdit en Chine[73]*. L'exemplaire qui m'a été offert a dû être caché pendant la Révo. cul. et le don a été fait en catimini, à une heure tardive où les gens bien-pensants sont couchés. Il convenait qu'à mon tour je ne le laisse pas traîner, le roman comprenant des descriptions détaillées de scènes sexuelles, de plaisanteries grivoises, le héros séduisant plus d'une vingtaine de partenaires féminines et agrémenté de gravures explicites et osées.*

Pour voir « Le voleur de bicyclette », film en noir et blanc de Vittorio de Sica, en chinois bien sûr, le succès était tel qu'il n'y avait plus de vente de ticket, même au marché noir et nous avons dû, Isabelle et moi, assises sur des tabourets apportés pour l'occasion, suivre le film à l'envers, derrière

[73] Il ne sera disponible dans les librairies qu'en 2006

l'écran. Le film Tess d'Uberville d'après le roman de Thomas Hardy est tout à fait dans l'esprit de la propagande anti-occidentale. Une pauvre employée se fait engrosser par un propriétaire terrien. Après la séance, certains s'approchent de moi et me demandent si c'est comme ça dans mon pays et si les méchants ne sont pas punis ? Après avoir vu Les Misérables de Victor Hugo, Isabelle me demande entre deux larmes : « Est-ce qu'il y a encore de gens aussi méchants en France que les Thénardier ? Est-ce qu'on s'habille encore comme ça -crinoline et redingote-, et ces coiffes de nonnes et le signe de croix avant le repas ? ». Je prends le temps de lui expliquer et je sais qu'elle est suffisamment intelligente et fine pour comprendre le choix des censeurs. Les films étrangers que j'ai pu voir ici sont tous porteurs du même message pour montrer l'image d'un Occident dépravé, la misère des petites gens, la cruauté des riches, les injustices, les méfaits de la religion dans les sociétés capitalistes et bourgeoises, en comparaison des bienfaits de la Révolution et de la libération du peuple chinois par le parti communiste. À la télévision, un documentaire sur la France montrait une queue devant une boulangerie, le commentateur expliquant que le pain étant la nourriture de base du peuple français, il n'y en avait pas pour tout le monde. Or il s'agissait d'une queue de Parisiens devant une devanture de la boulangerie Poilâne un dimanche après la messe!

La plupart des films sont des supports de propagande d'une vie qui se veut idyllique même dans les campagnes reculées, où les habitants, regroupés en communes populaires, semblent bien nourris, toujours joyeux, chantent en toutes occasions pour se donner du courage, que ce soit pour couper des épis de blé ou porter d'énormes troncs d'arbres. L'union fait la force ! Les visages sont très expressifs, on sent l'influence de l'opéra et du mime chez les acteurs de cinéma. Les femmes sont toujours tout sourire, un rien les fait éclater de rire. On se moque gentiment d'un fonctionnaire maladroit qui, croyant bien faire, commet des erreurs, mais tout le monde va l'aider à les corriger. Peu de subtilité dans les messages à portée politique ou sociale : les jeunes doivent apprendre des anciens, mais les anciens doivent laisser du temps aux jeunes pour se former et les responsables doivent s'attacher davantage à la bonne volonté qu'aux compétences. Les entremetteuses ne sont pas très finaudes pour susciter le rapprochement amoureux et les scènes «fleur bleue» abondent pour le plus grand plaisir des spectateurs. Les futurs fiancés demandent bien entendu l'autorisation de se courtiser au chef de brigade ou au responsable de la commune populaire.

Parfois je tombe sur un film historique, bien fait, tel Zhi Yi, sur la révolution de 1915, Sun Yat-sen et la mort du dernier empereur mandchou, tourné à Pékin dans le Palais d'Été avec de bons acteurs. Les pièces de Lu Xun, considéré comme le grand écrivain révolutionnaire adulé des maoïstes, sont malheureusement plus rarement programmées. Pourtant elles sont d'un bien meilleur niveau littéraire que les pièces modernes. Les méchants et traitres y sont décrits sans une once d'humanité. Les bons, portés par la pensée révolutionnaire, exaltés et reconnaissants de ce que le Parti réalise pour rendre leur vie bien meilleure qu'avant la libération, sont trop caricaturaux pour être crédibles. « L'avant » et « l'après libération » sont devenus des repères de l'histoire de la Chine Nouvelle tel Jésus Christ, marqueur des siècles. Il est de bon ton de clôturer un discours sur n'importe quel sujet par « avant la libération, c'était comme ci et maintenant c'est bien mieux ».

Samedi 10 octobre

En octobre, les fêtes se succèdent. Après la fête nationale du 1er octobre, c'est la fête du double dix en l'honneur de la naissance de la République chinoise de Sun Yat-sen et de la chute de la dynastie Qing le 10 octobre 1911[74]. Après le centenaire de la mort de l'écrivain Lou Xun, largement évoquée à la radio, à la TV, dans des expositions, c'est Sun Yat-sen qui prend la relève avec un film fort intéressant sur la vie romanesque et politique de sa femme Song Qingling. Je m'y précipite évidemment.

Chers tous,

Eugene, Sydney et moi avons l'opportunité d'aller visiter un temple bouddhiste sur les collines de l'Est, sous la houlette de Bao Zhang. Nous nous y rendons avec le chauffeur de l'Institut et dans la voiture aux rideaux tirés, écrans entre le monde réel et celui dans lequel nous devons évoluer. L'excitation de sortir du campus est telle que nous sommes bien disposés à supporter cette entrave à notre curiosité. L'accès au temple se fait à pied, par une allée empierrée et Bao est heureuse de pouvoir s'exprimer à voix haute en anglais pour bien montrer son rôle de guide aux curieux qui nous dévisagent. Comme la plupart des jeunes de sa génération, sacrifiée à l'autel de la Révolution culturelle, elle ne connaît pas grand-chose sur l'histoire du temple, sur le bouddhisme mais nous l'écoutons religieusement, espérant que cette attitude sage et respectueuse nous gratifie d'un peu de liberté pour nous perdre dans le dédale des cours et la succession des pavillons. J'aime les toits élégants aux charpentes sophistiquées et aux tuiles vernissées rondes dont certaines sont joliment décorées. Souvent, comme les chartreuses, abbayes et couvents en France, les emplacements choisis pour ériger les temples sont exceptionnels par la vue, le calme et l'environnement naturel qui les entoure. La symétrie de l'architecture dégage une harmonie bienfaisante. Il y des camélias anciens qui sont l'attraction des visiteurs au printemps, nous dit Bao qui nous invite à revenir à cette saison pour les admirer. Nous la remercions du conseil, espérant que dans six mois, nous pourrons explorer seuls les alentours de Kunming.

---

[74] Le 10 octobre est devenu la date de la fête nationale à Taiwan

Dimanche 11 octobre : mariage d'Orchidée

Nous avons été invités au mariage d'Orchidée, une des interprètes de Sydney et Eugene. Les mariés, tous les deux en pantalons de coton et vestes Mao, avaient juste une rose en plastique à la boutonnière pour les distinguer et Orchidée s'était fait faire une mise en plis. Ils s'étaient rendus tous les deux avec leurs parents au bureau des mariages pour obtenir le document officiel, sorte de livret de famille qui permet ensuite de se mettre sur liste d'attente pour obtenir un logement indépendant pour jeunes mariés. Grâce à ses beaux-parents qui sont des membres hauts placés du Parti, le mari d'Orchidée a pu obtenir un certificat d'hébergement -une chambre chez ses parents- pour avoir l'autorisation de se marier, devançant une centaine de couples de l'Institut.

Aucune autre cérémonie officielle, si ce n'est un rendez-vous chez le photographe afin d'immortaliser le grand jour. Nous n'étions invités qu'à la fête, on ne peut plus simple dans une salle d'école primaire, décorée pour l'occasion de pages de calendrier représentant des variétés de camélias et magnolias du Yunnan. Point de buffet ou repas, juste quelques bonbons, cigarettes et graines de pastèques dans des assiettes en plastique sur une table. Les occasions de s'amuser étant rares, tous les invités se sont mis à danser au son d'une musique disco chinoise. Le jeune couple va devoir habiter à plusieurs centaines de kilomètres l'un de l'autre, car un poste a été attribué à Orchidée dans une autre ville, ce qui est courant. Elle logera dans le dortoir de sa nouvelle unité de travail, tandis que son mari sera dans la chambre réservée au jeune couple chez ses parents. Je console souvent des jeunes diplômés qui viennent s'épancher et me raconter leur désillusion par rapport à leur affectation loin de l'élu de leur cœur. Isabelle vit avec sa belle-famille sous le même toit depuis son mariage, dans une seule pièce pour son couple et sa fille de 7 ans, limitant l'intimité. Leurs deux salaires sont trop bas pour avoir un logement indépendant. Les jeunes rêvent tous de pouvoir acheter une maison ou un appartement, des meubles, la télé, un vélo pour quitter le giron familial.

You Dexiong, un administrateur de l'Institut m'a interpellée un jour : « Vous n'êtes pas mariée, *Fěi lǎoshī*, à 26 ans, mais c'est surprenant ». C'est une question très fréquente et on s'inquiète de savoir si au moins j'ai un fiancé. Les jeunes veulent se marier très tôt, à 22-23 ans, le mariage étant avant tout un statut social. Il n'y a pas d'union libre et la promiscuité dans les logements ne permet aucune intimité pour avoir des relations sexuelles hors mariage. Je lis dans un journal chinois un article critiquant la coutume coûteuse d'inviter ses amis au restaurant pour son mariage, même si les invités paient 5 à 10¥ chacun. Les achats indispensables pour un mariage classique s'élèvent à environ 300¥ de cigarettes, bonbons et *guāzǐ* les graines de pastèques. Pour que les jeunes mariés puissent s'installer, le garçon[75] est chargé d'acheter les meubles, la TV, et les trois choses qui tournent : le vélo, la machine à coudre et la montre. La fille, elle, fournit la literie (couettes, couvertures, draps et taies d'oreillers). On rapporte qu'un étudiant qui avait tué et enterré son maître pour lui piquer sa montre, vient d'être condamné à mort. C'était la seule chose qui lui manquait pour avoir sa belle. Un couple essaye d'emprunter une voiture le jour

---

[75] Il faut compter environ un budget de 1200 ¥ de meubles : 1 000¥ pour une armoire, 70¥ un bureau, 100¥ un lit. Une machine à coudre coûte 170¥. Le budget pour la literie est de 30¥ pour une couette ordinaire, 60¥ une couverture, 15¥ une paire de draps, 12¥ la paire de taies d'oreillers.

J à un copain chauffeur pour se balader dans les rues et exhiber sur le toit la pile de couettes, dot de la fiancée. L'âge du mariage a été abaissé à 20 ans pour les filles et 22 ans pour les garçons, alors qu'il était préconisé depuis 1970 à 23 ans pour les filles à la campagne et à 25 ans en ville. Toujours dans cet article, je lis qu'à Shanghai, 214 couples se sont mariés collectivement «pour l'édification du socialisme».

Certains garçons rêvent de filles douces, gaies, moins diplômées qu'eux et confucianistes. Il est vrai que la campagne de critique contre *Lin Biao et Kongzi-* Confucius des années 1965 est oubliée[76] et les préceptes de Confucius reviennent un peu à la mode chez les intellectuels. Les étudiants tombent amoureux des étrangères et font des déclarations d'amour romantiques dans leurs copies. Un des objectifs de ces flammes déclarées avec passion est bien entendu de sortir du pays, mais certains semblent sincères et c'est d'autant plus émouvant. Malheureusement pour eux, je ne suis pas sensible aux caractéristiques physiques des Chinois et je veux garder ma réputation de fille sérieuse, sans les compromettre. Mais j'ai remarqué combien le charme des femmes chinoises opère très généralement et universellement sur les hommes. Cheveux raides, noirs, bien nattés, sans artifice de coquetterie, silhouettes souples et minces, habillées modestement, elles ont quelque chose de naturel, de pur, alliant force de caractère et besoin de protection, avec parfois un petit air de soumission qui séduit les hommes. L'idéogramme 嫁 *jià* se marier, pour une fille, composé à gauche de la femme et à droite d'un cochon, symbole de richesse, sous toit, ferait fuir plus d'une féministe.

---

[76] Pi Lin pi Gong, contre Lin Biao et contre Kongzi- Confucius. En 1974, campagne de propagande initiée par Mao et sa femme pour attaquer le premier ministre Zhou En Lai, qui avait soutenu Lin Biao.

J'ai rencontré de nombreux couples mixtes franco-chinois, mais toujours dans le sens l'épouse chinoise, l'homme occidental, de n'importe quelle nationalité d'ailleurs. Une seule de mes amies des Langues'O a épousé un chinois et le mariage n'a malheureusement pas tenu.

Lundi 12 octobre

La misère est bien présente à Kunming. Au restaurant « Ville du Printemps » deux mendiantes de dix et trois ans cherchent des assiettes à lécher. La plus grande vide les fonds de bols dans une gamelle posée par terre que la petite lape goulûment comme un chiot. Dans un bus, un homme d'environ 50 ans mendie, mettant en avant sa fille légèrement handicapée. Au Café de Beijing, un autre pousse une gamine, sale mais assez potelée, à tendre une coupelle en grimaçant. Et pendant ce temps, à l'Hôtel du Lac Vert, on élève deux ours dans des minuscules cages pour un banquet d'officiels, avec au menu potage de pattes d'ours.

J'ai fait ma petite enquête sur les salaires. Les inégalités et différences de niveau de vie sont importantes et font le jeu du marché noir qui s'installe, à la tombée de la nuit, sur les trottoirs éclairés uniquement par la lune où se font les échanges de mobylettes et de radio cassettes. Contre toute logique, les vendeurs au marché libre et les réparateurs de vélos dans la rue sont ceux qui ont des revenus les plus élevés de la société, pouvant gagner jusqu'à 10¥ par jour, soit 300¥ par mois, montants disproportionnés par rapport à ce que touche un professeur, un instituteur ou un médecin. Une enseignante d'anglais en lycée avec 65 élèves par classe et 18h de cours par semaine gagne 45¥ par mois. Isabelle ne gagne que 36¥ comme secrétaire, soit quatre jours de travail pour un réparateur de vélos et son mari chauffeur de bus, 60¥. Il parait que le salaire de mon ami le professeur de français You, au mauvais passé politique, n'est que de 43¥. En bas de l'échelle, ce sont toujours les paysans, puis viennent les employés de magasins, les intellectuels qui touchent entre 40 à 80¥ sans prime. Les ouvriers gagnent en moyenne 50¥ mais peuvent doubler le salaire avec les primes. Les médecins ne sont pas très bien lotis avec 70 à 100¥ mensuels. Le salaire des artistes peut varier entre 50 à 200¥ s'ils sont célèbres. Il y a 27 grades de *gànbù*-fonctionnaire et le salaire est de 400¥ par mois pour le grade le plus élevé et seulement 31,5¥ pour le plus bas. Dans l'armée, les salaires et avantages sont plutôt bons, mais la vie est difficile. La fille d'un enseignant de l'Institut gagne 81¥ en tant qu'infirmière militaire à Hekou près de Mengzi soignant les blessés de la guérilla contre le Vietnam. Son mari est à Mengzi donc relativement peu éloigné et ne gagne que 75¥ par mois en tant que technicien supérieur. Pour limiter le non-emploi, certains ont des occupations pour le moins étonnantes. Le gong qui rythme notre vie n'est pas automatique, c'est un camarade qui frappe un cylindre en fer avec une pierre, j'ignore combien il gagne.

Les enseignants de l'Institut sont petitement logés. Mon professeur de littérature chinoise Ling, paye un loyer de 4¥ par mois pour 43m^{2}où ils logent avec sa mère, sa femme et son fils. Les professeurs contribuent d'un *jiǎo* par semaine pour payer l'électricité de leur logement et éviter l'extinction des feux à 22h et huit *fēn* pour l'eau, leur permettant un accès plus fréquent aux douches que les étudiants. Mes amis se plaignent que les prix des produits de consommation flambent. Un abonnement mensuel de bus coûte 3,5¥, un vélo 160¥. Malgré des salaires relativement bas, 90% des employés de l'Institut ont la télévision, alors qu'une TV noir et blanc coute 370¥ et une couleur 1200¥. L'huile est rationnée à un litre par personne et par mois et coûte 1,3¥. Si les besoins sont supérieurs et qu'on a épuisé ses tickets de rationnement, le prix double. Sachant que pratiquement toute la cuisine chinoise est sautée, les familles consacrent près de 80% de leur salaire dans la nourriture, l'huile et le charbon et c'est le sujet de conversation le plus courant. Malgré la politique communiste dont un des objectifs premiers était de parvenir à nourrir l'immense population chinoise, le dilemme du chinois moyen reste le choix entre manger un *mántou* ou du riz au prochain repas. Avec si peu de moyens, voyager est presque impossible. Un siège dur en train, de Kunming à Pékin, pour trois jours de voyage, coûte l'équivalent d'un salaire mensuel moyen de 45¥ et une couchette dure, 70¥. L'unité de travail paye un voyage pour aller voir ses parents au nouvel an pour les célibataires. Une fois marié, le couple n'a droit qu'à un billet gratuit tous les quatre ans.

Mercredi 14 octobre : les secrets d'État

Les étrangers sont dangereux car ils seraient à l'affût des secrets d'État. Qu'est- ce qu'un secret d'État ? Un numéro de téléphone d'une usine ? Le nombre de millimètres de pluie qui tombe par an à Kunming ? Les nombreux interprètes, chauffeurs, gardiens et femmes de ménage, sous couvert d'un aspect paysan analphabète, sont en fait parfois diplômés des langues étrangères et chargés de rapporter tout ce qu'ils peuvent sur les experts dont leur éventuel intérêt pour des dits secrets d'État. Xiao Ma, l'homme de ménage-gardien de notre maison, nous l'avons maintenant compris, travaille pour le compte des autorités. On aimerait lui interdire l'accès de nos chambres, mais il a un passe-partout et connaît nos heures de cours pour fouiner tranquillement. Surtout ne rien laisser traîner de compromettant. Un étranger qui vient en Chine est a priori un espion, surtout moi, qui parle chinois, le lit, l'écrit et dont les parents sont des intellectuels. Je suis un élément à surveiller de près et je le sais grâce à des conversations avec mes amis dont les oreilles trainent partout. Le monde du campus est un microcosme où tout le monde s'épie, où rapporter les faits et gestes des experts, leur façon de s'habiller, de rire, de manger permet de se divertir à moindre coût.

L'étranger qui ose dire qu'il aimerait bien déjeuner tranquillement de 12h à 12h30 à la cantine, sans être dérangé par des étudiants qui viennent sans arrêt poser des questions, peut être critiqué. On est jugé mauvais professeur si on râle de ne pas avoir d'eau chaude à la salle de bains. Je ne me plains donc jamais des conditions de vie, je m'adapte, je m'habitue, en chinois je *xí guàn* pour essayer de redorer mon blason dans l'espoir d'amadouer les fonctionnaires des affaires étrangères pour de futurs visas de voyage pendant les vacances du nouvel an.

Le mur de briques qui s'élève autour de la maison ? C'est plus esthétique et nous protège des voleurs et des mauvais éléments qui pourraient nous nuire. Le fait est qu'il nous isole surtout des bons éléments, nos étudiants et amis chinois, gênés devant le gardien pour nous rendre visite. Une table à part à la cantine pour les trois experts ? C'est plus hygiénique. Un haut-parleur dans un arbre de notre jardinet qui grésille les informations précédées d'une musique réveil matin ? Cela vous permet d'adopter notre rythme. Le gardien de notre enclos a pour mission de chasser les voleurs et les brigands malgré son physique rachitique. Des chefs à la secrétaire, tout le monde a su que « la Française a reçu huit lettres d'un seul coup » et tout le campus en parle. Comme dit Isabelle, plus sensée et philosophe, « Si la Chine était éduquée, on ne s'occuperait pas tant de toi ». Mes lettres sont ouvertes par la censure et j'ai du mal à m'y faire, alors que c'est l'unique moyen de communication avec ma famille et mes amis. Mes voisins sur le campus ricanent quand je passe pour la énième fois, dans notre rue commune ou bien s'arrêtent de parler en me fixant du regard sans en être nullement embarrassés. Je sais qu'après un an de voisinage, ils me dévisageront toujours de la même façon, je dois donc faire bonne figure et rire avec eux en les saluant d'une formule de politesse. Tout ce personnel qui gravite autour des experts nous scrute, nous jauge et est chargé d'alerter s'il trouve nos comportements louches. Et le pire, c'est que je m'habitue. Quand on me demande « Où vas-tu ? », chaque fois que je sors de la maison ou que j'enfourche mon vélo, que ce soit en anglais ou en chinois, je souris et ne réponds plus.

Jeudi 15 octobre : l'ami poète

Lao Yang, ancien professeur de lettres, 80 ans, accepte de m'aider à comprendre les poèmes que j'ai sélectionnés *du Recueil du Cœur Brisé* de la poétesse Zhu Shuzhen pour les traduire au mieux. Il m'a été recommandé discrètement par le professeur You. Il est relativement grand, étant originellement du Nord de la Chine, avec quelques poils au menton et un regard qui en dit long. Après avoir été dénoncé comme droitiste, il a été torturé sous la Bande des Quatre et sa main droite est paralysée. En dédommagement, il reçoit une indemnité de 230¥ par mois et vit dans un appartement assez spacieux avec ses deux fils qui n'ont pas pu faire d'études pendant la Révolution culturelle mais qui sont maintenant étudiants à l'Institut et apprennent même le violon. Pour oublier ce passé malheureux, Yang boit et You me recommande d'aller le voir aux aurores, avant qu'il ne soit trop sous l'emprise de l'alcool. Ce penchant pour la boisson lui permet de communier avec tous les poètes qui ont versé dans l'ivresse pour créer les plus beaux quatrains et ma poétesse Zhu Shuzhen n'est pas de reste, quand elle noie sa mélancolie en vidant une coupe. Nous commençons donc à retravailler le poème « *Autour du Brasero*[77] » :

La nuit dernière le givre et le vent glacés
M'ont transpercée
Assise près du brasero, je me souviens
De la joie des années passées
Sans personne à qui parler
Solitaire comme aujourd'hui
La force du vin qui me ravit
Peut seule chasser la mélancolie.

Bien que Zhu Shuzhen soit peu connue, Zhao, Yang peut citer quelques-uns de ses vers et feuillette avec intérêt, le "*Recueil du cœur Brisé*", que j'avais acheté à Taiwan, édité en caractères traditionnels[78]. Cela n'a pas l'air de le gêner, étant d'une génération éduquée avant 1958, date de la réforme mise en place par Mao pour simplifier l'écriture en réduisant le nombre de traits de certains caractères, trop compliqués et lutter contre l'illettrisme. Yang est vraiment le lettré tel que je l'imagine.

[77] Zhu Shuzhen, *Recueil du cœur brisé , Autour du brasero*. Tous les poèmes et extraits du Recueil du cœur brisé cités dans le livre ont été traduits par l'autrice.

[78] À Taiwan, on utilise toujours les caractères traditionnels et non simplifiés. Mon dictionnaire chinois édité aux Presses de Pékin en caractères simplifiés et où était rédigée une maxime de Mao tirée du Petit Livre Rouge, sera confisqué à mon entrée à l'aéroport de Taipei en 1977 et restitué à ma sortie de l'île en 1978.

En chinois 士 *shì* le lettré est celui qui connait tout de 1 一 à 10 十 et il y a de la marge pour Yang. Avec lui, je plonge dans ce monde merveilleux et si particulier de la poésie chinoise. Il me fait remarquer le choix des idéogrammes pour leurs effets esthétiques, surtout dans la graphie traditionnelle, pour la prononciation, la concordance des tons choisis, comme une musique en majeure ou mineure. À la première lecture du poème, je me sens aveugle et sourde, puis je pénètre dans le poème-tableau et c'est comme un réveil de mes cinq sens. Yang lui semble flotter dans les vapeurs éthyliques !

Il ne veut accepter aucune contrepartie financière à nos échanges littéraires mais accepte volontiers du *máotái*, une liqueur chinoise très prisée à base de sorgho. Je ferai en sorte de lui procurer du vin français ou du cognac pour le remercier de ces extraordinaires randonnées poétiques qui me rappellent les cours de François Cheng. Son handicap l'empêche de me donner des cours de calligraphie, alors que je rêve de m'exercer sur des poèmes étudiés ensemble. Je reprends donc des exercices, seule, en me souvenant de mes cours à Taipei avec un vieux lettré qui me demandait d'arriver chez lui à 6h du matin avant le lever du soleil après avoir traversé toute la ville. Il m'interdisait de boire thé ou café pour que ma main ne tremble pas et mettait une gomme sur mon pinceau que je devais tenir droit, sans la faire tomber en traçant inlassablement les traits qui composent les idéogrammes. Nous passions un long moment à fabriquer l'encre en frottant le bâtonnet de pierre noire sur le socle joliment décoré, en dosant correctement l'eau pour que l'encre ne soit ni trop épaisse ni trop liquide.

Je me suis mise à la préparation du CAPES mais il me manque de pouvoir échanger sur les œuvres, lire des critiques littéraires, débattre sur les auteurs du programme, en fait tout simplement un stimulant intellectuel. J'ai finalement trouvé un enseignant qui me donne deux heures de cours par semaine de lecture des journaux et des quelques livres au programme du CAPES que j'ai pu me procurer. Mais il n'est pas un spécialiste de la littérature. Or, souvent l'épreuve de la dissertation exige de bonnes connaissances de la littérature chinoise contemporaine.

Vendredi 16 octobre

Une guérite a été construite à côté de la porte d'entrée dans le jardinet dans l'enceinte même du mur pour Xiaoma, que nous avons surnommé Xiao mind, « petit esprit », qui cumule maintenant la fonction de gardien et homme de ménage. Xiaoluo la jeune femme qui avait en charge l'entretien de la maison, a disparu. Qu'a-t-elle fait ou pas fait pour un tel sort ? Nous l'ignorons et n'obtiendrons pas de réponse à nos interrogations. Nous imaginons que la pauvre a dû subir une quelconque critique. Sydney refuse l'entrée de sa chambre à Xiaoma, préférant faire son ménage elle-même. Mais quand elle donne ses cours, il y entre tout de même. Un lampadaire a été installé sur notre maison mais l'interrupteur qui l'allume est dans la guérite du gardien pour que le soir il puisse à son gré l'actionner et contrôler qui entre et qui sort. Mes deux amis américains sont furieux. Moi je commence à m'habituer à ces manières et surtout je joue profile bas, j'en conviens mais je veux mes visas pour ma sœur *mèimei*[79] et les autorisations de voyage aux vacances du nouvel an. Donc que les Américains se battent contre le gardien m'arrange bien. On a tout de même voulu organiser une réunion avec les officiels pour régler le problème, mais bien sûr la date est repoussée sans arrêt pour de multiples raisons. À ce meeting, nous voulons demander que Xiaoma ne soit présent dans la guérite que pendant notre absence puisqu'ils évoquent la protection contre les voleurs pour justifier la présence d'un gardien et du mur. Vu la hauteur du mur, n'importe qui peut se dissimuler pour piller la maison sans être vu. Alors qu'avant sa construction tous les curieux voisins et passants avaient une vue plongeante sur notre maison et personne n'aurait pu toucher une fenêtre sans que tout le campus le sache. Les fenêtres sont d'ailleurs munies de barreaux même si elles ne ferment pas hermétiquement. Depuis notre requête, des arbres fraîchement plantés dans notre jardin ont disparu. Xiao mind a dû le faire exprès pour simuler un vol et prendre sa revanche. Quand il fait le ménage à sa manière, il laisse fenêtres et portes ouvertes pour que des objets disparaissent et qu'on le supplie de garder notre maison.

Les heureux élus qui contrôlent les experts étrangers sont tous au PCC[80] ou « fils de » et bénéficient de privilèges. Ils peuvent pratiquer leur anglais, ont accès aux revues étrangères destinées aux experts mais qu'ils s'approprient sans vergogne,

---

[79] *mèimei* veut dire petite sœur. Chaque membre d'une famille a une appellation selon sa place et son sexe : grande sœur, jiějie, grand frère gègè, petit frère dìdǐ et on attribue un numéro pour le ou la situer dans la fratrie, par ex *mèimei* N°1. J'ai une *jiějie*, un *gègè* et trois *mèimei*, ce qui ne manquait pas de susciter l'étonnement de mes amis chinois devant cette famille nombreuse.

[80] Il est plus difficile pour les paysans de rentrer au Parti. Lors d'une visite d'une brigade de paysans dans une commune populaire on nous annonce 15 membres du Parti sur 634 paysans, alors que dans une usine de laque dans la banlieue de Kunming sur 836 employés, 93 étaient au PCC.

ont le pouvoir de détenir notre courrier et d'en faire traîner la remise si on a osé se plaindre de quoique ce soit. Jérémy-Chang qui, quand il ne rêve pas à sa fiancée toute la journée, est chargé d'organiser nos loisirs et parfois de distribuer notre courrier, s'amuse à recopier les adresses qui sont au dos des aérogrammes. L'autre jour, pour remplir la demande de visa pour ma sœur, il fallait son adresse, mais il me dit : « Je finirai de remplir ne t'inquiète pas ». Je rétorque qu'il ne connaît pas l'adresse en France, mais il ricane et se trahit. Il a toutes les informations nécessaires nous concernant.

La personne qui chapeaute ce petit monde de contrôleurs est le Vice-Doyen Lao Chang qui a une réputation d'affreux méchant. Aucun employé n'ose aller lui parler. Des bruits courent qu'il aurait subi des sévices pendant la Révolution culturelle, suite à son séjour en France dans les années 1940 et qu'il se venge à sa façon. Comme je sais que Lao Chang a un téléphone particulier - grand privilège, uniquement les instances de la nomenklatura ont une ligne- qu'il envoie quelqu'un en vélo pour me prévenir si je reçois un rare appel et qu'il peut parler avec le Dr. Liu qui, lui, utilise le téléphone de l'hôpital, j'écris donc poliment au Dr. Liu en expliquant ce que je voudrais : visa, autorisation de voyage, mur d'enceinte sans barbelé, gardien à virer, en lui demandant de joindre le Vice-Doyen Chang. Liu est plus jeune, père de quatre enfants, dont certains de mon âge et son séjour à Lyon lui permet de mieux comprendre les requêtes de la Française. Il téléphone à Lao Chang, évoquant nos différences culturelles, précisant que les experts doivent être ménagés si on veut qu'ils restent et, comme par magie, Lao Chang fait bouger les choses en notre faveur. Finalement, il trouve que notre mur de briques est un peu trop haut et comme il habite de l'autre côté de la rue et ne peut plus voir à quelle heure on rentre, il fait enlever un étage de briques. Faire et défaire en Chine…

Dimanche 18 octobre : les bourgeois du Kunming

Les bourgeois de Kunming existent et se retrouvent au club de tennis où l'on ne parle qu'anglais. Ils connaissent les bons restaurants et même s'ils vivent dans des appartements désuets et d'apparence pauvre, ils ont des goûts bourgeois assez marqués. Henri Wang, professeur de français à *Yúndà*, 60 ans, petit, rondelet, ses yeux en fente derrière d'épaisses lunettes, en est un. Le père d'Henri, banquier en Indochine, y a élevé une famille de dix-huit enfants. Un couple de riches Français aurait pris en charge l'éducation secondaire d'Henri chez les Jésuites et ses études d'ingénieur en France où il passera plus de trente ans. Son français est impeccable et distingué, mais il se donne un genre en gardant en permanence une cigarette à la commissure des lèvres. Il a encore son vélo Manufrance Saint Etienne dont il est très fier et ne cache pas qu'il a des goûts de luxe. On le prend presque pour un Français avec sa bonne bouille ronde. Quand des livres sont arrivés de France pour le département de *Yúndà*, il a tout raflé pour sa bibliothèque personnelle. «Les étudiants sont trop bêtes et nuls pour apprécier» m'a -t-il dit. Il m'invite à prendre un petit déjeuner dans un restaurant de *huáqiáo*, les Chinois d'Outre-Mer. Il aime bien ma compagnie et c'est réciproque, il a tant de choses amusantes à raconter qu'il me distrait et m'instruit.

Invitation complètement inattendue et inédite de Franck, bel homme, élégant, un peu efféminé et légèrement dragueur, qui est appelé le chinois mondain de Kunming. Plutôt anglophone, je l'ai rencontré par le biais de mes colocataires. Il est une mine d'informations qu'il distille généreusement en échange de magazines féminins étrangers, son péché mignon. Il connaît tous les tuyaux pour améliorer le quotidien, trouver des bons fruits, des casquettes moins chères, les meilleurs tailleurs, acheter le coton de Wuhan qui est, d'après lui, de qualité supérieure à celui de Kunming. Très bon danseur, il a appris toutes sortes de danses de salon en 1945 avec les GI Américains.

Ce dimanche, il a organisée une soirée dansante chez le plus grand bourgeois capitaliste de Kunming, un marchand qui possède une superbe maison en plein centre de la ville : 250m² habitables sur deux étages avec jardin, terrasse, chien et chiots - animaux de compagnie et non futurs civets[81]-, immense salon parqueté, énorme TV en couleurs, avec télécommande pour changer les chaînes de son fauteuil, tout à fait exceptionnel ici. Sur le buffet, tout de même, un buste de Mao Zedong en bronze. Une servante s'active dans une des cuisines. Il y en a d'ailleurs trois en enfilade, avec des patios, des cours internes où coulent des fontaines. Une contribution de 2¥ permet à chaque invité, trié sur le volet, de se rassasier à un buffet bien garni avec cacahuètes, nougat de Kunming, pommes en quartiers -le grand luxe vu le prix des fruits- gâteaux de sésame, bière et vin rouge chinois. Il y a six Américains, une dizaine de Chinois et moi. Toute la vieille aristocratie de Kunming, les dits capitalistes-bourgeois sont là. Drôle de monde. J'y retrouve Henri Wang qui me dit qu'à Beijing et Shanghai il y a bien plus de capitalistes et de riches qu'ici et que le Parti a besoin de leurs capitaux et essaye de les séduire pour qu'ils investissent en RPC, la richesse amenant la richesse ! La moitié de ces familles vit à

[81] Le chien se mange dans le sud de la Chine et en hiver est considéré comme un met fortifiant.

Hong Kong ou aux États-Unis. Quand ils sont sur le sol de la mère patrie, ils jouissent d'une grande liberté et vivent dans le luxe. Habituée à rencontrer des familles de quatre à six entassées dans deux pièces, le tout faisant 25m^2, je suis éberluée par cette immense maison où vit un jeune couple avec juste une petite fille de deux ans, vêtue à la Hongkongaise d'un jogging rose bonbon et d'un haut à paillettes. Pas de jalousie particulière, ces nouveaux riches sont très bien vus par la population, hors intellectuels et artistes, car la mode est à l'argent. Le riche est intelligent, sait vivre, et donc est très respecté. La mère de la jeune femme habite à Hong Kong et a été invitée ce jour-là pour présider le comité féminin du Yunnan. Un jeune invité s'improvise DJ et met des cassettes de danses surannées, fox trot, valse, tango. Et aussi de la musique disco américaine sur laquelle un jeune homme, incroyablement séduisant, fils d'une grande famille aristocratique de Kunming et ressemblant à Yves Montand comme deux gouttes d'eau, se déchaîne. Deux Chinoises complètement saoules se tiennent bizarrement et draguent ouvertement le pauvre Eugene. À 23h30, heure tardive pour une soirée chinoise, chacun reprend son vélo et rentre chez soi à pas feutrés comme après avoir mangé un fruit défendu.

Lundi 19 octobre

À la demande du Vice-Doyen Chang, je dois traduire l'historique de tous les départements de métallurgie, ingénierie, mines, géologie de l'Institut pour préparer un document à remettre lors de la visite de la délégation lyonnaise de VIP organisée par l'IFCL[82] à Kunming. J'y passe de nombreuses

[82] IFCL : Institut Franco-Chinois de Lyon, voir note page 7.

heures laborieuses pour me mettre dans les petits papiers de Chang, ça peut toujours servir. Ce matin, alors que je m'offre une douche improvisée -faire bouillir en plusieurs fois de l'eau sur le réchaud électrique environ trois quart d'heure, puis s'asperger avec une cuvette en essayant de limiter le savonnage pour économiser l'eau de rinçage- j'entends le Vice-Doyen Chang frapper à la porte. L'arrivée de la délégation l'angoisse et il veut régler mon histoire de salaire. Le Ministère de la métallurgie s'obstine à ne me payer que 420¥ au lieu des 600 signés dans le contrat. L'Institut va payer les 180¥ manquants. Il suffit d'être patient et surtout qu'un officiel important soit annoncé, en l'occurrence le Professeur Mallet-Guy, président de l'IFCL. Vice-Doyen Chang en profite pour me faire mille recommandations, éviter de sortir le soir, de manger en dehors de l'Institut pour ne pas tomber malade. Je le rassure avec un discours bien politiquement correct, dans un chinois châtié en remerciant l'Institut pour tout ce qu'il fait pour mon bien être. J'ai promis à mes amis américains une tournée au restaurant dès que je verrai la couleur de ce complément de salaire.

Très chers,

À Kunming maintenant je me sens de plus en plus membre de ma communauté, celle de mon unité de travail. Je suis l'experte française de l'Institut technologique. Les employés de magasins me reconnaissent, les petites vieilles qui surveillent les parkings à vélo me parlent toujours du temps qu'il fait et ici, en montagne, le temps change vite, on dit même "quatre saisons en un jour". Si je partage un repas avec un Chinois, il est poli de dire avant de commencer à manger : mànmàn chī, littéralement mange lentement, équivalent de bon appétit. Or, je n'ai jamais vu des gens manger aussi vite. Ils positionnent le bol près de la bouche et y poussent à l'aide des baguettes la nourriture avec célérité. Ou bien si j'arrive après un repas, on me demande « nǐ chībǎo le ? Es-tu rassasiée ? ». Rien que la prononciation du bǎo, qui résonne comme un coup de gong, fait penser à un ventre bien rond et bien rempli ainsi que le caractère qui évoque aussi une sorte d'embonpoint 饱*. Cette sollicitude témoigne de l'impact des terribles famines dans l'histoire chinoise, dont celle la plus récente du Grand Bond en avant. « nǐ chībǎo le » pourrait être l'équivalent de notre « Comment vas-tu? », pour lequel on n'attend pas que l'interlocuteur se répande sur tous ses problèmes de santé. En Chine non plus, on ne répond pas en racontant son menu dans les moindres détails. Mais c'est une marque d'empathie courante. Comme je l'avais expérimenté en Inde, une silhouette bien en chair et un ventre rebondi sont critères de beauté, ce qui change de l'Occident et son obsession de la minceur. Quand des mères tripotent leur petit empereur en disant « pàngpàng de », bien grassouillet, c'est un compliment. Là encore le caractère pàng* 胖胖 *qui est doublé pour en exagérer le sens, a une sonorité presque visuelle. Le surpoids, plutôt rare chez les adultes, mais qui se développe chez les petits garçons gâtés et sur-nourris, est aussi une marque de richesse. Dans les restaurants, les librairies, chez mon tailleur, sur les marchés, on m'adresse la parole en chinois ou en dialecte et on me lance « mànmàn lái » marche lentement quand je m'en vais, autrement dit take it easy. Par contre les officiels et les autorités, qui n'avaient côtoyé que des Américains avant que je n'arrive, me suspectent, me craignent, me trouvent bizarre. « La Française va toujours toute seule en ville, elle achète et lit des journaux chinois ». Enfer et damnation ! On craint les étrangers qui parlent la langue et peuvent tout comprendre, sans se limiter à ce qui est acceptable de montrer de la Chine*[83].

---

83 *Dans l'Histoire des Han, il est dit : «Il faut savoir entendre ce qui n'est pas dit et discerner ce qui n'est pas montré», mais visiblement pas dans l'Histoire du PCC.* Jacques Pimpaneau, *Anthologie de la littérature chinoise classique,* Philippe Picquier, 2004. Le Hanshu ou livre classique d'histoire chinoise couvre l'histoire des Han occidentaux de - 206 à 25.

J'adapte mon rythme de vie, qui devient beaucoup plus lent qu'en France. Je fais dix fois moins de choses, alors que vous connaissez mon tempérament plutôt actif. Le projet d'aller repérer les nouveaux arrivages de livres à la librairie ou, acheter une paire de chaussettes au magasin d'État peut être stimulant. Que va-t-il m'arriver ? Comment les employées vont-elles me traiter ? Vais-je dénicher un livre intéressant ? Y aura-t-il la bonne pointure ? Je flotte dans mon costume Mao ayant maigri depuis que je suis ici et j'en ai déjà assez de mon pantalon en coton bleu, mal coupé, trop large, l'entre- jambes aux genoux. Avec du velours côtelé noir dont sont faites les vestes des paysans et que j'ai trouvé sur un marché, je me rends dans la ruelle des tailleurs au risque que l'on jase sur l'experte française qui s'habille comme une paysanne. Je trouve plaisant de discuter avec mon tailleur qui s'amuse de mes demandes, surtout de mes gribouillis pour patrons. J'aime mieux les coupes d'homme qui ont des poches pratiques alors que celles des femmes ont des pinces de poitrine inutiles et n'ont pas de poche. Tant pis si me voir porter une veste d'homme est un nouveau sujet d'hilarité ! J'utilise tous mes tickets coton pour ce nouvel ensemble.

Même si l'acclimatation à cette nouvelle vie est finalement assez rapide, les vieux démons culturels se réveillent et je me mets à apprécier la cantine qui nous est réservée. La façon d'aspirer le contenu du bol poussé par les baguettes dans la bouche avec un bruit de soupape de montgolfière, le raclement de glaires issues des profondeurs de la gorge pour être expectorées non loin de moi, me deviennent pénibles à supporter. Je me remémore les leçons de bonne conduite chez mes grands-parents, où faire un bruit avec sa bouche en mangeant était inconvenant, où je me privais de prendre une pêche au dessert, ne maniant pas suffisamment avec dextérité couteau et fourchette pour l'éplucher et la manger comme il se devait. Les collègues géographes étrangers de mon père, en résidence à l'Université de Lyon, étaient souvent invités à la table familiale, mes parents souhaitant leur faire découvrir une «vraie» famille française. Des Ethiopiens, des Japonais, des Canadiens, des Tchèques, ou Polonais partageaient parfois nos repas, sous nos regards d'enfants émerveillés et discrètement moqueurs, surtout à l'arrivée du plateau de fromages, devant leurs attitudes déroutantes. Une fois, l'un d'entre eux, dont je me souviens plus la nationalité, avait avalé la soupe avec un bruit d'aspiration retentissant qui avait provoqué un arrêt sur image et un silence gênant !

Chers tous,

Pour pallier les difficiles conditions de vie au quotidien, le Chinois choisit un mot qui sonne bien et qui est beau et parfois des expressions poétiques ou très littéraires. En chinois, les actes de la vie courante sont définis par l'expression chī kǔ, manger de l'amer. Le discours s'éloigne de la réalité pour privilégier l'avenir sur le présent, le bien sur le vrai. Les mots ne correspondent pas toujours à la réalité mais ce ne sont pas non plus des mensonges, plutôt une façon de donner un bel emballage à la parole. Le oui et le non ont une connotation différente de celle qu'on leur attribue en Occident. Le futur présenté comme possible n'est pas un engagement de l'interlocuteur, mais plutôt un refuge par rapport aux difficultés de l'existence. Il faut vivre avec cet espoir d'un avenir meilleur en acceptant le passé et ses horreurs et le difficile présent sans espérer le changer. Les notions de vérité, de clarté, de précision ou de transparence ne sont pas les mêmes. Une fois intégré, même si cela teinte les relations avec les Chinois d'un certain charme, on est bousculé et souvent dérouté.

Quand je rentre d'une soirée avec des Chinois, je suis vidée, fatiguée d'avoir essayé de les comprendre, d'accepter leur façon de parler fort, de manger bruyamment, leur attitude de séduction, leur façon de ne jamais vraiment dire ce qu'ils pensent, de se méfier, de s'épier, d'avoir peur d'en avoir trop dit. Je suis consciente des dangers qu'ils prendraient à s'exprimer sans détours et je dois faire un effort pour essayer de me sentir à l'aise, d'être moi-même malgré l'ambiance tendue. J'apprécie d'autant plus les rares vrais amis qui continuent à m'inviter et à garder le contact malgré les campagnes de propagande contre les étrangers, qui m'offrent des livres introuvables dont ils acceptent de se défaire généreusement, qui se ruinent pour concocter des repas délicieux partageant une passion, la gastronomie, qui au moins n'a pas de caractère politique. Certains me confient que l'espoir de pouvoir émigrer un jour, ne serait-ce qu'à Canton et de là Hong Kong, leur donne cette capacité de résilience et les aident à *chī kŭ*, et accepter le quotidien pour des lendemains meilleurs.

Une activité physique plutôt limitée, une alimentation peu variée, des moments de repos rares et un travail plutôt intensif, me poussent à prendre soin de ma santé. J'imagine donc une bonne partie de tennis au club du Dr Liu, puis, en face, pour un yuan, un bain à l'hôtel de Kunming avec savon au bois de santal suivi d'un petit déjeuner avec petit pain, beurre et miel dans la salle du restaurant de l'hôtel réservée aux étrangers. Mais ces épisodes de confort resteront imaginaires. J'ai honte de parfois faire venir la voiture de l'Institut pour sortir quand il pleut, les rideaux tirés empêchant d'être dévisagée dans la rue, surtout aux feux rouges où les gens s'agglutinent aux vitres. Les officiels ont repris cette vieille habitude impériale des gens importants transportés en palanquins dissimulés par les rideaux tirés. On devient tolérant pour certaines choses et moins pour d'autres.

Dans les *xiǎochību*, les gargotes, la saleté est repoussante pour qui n'est pas habitué. Tous les déchets, arêtes de poisson, épluchures de légumes, coquilles d'œuf, sont jetés par terre, au milieu des crachats. Le sol, où abondent les cafards, est souvent glissant, les tables luisantes de graisse, bols et baguettes après utilisation trempent dans des cuvettes d'eau trouble derrière le comptoir et sont essuyés avec des chiffons grisâtres. Du coup, le personnel ne s'offusquera jamais que l'on sorte de sa besace bol et baguettes personnels. J'ai appris à toujours avoir un sac en plastique pour y remettre mes couverts après un repas pris à l'extérieur. L'estomac doit s'aguerrir, car je n'ai pas trop de problèmes intestinaux. Le plus déprimant ce sont les mendiants qui se précipitent pour lécher les bols et finir les restes à la fin d'un repas.

Mardi 20 octobre

Quand on se trouve au mauvais endroit au mauvais moment, la vie peut être un enfer. C'est universel mais encore plus sensible en Chine. Un de mes étudiants a échoué à son examen de philosophie. La raison ? Son professeur, malmené pendant la Révolution culturelle par des gardes rouges et persuadé que l'étudiant en faisait partie, a pris sa revanche et l'a collé. Un autre a échoué à l'épreuve éliminatoire de politique. Un étudiant s'était assis à sa place un jour qu'il était absent et lors d'un débat s'avéra mauvais et très critique. Le professeur, visualisant les élèves par leurs places dans la classe, a recalé l'étudiant et fait passer l'usurpateur. Or peu importe les excellentes notes dans les autres matières, c'est impossible de passer au niveau supérieur sans la moyenne en politique. L'innocent fit appel, en vain.

Pour améliorer son sort, il ne reste qu'à "zǒu hòumén passer par la porte de derrière", en d'autres termes utiliser un piston, un contact, une lettre d'introduction, une relation familiale. Henri Wang a le bras long et sa nièce vient à mes cours alors qu'elle est inscrite comme étudiante à *Yúndà* et non à l'Institut. Le fils du chef du département de géologie qui n'a pas encore réussi l'examen d'entrée à l'Institut, suit mes cours lui aussi, alors que les places sont prisées et mes classes surchargées. Les diplômés de l'École Normale d'Instituteurs qui connaissent le directeur de l'école peuvent obtenir des postes en ville au lieu d'aller se perdre à la campagne, considérée comme le bagne. L'interprète de *Yúndà* est un agent double, choisi parmi les étudiants, il se distingue par sa nullité en anglais mais est un excellent mouchard et a été choisi, entre de nombreuses candidatures, grâce à une connexion familiale de haut niveau. Réflexion d'un étudiant : « Je ne pourrai jamais aller en France car je ne connais personne d'important ».

Mercredi 21 octobre : l'opéra, distraction n°2

Chers tous,

Autre distraction très populaire : l'opéra. J'adore ce genre de spectacle mêlant théâtre, mimes, chants, danses, arts martiaux, gymnastique et cirque. Les scènes sont vierges de tout décor exigeant des acteurs de tout mimer. Des mouvements du corps signifient l'ouverture ou la fermeture d'une porte, la montée d'escaliers ou l'ascension d'une montagne, la traversée d'une rivière. Courir autour de la scène avec une cravache à la main suggère que l'acteur chevauche une monture au galop. Un déplacement en palanquin est représenté par deux porteurs de bannières ornées d'une roue à l'intérieur de laquelle une actrice simule les mouvements du véhicule et les soubresauts du chemin.

L'orchestre joue sans partition et donne le rythme à l'histoire avec un roulement de tambour ou de gong pour ponctuer les arrivées des personnages. Le doux son du pípa ou du èrhú, violon à deux cordes, accompagne le chant des personnages romantiques. Dans les opéras autorisés pendant la Révolution culturelle, les techniques anciennes du jeu, dont celle de l'arrêt sur image au son des percussions entre les scènes, ont été conservées. Mais les thèmes ont changé, magnifiant les histoires des héros révolutionnaires communistes plutôt que celles des seigneurs féodaux. Depuis peu, quelques opéras tirés de la littérature classique ou du folklore sont de nouveau autorisés, comme des extraits du Xīyóujì, le Voyage en Occident et du Singe Pèlerin. Succès assuré pour l'acteur ou l'actrice qui joue le rôle du roi singe. Ses mimiques, le clignement rapide de ses yeux derrière son visage peint, sa façon élastique de se déplacer sur la scène, font toujours rire des générations de spectateurs. Les prouesses techniques qu'il faut réaliser avec le corps, la tête, la nuque, dépliant toutes les articulations, jusqu'à la moindre phalange des doigts, font réaliser à quel point le talent des acteurs chinois est exceptionnel et combien long est l'apprentissage qu'ils commencent parfois très jeunes avec une rigueur et une détermination hors du commun[84]*.*

Comme les représentations sont longues, tout le monde s'occupe, mange, joue même parfois aux échecs, dort et se réveille pour un air célèbre qu'alors les spectateurs connaisseurs chantent avec les acteurs. Je les admire de continuer à jouer et chanter comme si de rien n'était dans ce raffut. Parfois, il y a des odeurs inattendues. Un soir, j'ai même vu un gamin s'accroupir dans l'allée et faire ses besoins à travers sa culotte fendue. Une petite rigole descendait l'allée centrale le long des gradins. Il y en avait un autre très mignon à côté de moi, qui n'a pas bronché et pourtant l'opéra était interminable. Une histoire de juges, avec des méchants qui ne font pas la

---

[84] À 60 ans passés, je me suis inscrite à une formation de clown et de mime et me suis rendu compte de la difficulté d'être crédible pour le spectateur en mimant une scène uniquement avec son corps, sans parole. Mon admiration pour les acteurs chinois s'est encore accrue.

révolution comme il faut, des jugements à n'en plus finir, les valeurs communistes portées aux nues, des héros exaltés par la grâce maoïste. J'ai failli m'endormir. À peine la dernière réplique chantée ou jouée, la moitié de la salle s'est déjà précipitée sur les issues de sortie en se bousculant et les acteurs ne s'en offusquent pas. Il n'y a pas de longs applaudissements à la fin pour saluer leur talent. Tout au long de la pièce, les spectateurs avisés applaudissent un solo de chant, une performance d'acrobatie ou de mime particulièrement bien jouée. Un autre soir, lors de la célèbre scène tirée du Shuǐhǔquánzhuàn le roman « Au bord de l'eau », où un homme et une femme se battent dans la nuit sans se voir, les spectateurs criaient : "Attention, il est à ta gauche, tourne toi il est juste derrière toi", comme les petits Lyonnais devant un castelet de Guignol qui avertissent le pauvre Gnafron imbibé de Beaujolais, qu'il va être tapé par le gendarme avec son bâton !

J'ai noté dans mon journal, que pour me distraire, j'ai même fait l'expérience d'un match de foot, alors que je n'y suis encore jamais allée en France. Mais c'est aussi un endroit pour parler tranquillement sans être espionnée.

Vendredi 23 octobre

J'ai rencontré un anesthésiste chinois et lui ai promis d'organiser une soirée française pour ses collègues quinquagénaires francophones si en échange je pouvais visiter l'hôpital où il travaille et voir une opération sous acupuncture. Je commence à comprendre l'art de la négociation et de la diplomatie. Savoir faire des courbettes au bon interlocuteur pour obtenir gain de cause sans jamais vraiment dire non et surtout ne pas faire perdre la face, bases d'un bon comportement en Chine. Je me demande ce que je vais ressentir quand de retour en France, je serai libre de mes mouvements sans avoir à demander des autorisations à plusieurs intermédiaires. Je m'habitue à la lenteur des formalités. Un délai normal qui n'est pas rallongé par de nouvelles contraintes devient apprécié au plus haut point.

Quant aux heures supplémentaires qu'on m'impose, je commence à me durcir et à me défendre. Je refuse d'aider tout étudiant qui n'est pas de l'Institut, surtout qu'une autre experte française vient d'arriver à *Yúndà*. F, 38 ans, pâle et fluette, parlant couramment le chinois, arrive de Xi'an où elle a déjà enseigné le français pendant deux ans. Elle semble vouloir vivre de façon recluse, ne veut pas entendre parler de vélo pour se déplacer, ni participer à des activités organisées pour les étrangers par le *wàibàn*. Dès qu'elle en a l'occasion, elle sort de Chine et va à Hong-Kong ou en Europe. Envoyée par l'ambassade de France, elle bénéficie du contrat plus attractif des experts et ses voyages et déménagements sont pris en charge. Elle me fait gentiment profiter de ses relations avec l'ambassade pour obtenir quelques ouvrages pour ma modeste bibliothèque. Il me tient à cœur d'en faire un lieu de diffusion de la culture française à l'Institut.

En évoquant la question des livres, j'ai rencontré un vieux médecin qui a appris son français à Hanoï et qui m'a dit qu'il y aurait 4 000 livres en français laissés par le consul de France en 1949[85] à la bibliothèque provinciale du Yunnan et qu'avec une lettre d'introduction d'un officiel je pourrai en emprunter. Voilà une bonne nouvelle qu'on s'était bien gardé de me dire, sans doute par ignorance. Suite à mes supplications, l'ambassade de

---

[85] En 1949, Emile de Curton est Consul de France à Yunnanfu. Albert Bodard, le père de Lucien fut consul de 1922 à 1925. C'est Auguste François qui ouvre le consulat en 1899 et Robert Establie qui le ferme en janvier 1951. Il n'y a plus de présence française à partir de cette date jusqu'à mon arrivée en 1981.

France a décidé de faire un don de 1000F[86] de livres pour la bibliothèque du département de français de l'Institut. C'est un début. Mais vais-je arriver à les réceptionner avant qu'ils ne soient détournés de leur destination ? En effet, il semble vain de s'abonner à des revues ou journaux et d'espérer les recevoir. *Life* et *National Geographic* sont pris en otage systématiquement. Une Américaine, s'étant plainte à son attaché culturel que ses abonnements n'arrivaient jamais à destination, a reçu trois paquets de livres et de revues en dédommagement de ses abonnements confisqués. Aucun ne correspondait à ce qu'elle avait commandé. La censure lui a envoyé un ramassis de revues périmées.

Dimanche 25 octobre

Ce dimanche soir, quelques étudiants de l'Institut qui « *zǒu hòumén* » passent par la porte de derrière, nous invitent, mes colocataires et moi, à une soirée vidéo à la manière des rencontres d'une société secrète. Nous nous rendons dans une salle de classe dont l'un des organisateurs à la clef et nous subissons « *Gone With the Wind* », doublé en chinois évidemment, avec un son infect et des passages entiers floutés sans compter les inévitables coupures. Ces vidéos arrivent en catimini de Hong Kong. Parfois quelqu'un frappe et un des organisateurs crie : *shéi*, c'est qui ? La porte ne s'ouvre que si l'intrus montre patte blanche.

[86] 153€ actuels mais la valeur du don était bien plus importante en 1981.

Mardi 27 octobre

Un bon expert est quelqu'un qui ne râle pas sur la nourriture qu'on lui sert à la cantine, sur le manque d'eau chaude, sur le poêle à charbon qui fonctionne mal et qui met entre 15 et 20/20 à tous les élèves sans exception, même les nuls et les absents. La qualité de l'enseignant n'est nullement liée au niveau atteint par les élèves, mais aux résultats aux examens. Inutile de se fatiguer à essayer de faire s'exprimer tout un chacun, de vérifier que les plus faibles suivent, d'en aider certains à rattraper. De toutes façons, tout le monde sort diplômé sauf échec à l'épreuve de pensée politique. Mais si on connaît par cœur les citations du Petit Livre Rouge de Mao et la pensée de l'ouvrier-soldat-paysan modèle Lei Feng, tout va bien. À la sortie, c'est l'étudiant qui a le plus de pistons qui aura le poste le plus intéressant. Il faut être complètement détaché de son travail, de la justice, des notes, des résultats. J'avais mis un D et des C que j'ai dû relever en B ou A car on m'a dit que je serai considérée comme mauvais professeure. Dans une de mes classes, j'ai une fille de cadre qui triche aux examens, s'absente tout le temps et est complètement stupide. Je dois la faire passer, c'est un conseil que l'on m'a donné. Je vais céder pour les examens de fin d'année, mais en Juillet je vais la coller pour me venger. Cela ne servira à rien vu les pistons qu'elle a, mais ça me fera du bien.

G., expert américain à *Yúndà*, faisant preuve d'une grande motivation pour son enseignement, vient d'être critiqué. Ses étudiants se sont plaints qu'il les faisait trop travailler, si bien que l'université a supprimé les examens et que tous sont diplômés d'office. Écœuré, il a eu la naïveté de dire qu'il n'était pas d'accord. Sa cote baisse et son épouse J., qui fait un plein temps payé mi-temps, ne sera pas augmentée le mois prochain. Ben Booz s'est décarcassée pour obtenir d'un collège américain une dizaine de bourses pour ses meilleurs étudiants mais elle n'a pas la liberté de les choisir et doit envoyer des membres du Parti qui ne sont pas au niveau. Elle a menacé de faire annuler les bourses et a alerté l'ambassade américaine. Finalement, les Chinois ne voulant pas céder, les bourses iront pour des étudiants d'une autre université asiatique. C'est bien la première fois que je suis témoin d'une opposition à l'administration universitaire. Il est préférable d'être détaché, de ne surtout pas prendre de responsabilité, de dire oui et de ne pas bouger le petit doigt ou que très mollement puisque les consignes vont changer et que les autorités chinoises gagneront de toute façon.

Jeudi 29 octobre : les interminables banquets

Chers tous,

Hier soir je suis allée voir « La montagne du tigre prise d'assaut », un opéra révolutionnaire basé sur une histoire « vraie » d'un soldat communiste durant la guerre civile chinoise, qui aurait démantelé un gang de bandits. Le spectacle a commencé une demi-heure plus tard pour attendre des cadres du Parti qui n'avaient pas fini leur banquet. Une trentaine d'officiels, dont une seule femme, tous vêtus de costumes gris en toile fine, quatre poches à la veste avec stylo doré qui dépasse de celle du haut à gauche, certains grassouillets, d'autres le regard cerclé de lunettes, s'installent avec panache au premier rang réservé pour eux, appréciant tous les honneurs que les camarades ouvreurs leur font. La tradition des banquets officiels est un passage obligé, sorte d'épreuve du feu. Les discussions y sont creuses et tournent principalement sur les plats qui arrivent tous en même temps, disposés au centre d'une table toujours ronde, munie de plateaux tournants pour faciliter la prise de nourriture à l'aide des baguettes. Aussi alléchants soient-ils, les plats sont malheureusement souvent mangés froids, après d'innombrables toasts à l'amitié entre les peuples, à la gloire du Parti ou en souhaitant dix mille années de vie à tel ou tel dirigeant. L'alcool, servi pour ces occasions, relève plutôt de l'eau de vie d'une qualité discutable. J'ai la chance d'appartenir à la deuxième moitié du ciel et d'avoir droit à une certaine commisération pour faire gānbēi, cul sec, avec un vin sirupeux ou mieux encore du thé de la même couleur. Plus il y a de femmes dans un banquet, moins l'ambiance devient glauque. La solution pour les hommes est de tricher en trempant les lèvres sans boire. Cette tradition est étonnante car les Chinois tiennent généralement mal l'alcool et après deux ou trois gānbēi, leurs yeux sont injectés de sang, leurs visages rougis. Imaginer faire des affaires en Chine lors d'un banquet, relève d'une naïveté primaire.

Vendredi 30 octobre

C'est la journée des compétitions sportives sur le campus. Pour cette occasion le slogan de la semaine précédente « le sport sert la patrie », est changé en « le sport favorise l'amitié entre les peuples ». Les étudiants en survêtements défilent avec force drapeaux rouges au rythme d'une musique militaire. Une tribune est érigée sur le terrain de sport du campus pour les officiels d'où sont déclamés de très longs discours dans des micros grésillants. Point de cours ce jour-là pour que les étudiants aillent concourir, c'est d'ailleurs obligatoire. Il fait si beau et n'étant pas obligée de participer à ces compétitions, j'enfourche mon vélo et pars dans mon quartier préféré, prendre des photos des anciennes maisons des ingénieurs qui ont construit la voie ferrée à l'époque de la présence française. Il n'en reste que quelques-unes qui vont être rasées pour ériger des immeubles fonctionnels et uniformes. L'après-midi, pour la première fois, il n'y a personne au Temple d'Or ni dans la forêt avoisinante, habituellement bondés vu leur proximité avec la ville. Tout le monde est à la fête du sport. Le silence et la paix qui se dégagent du temple me réconfortent. Depuis mon arrivée, je n'ai jamais eu une minute tranquille ni expérimenté une solitude voulue et apaisante, à l'abri des regards, loin des bains de foule permanents. Je pense à mes amis qui m'envoient des nouvelles de leur mariage, des naissances de leurs enfants, de leur succès dans des postes importants dans la diplomatie, dans des entreprises, gagnant des salaires que je n'imagine même pas. Mais, à ce moment-là, baignée de la lumière d'octobre tamisée par les pins sous lesquels je me suis assise, n'entendant que le bruissement d'insectes autour de moi, je réalise la chance que j'ai d'être ici et envisage de remplir mon contrat en élaborant toutes sortes de nouveaux projets, ce qui n'était pas le cas quelques semaines auparavant où je pensais rentrer en France pour Noël.

Dimanche 1er novembre

Chers tous,

Un de nos courageux amis chinois P., nous invite Eugene, Sydney et moi pour aller voir un temple ravagé par la Révo. cul., à 2 500 m d'altitude. Après deux heures de marche, nous tombons sur un spectacle de désolation, les ruines d'un temple brulé, saccagé dont toutes les statues ont été détruites. Quelques morceaux de poutres peintes de fresques, preuves de la magnificence passée, gisent à moitié carbonisées. Des tuiles moulées et vernissées d'un joli vert sont cassées. Sur les pans de murs encore debout, on déchiffre des dessins pornos, des poèmes d'amour de bas étage, quelques phrases de regrets sur la splendeur passée anéantie, mais aussi des caricatures de Bouddha représenté sur un vélo. Les gardes rouges, artistes en herbe, ont laissé libre cours à leur imagination dévastatrice, bien au calme, sans témoin. De ces ruines, la vue est superbe. Un stupa blanc, par miracle encore debout, s'élève au-dessus d'une lande rase aux couleurs mauves. De nombreux sentiers strient la montagne et tentent la randonneuse que je suis. Mais le jour baisse, P. s'active près d'un feu de fortune, il disparaît dans la fumée et nous prépare un bon thé avec des hétaozi, sorte de pâtes de fruits au sésame et à la noix.

Lundi 2 novembre : paranoïa des micros

La paranoïa des micros a saisi la communauté étrangère de Kunming. Toutes nos conversations seraient enregistrées. Les Américains pensent que chez nous et dans notre cantine il y a des micros. J'ai bien regardé partout où il y a l'installation électrique de la maison, mais n'ai rien trouvé de suspect, à moins que ce soit des micros à piles. L'autre jour, deux secrétaires de l'ambassade américaine sont venus à Kunming. Ben, angoissée par la présence de micros chez elle, a voulu qu'on se retrouve tous chez G.et J. La discussion avec les deux diplomates n'a pas été très intéressante. Vivant complètement à l'écart dans une résidence pour étrangers à Beijing, sans maîtriser le chinois, condamnés à l'entre-soi des diplomates, ils n'ont pas l'expérience du terrain. Ils soutiennent Reagan dans ses investissements d'armes à Taïwan malgré la reconnaissance de la RPC par les États-Unis. Aucun complexe à armer les pays d'Asie voisins de la Chine. Cette histoire de micros a changé l'ambiance de notre maison et les discussions se font à voix basse par sécurité. Bien emmitouflés, nous aimons profiter des nuits belles mais fraiches pour nous retrouver sous les étoiles devant la statue de Mao, fraîchement repeinte, avec la certitude que là, dehors, il n'y a pas de micro. Mais il parait que les Roumains sous Ceausescu disaient qu'« il était interdit d'uriner dans les parcs de peur de faire rouiller les micros ».

Mardi 3 novembre : les aléas du courrier

Toutes les combines pour que nos courriers échappent à la censure sont bonnes. Même s'il parait que l'Hôtel du Lac Vert est truffé de micros, nous nous y rendons souvent pour donner nos lettres à des voyageurs de passage, parfaits inconnus à qui nous faisons pourtant confiance pour qu'ils les postent hors de Chine. La fille de Ben Booz, venue voir sa mère, « l'Américaine à tête blanche très respectée », quitte Kunming en passant par Hong-Kong où elle va poster quantités de lettres et paquets de notre petite communauté. Une fois, c'est à un attaché militaire de l'ambassade de France à Hong Kong en vacance à Kunming, que j'ai remis une longue missive. Je donne à ces courriers un nom de code à utiliser par ma famille s'ils veulent y faire référence dans leur réponse. J'utilise les noms des fleurs du jardin de mon père, les fraxinelles par exemple, introuvables dans un dictionnaire édité aux Presses populaires de Shanghai et casse-tête pour les censeurs. Vu le décalage entre l'envoi d'une lettre et la réception de la réponse, -il peut s'écouler plusieurs semaines, voire des mois- les événements ont le temps de changer. Avec ce nom de code, je me sens moins déphasée quand je lis les courriers de ma famille, tout en étant rassurée qu'ils ne commettront pas d'impairs en évoquant des points qui seraient compromettants. En échange du service de facteur, je lui ai servi de guide touristique par un froid épouvantable et dans le brouillard. Habitué au luxe de sa résidence à Hong

Kong, il râlait beaucoup, trouvait les restaurants sales, la nourriture infecte. Quand j'ai appris que son avion de retour était retardé à cause de la météo, j'ai pâli me demandant si finalement le prix à payer pour ces courriers n'était pas trop élevé.

Un jour, je reçois une lettre de ma famille, confiée à un ami en poste à l'ambassade et postée de Beijing. Elle a mis un mois pour venir et serait arrivée plus rapidement en ayant été postée de Paris. Les lettres internes à la Chine sont toutes lues par la censure alors que seulement huit lettres sur dix venues de l'international sont ouvertes, donc 20% de chance de passer à travers les mailles du filet. Les traductions par les censeurs prennent plus ou moins de temps selon le caractère cursif de la graphie de l'expéditeur. Mais peu importe la difficulté de compréhension, la lettre sera acheminée au destinataire, après le délai nécessaire pour la décrypter et parfois agrémentée de caractères au crayon dans la marge. Quand j'écris à l'ambassade ou à d'autres expatriés à Shanghai ou Beijing, je ne fais que des louanges en signant parfois hypocritement l'amie de la Chine. Le délai de réception du courrier est aussi dû au malin plaisir de l'employé de l'Institut qui considère que faire traîner dans sa poche une lettre pour un expert étranger est un petit pouvoir qu'il savoure. Et pourtant, s'il savait comme l'exil est adouci par ces échanges épistolaires, seuls liens possibles avec ses proches. Les histoires de courrier sont fréquentes dans mon journal, comme une obsession. Deux aérogrammes ont gagné le concours du délai le plus long, l'un est allé jusqu'au Kampuchéa, puis à Ho Chi Minh, selon les tampons et l'autre est arrivé par voie de surface, c'est-à-dire le Transsibérien, l'affranchissement étant insuffisant. Ils ont juste mis deux mois pour me parvenir. Je reste fascinée par le voyage de ces petits papiers bleus, qui parfois atteignent leur destinataire au même rythme qu'un message dans une bouteille à la mer.

Eugene et Sydney ont repéré la personne qui lit leurs lettres. C'est une employée du département des affaires étrangères qui s'occupe également de nos permis de voyage. Depuis quelques mois, elle est devenue aigrie, peu aimable et même très gênée devant eux. Comme elle ne parle soi-disant que l'anglais mais pas le français, elle est restée gentille avec moi. Un autre censeur doit se délecter de mes lettres, j'ai la chance de ne pas le connaître encore. P. l'Australienne raconte qu'une fois dans un café alors qu'elle parlait avec un étudiant, un type en bleu de chauffe est venu s'asseoir à la table à côté pour écouter la conversation. Elle est persuadée que c'était un membre du bureau de sécurité qui a d'excellents interprètes que, d'ailleurs, nous formons au sein de nos classes. Dès que j'ai pu sortir seule sans Bao à mes basques, j'ai eu moi aussi un pisteur à vélo qui ne payait pas de mine, vêtu d'un costume Mao délavé et même rapiécé. Je le voyais s'arrêter aux feux rouges à côté de moi, puis garer son vélo dans les mêmes parkings. Il ne rentrait pas au bureau de poste mais attendait que j'en sorte pour enfourcher son vélo et continuer à me suivre. Si je décidais d'aller boire un thé, il s'asseyait à une table où il pouvait me surveiller tout en fumant une cigarette. Dès que je le fixais des yeux, il détournait le regard. Pauvre gars qui a dû en faire des kilomètres pour me suivre et qui a dû en écrire des lignes pour remplir le rapport de surveillance. Je le prenais pour un ouvrier ou paysan, mais il était certainement diplômé ou membre du Parti. Et puis, deux mois après mon arrivée, il a disparu, son rôle achevé, ma réputation sauvée.

Mercredi 4 novembre

Chers tous,

Froid glacial. Cela fait deux mois qu'on nous promet un petit poêle à charbon pour chauffer la maison qui est un vrai réfrigérateur avec béton au sol, murs non isolés, fenêtres qui ferment mal. Nous sommes en permanence enrhumés ou aphones ce qui est bien gênant pour faire cours. À 7h45 ce matin, Eugene m'annonce qu'il reste au lit, malade. Sydney ne bouge pas de sa couette non plus. Je file donner mes cours et dis à notre Jeremy le benêt : « Deux malades et moi qui tousse, attention, bientôt nous nous arrêterons tous les trois et vous n'aurez plus de cours de langues, où est le poêle promis ? ». En classe mes élèves m'ont demandé de leur apprendre un chant de Noël. Je leur ai dit que mes cordes vocales étaient inutilisables tant que je n'aurai pas de chauffage chez moi et que vu l'état de ma gorge, je ne risquerai pas de chanter voire de finir mon cours. Bref, la nouvelle s'est répandue que les étrangers allaient mourir sans poêle. À 11h, je rentre en me délectant d'une longue lettre reçue et j'aperçois Xiao Mind qui apporte du charbon de bois et deux poêles, un pour les filles et un pour le garçon.

Mon ami James Di a été opéré pour des calculs rénaux. Je vais à l'hôpital lui rendre visite. Installé dans une chambre de huit malades, il leur raconte des histoires pour faire passer le temps et est devenu la mascotte. Dès mon arrivée, je deviens l'attraction de la chambrée, tous les malades me posent des questions en même temps. Parfois James parle en anglais pour ne pas être compris et me dit que ses lectures favorites sont la Bible et le Dao De Jing de Lao Zi[87]. Impressionnant James ! Pour le distraire, je lui prête des cassettes de musique classique, Chopin, Beethoven, Bach qu'il affectionne particulièrement,

---

[87] *Le Dao De Jing, le livre de la voie et de la vertu,* un classique écrit vers 600 av JC par Laozi fondateur du taoïsme.

son séjour risquant de durer plus d'un mois et lui offre de superbes pommes. Sa femme lui a acheté des œufs et des petits pâtés de soja. L'hôpital ne fournit pas les repas, les malades se font apporter la nourriture par leurs proches et il n'y a aucune restriction sur ce qui rentre et qui sort. On s'assoit sur les lits des malades à la bonne franquette, le visiteur de l'un est le visiteur de tous et partage poires, gâteaux de riz gluant et graines de pastèques.

Alors que James est coincé à l'hôpital, je suis invitée un soir vers 21h dans leur petit appartement. J'y retrouve Yuqi, ses deux fils et Ling Ling, pour une séance de spiritisme dans le noir complet avec pour unique lueur des bâtons d'encens. Sur une petite table ronde à trois pieds, une feuille de journal est ouverte, avec au centre, dessinés dans un cercle, une tête de mort et dans un désordre calculé les idéogrammes bonheur, santé, cancer, séparation, fille, garçon, sortir du pays, Amérique, naissance, célibat et mariage. Pour appeler les esprits et savoir ce que l'avenir nous réserve, nous posons un doigt sur une petite coupelle en terre cuite retournée à l'envers sur la table. Tout le monde se concentre et répète une incantation : «Esprit de la coupelle viens et réponds moi». La coupelle se déplace sur la table et quand elle s'arrête, la lumière est allumée et chacun à son tour pose la question : « Qu'as-tu demandé à l'esprit ? ». On regarde où la coupelle s'est arrêtée et quel idéogramme elle indique par une flèche peinte sur un de ses côtés. L'esprit a annoncé à un des fils Di qu'il quitterait le pays, à Ling Ling que sa santé serait bonne et à moi que je resterai célibataire à mon retour en France. Hilarité générale. Comme la grille de l'Institut ferme vers 23h, je dois partir. Nous faisons alors rentrer l'esprit dans la coupelle.

Jeudi 5 novembre

Les résultats de ma classe de débutants, que j'ai pourtant tous les jours, ne sont pas enthousiasmants. Ils ne savent pas prendre des notes. Il faut que je leur dise de faire un carnet de vocabulaire avec un mot par page, ses dérivés, les contraires, les expressions, pour les verbes indiquer les propositions associées, les adjectifs et adverbes et que je ramasse les carnets pour vérifier sinon ils ne le font pas. Ils suivent le manuel entièrement retranscrit en polycopié et l'apprennent par cœur. Si je pose une question, ils répondent en récitant des fragments des textes du manuel, sans mettre les adjectifs possessifs adéquats, sans changer les temps des verbes. Ils oublient tout au fur et à mesure et manquent les cours pour des raisons obscures, ayant sans arrêt des réunions politiques. Certains disparaissent même une semaine entière et reviennent complètement perdus, freinant l'avancement des autres. Sur 21, il y en a à peine cinq qui ont l'air de suivre. Tricher aux examens, sauf ceux d'éducation politique, est courant. Un étudiant s'est tatoué de mots de vocabulaire jusqu'au coude alors qu'un autre a carrément son livre ouvert sur ses genoux. Luc et Éric, assis à côté, me rendent exactement les mêmes dictées avec les mêmes fautes.

Heureusement c'est bien différent pour ma classe de jeunes garçons étudiants en ingénierie et géologie, même s'ils n'osent pas toujours parler quand je les interroge. Trois sont excellents et je serai vraiment heureuse qu'ils puissent être sélectionnés pour intégrer des écoles d'ingénieurs à Lyon, bénéficiant des bourses de l'IFCL. Les autres ont davantage de difficultés et souvent ne comprennent que quand je passe au chinois après de nombreux vains essais en français. Alors, je vois leurs yeux briller, parfois ils vont rire à un trait d'humour enfin compris. Ils savent que j'apprécie leur jeunesse, leur gentillesse et je sens qu'ils m'aiment bien et adorent venir à mes cours. J'avoue que ce sont les meilleurs moments de la semaine pour moi, quand je me retrouve devant eux et je m'applique à varier les sujets abordés et les méthodes d'apprentissage pour leur raconter la vie en France.

Comme les autorités me l'ont demandé, j'ai préparé tout un cycle de conférences. Je viens d'en donner une sur la population française. L'Institut technologique ne voulant pas perdre la face par rapport à l'Université du Yunnan, avait rempli la salle avec une trentaine de personnes. J'ai reconnu deux vieux professeurs de français, bien sûr le fidèle professeur You qui forme avec moi l'équipe du département de français et Lao Wang de la faculté de médecine qui ont été impressionnés par les statistiques et les notions de géographie et d'économie. Le reste de l'assemblée dormait, ou supportait et attendait que ça se passe. Ce devait être des membres du Parti qui faisaient acte de présence imposée. J'ai ouï dire qu'ils vont traduire mes conférences en chinois pour que l'auditoire soit plus nombreux.

Une fois entré à l'université, les étudiants sont placés dans les départements selon leurs réussites aux examens d'entrée mais aussi selon les besoins économiques du pays. On ne forme pas en Chine des milliers d'étudiants en littérature ou en géographie, les débouchés étant limités. Le système autoritaire de placement des étudiants puis des diplômés dans le monde du travail n'est pas motivant. Cette façon de mêler l'idéologie et le monde académique est parfois amusante. Freddy, un membre du bureau politique de l'Institut et ancien professeur de russe, étudie l'anglais. Il conclut un de ses devoirs racontant un tremblement de terre au Sichuan voisin par « C'est la faute à la Bande des Quatre ». John X, enseignant d'anglais, travaille comme un forcené jusqu'à dix heures par jour pour arriver à gagner 200¥ en donnant des cours du soir. Pour rattraper le temps perdu pendant la Révolution culturelle, partout en Chine ont fleuri les écoles de cours du soir où, pour 6¥ par trimestre, on peut se former de 18h à 22h. Les classes débordent de candidats prêts à payer et à peiner pour sortir de leur condition de paysan-ouvrier. Après trois ans d'études en cours du soir, un certificat leur est décerné soit pour continuer des études supérieures soit pour obtenir une augmentation de salaire ou essayer de changer de travail. Ces écoles du soir et les cours télévisés ont un succès fou et permettent à de nombreux enseignants d'arrondir leurs fins de mois. L'un d'eux, Z. économise dans l'espoir de partir aux États-Unis, mais il sait que son niveau politique est insuffisant et, devant nous seulement, critique le système.

Temps grisâtre de Toussaint. Ces derniers jours, notre cuisinier s'est relâché et les plats manquent cruellement de saveur. Après une horrible nuit où j'ai vomi trois fois, j'ai mis un mot à Sydney d'aller prévenir mon assistant de faire mes cours du matin à ma place. Une bonne diète de quelques jours et je serai sur pied. Les nouvelles circulent vite à Kunming. Et bien que Dr. Liu, mon protecteur, habite vers l'hôpital de l'autre côté de la ville, il s'inquiète gentiment pour ma santé « Il paraît que vous ne mangez qu'une soupe le soir » ? Chute de moral, très variable comme le temps. Malgré une certaine routine presque confortable qui s'est installée, un travail intéressant même si parfois décourageant devant le peu de résultats obtenus, la fierté de réaliser une expérience unique s'atténue pour laisser place au doute. À 26 ans, je suis isolée ici dans un projet professionnel loin d'être gratifiant ni prometteur. Ne me suis-je pas déjà mise en marge en me spécialisant dans la poésie chinoise classique et en préparant le CAPES avec un si mince espoir d'être admise ? Quel sera mon avenir au retour en France? Pour me changer les idées je pars faire un reportage photos dans Kunming, armée de courage pour affronter la foule et les gens qui vont me dévisager et vouloir toucher l'appareil. Mais je voudrais confier à la délégation lyonnaise quelques rouleaux de diapositives à faire développer pour que ma famille puisse se faire une petite idée de mon environnement. Jamais je ne confie mes photos à développer sur place, c'est bien trop risqué !

Vendredi 6 novembre

Le statut de haut gradé dans l'armée du père de Xia lui permet de voyager gratuitement dans les avions militaires de Wuhan à Kunming alors qu'il est si difficile et laborieux de voyager en Chine. Bien entendu, pour rentrer à l'armée, il faut s'inscrire au Parti. Louis Chao, étudiant d'une de mes classes, fait tout pour y rentrer. Il essaye de se placer auprès des officiels et des dirigeants. J'ai repéré qu'il joue le rôle d'espion et rapporte mes faits et gestes aux autorités de l'Institut. Le Parti peut lui assurer un logement, un poste de cadre, la possibilité de se marier sans attendre trop longtemps, un meilleur salaire, de la considération, abondance de tickets de rationnement, facilité pour voyager et voir du pays. Tous ces avantages valent bien le sacrifice de ne plus pouvoir penser par soi-même, de consacrer tous ses vendredis après-midi à animer les meetings politiques devant un auditoire pour le moins désintéressé et d'être le mal aimé de la classe.

Orchidée ne veut pas rentrer au Parti pour garder sa liberté et pourtant elle en aurait eu l'occasion lors de son séjour à la campagne en acceptant un rôle de leader. Elle demande à son mari, membre du Parti, de ne pas se mêler de ses affaires. C'est une drôle de fille qui nous raconte facilement sa vie en détail. On n'y croit ou pas, parfois elle a l'air sincère, mais plus souvent hypocrite. Devant les leaders elle est toute autre, cherchant à se faire apprécier, être utile, se faire entendre. Je la crains un peu mais j'avoue qu'elle reste la plus efficace pour ce qui est de nos demandes envers les autorités. Orchidée est un prénom très courant. Il n'y a pas de contraintes pour prénommer son enfant en Chine. Pendant le Grand Bond en avant il était fréquent que des parents bons communistes prénomment leurs enfants, Hauts fourneaux, Rouge et Expert. On espère qu'ils ont pu changer de prénoms quand le Grand Bond a été dénoncé comme la pire période de la Révolution prolétarienne ! Les filles portent souvent des noms de fleurs, de pierres précieuses, les garçons des traits de caractère comme la force, le courage. Un étudiant de F, Jing, sait tout ce qui se passe sur le campus de *Yúndà* . Il a vu un grand poster sur une table dans une classe : À bas les dirigeants et le PCC, à bas le système bureaucratique, les dirigeants aux cochons ! Le Doyen de l'université a demandé aux coupables de se dénoncer. S'ils le font ils ne seront que critiqués, sinon, s'ils sont pris ou dénoncés ce sera très grave pour eux[88].

Grand rassemblement à l'Institut avec force musique sombre et grave. Quatre voleurs, mains liées dans le dos, sont amenés

[88] Nous n'avons jamais su ce qui leur était arrivé.

par des policiers sur une estrade montée pour l'occasion dehors sur la place où trône la statue de Mao. Les hauts parleurs ont annoncé la fin des cours et ont donné rendez-vous à tout le monde pour une séance de critique publique. Le chef de la sécurité de l'Institut a dénoncé les vols des quatre jeunes dont un seul est un étudiant de l'Institut. Les policiers, un derrière chaque suspect, maintiennent leurs têtes baissées. L'étudiante qui a aidé à identifier les voleurs est priée de s'avancer pour recevoir une récompense, un document roulé et noué d'un ruban rouge, sans doute un certificat de bonne conduite ? Aucun n'avait encore été jugé.

Samedi 7 novembre : visite de la prison de Kunming

Nous avons visité la prison de Kunming, tellement modèle qu'on se demandait cyniquement quelle était la différence avec le campus de l'Institut. Cela m'a rappelé Jean Pasqualini relatant dans son livre Prisonnier de Mao[89], son arrivée en 1959 à la Prison modèle N°1 de Beijing après des mois dans l'horrible Centre de Transit. Pour lui, ce lieu de détention fut le meilleur endroit de toute la Chine pour les détenus et il y passera les neuf mois les plus heureux de toute sa période d'incarcération qui a tout de même duré sept ans. Dans la prison de Kunming, il y aurait 1500 prisonniers qui se réforment par le travail, dont 200 femmes. Les hommes fabriquent des meubles, les femmes cousent des draps. Les prisonniers reçoivent bien entendu une éducation politique, en ce moment axée sur les « quatre

---

[89] Jean Pasqualini, *Prisonnier de Mao, Sept ans dans un camp de travail en Chine,* collection Témoins Gallimard, 1975

modernisations »[90] au service du peuple et comment y contribuer. Pour certains, c'est l'occasion d'apprendre à lire et à écrire. Ils ont droit à un film et deux soirées TV par semaine.

Dimanche 8 novembre : visite de la délégation lyonnaise

Je découvre les trésors soigneusement enveloppés, que m'ont apportés les épouses des membres de la délégation de l'IFCL, à qui ma mère a rendu visite avant leur départ pour leur confier : missives familiales et amicales, cassettes audio pour mon magnétophone, chocolats, biscuits, café, pharmacie et protections féminines, journaux, documentation pour mes conférences, le tout ayant échappé à la censure car transporté par des invités du Ministère de l'Education. Enfin je vais savoir un peu ce qui se passe en dehors de Kunming. Des numéros du Monde, mais il faut que je dissimule ceux de la Croix, complètement subversifs, ici. D'ailleurs, en lisant ces journaux je me sens déphasée par rapport à la situation politique en France et dans le monde. On dirait que j'ai perdu mon sens critique et ma capacité d'analyse géopolitique depuis que je ne lis que la pensée unique dans la presse chinoise.

Tous les membres de la délégation sont charmants avec moi. Le Professeur Mallet-Guy a même fait téléphoner de l'aéroport pour me prévenir de leur arrivée en me conviant à leur hôtel. Enfourchant mon coq de Kunming, j'ai filé. Arrivée à l'Hôtel du Lac Vert, j'aperçois Monsieur W** qui a fini de déjeuner avant les autres et m'aborde, évoquant son fils, diplômé de

---

[90] Les «quatre modernisations » sont l'objectif des réformes de Deng Xiaoping dans l'agriculture, l'industrie, les sciences et technologie et la défense nationale. En 1979, le dissident Wei Jingsheng fut arrêté pour avoir proposé la 5ème modernisation, la démocratie.

chinois lui aussi, qui a vécu à Taiwan et y aurait trouvé la vie dure, comme quoi tout est relatif. Toutes les dames de la délégation m'entourent, veulent me remettre les petits paquets confiés et je me laisse chouchouter avec délice. Le Dr. Liu, tout à son affaire pour recevoir au mieux ses hôtes et surtout son maître en médecine, le Dr Mallet-Guy, organise une croisière sur le lac Dianchi et m'y convie ainsi qu'à un banquet le soir. Je suis assise à côté du Directeur de l'INSA avec qui malheureusement je ne peux pas beaucoup échanger à cause de la présence d'un interprète dont les oreilles trainent un peu trop près de nous. J'apprécie Monsieur et Madame C**, fins, réservés, qui ne m'assaillent pas de questions embarrassantes devant les officiels chinois et les interprètes, suffisamment discrets pour comprendre que je dois faire bonne figure et être diplomate. Après le banquet, ils me proposent gentiment de prendre un bain chaud dans leur chambre d'hôtel, agissant comme l'auraient fait mes propres parents. Ils acceptent avec enthousiasme une escapade tous les trois à la place d'un énième banquet programmé, préférant arpenter les ruelles de Kunming plutôt que d'entendre les sempiternels discours sur l'amitié entre les peuples et boire à la santé des relations franco-chinoises. Vision irréelle de ce couple plutôt habitué aux soirées mondaines, déambulant dans les ruelles mal éclairées, découvrant le quartier musulman, ou bien assis sur des tabourets branlants dans le restaurant spécialisé dans « les nouilles qui traversent le pont ». Je n'oublierai pas leur regard, quand je sors de ma besace trois paires de baguettes bien propres. Un petit coup d'œil à la préposée à la vaisselle, accroupie dans l'arrière-boutique, devant une bassine d'une eau douteuse, leur fait apprécier mon organisation.

La délégation de l'IFCL est venue avec l'objectif de poursuivre les échanges académiques entre Lyon et Kunming qui, depuis la réouverture de l'Institut en 1980, consistent uniquement en bourses offertes à des médecins chinois pour approfondir leur spécialité. Je suis la première Lyonnaise à être "invitée" à Kunming via l'IFCL. Mais je suis ici uniquement pour enseigner le français afin de former de futurs boursiers qui iront parfaire leur éducation dans les instituts de formation lyonnais. Le terme approprié pour les relations entre l'IFCL et Kunming serait plutôt de l'assistance et non des échanges. D'ailleurs Monsieur Mallet-Guy insiste pour que je reste le plus longtemps possible, ne trouvant aucun candidat pour me remplacer. J'ai appris à ne pas faire perdre la face, ni à l'IFCL, ni aux Chinois et j'opine hypocritement du bonnet. En tous cas la visite de la délégation a fait bouger les choses et je vais toucher dès ce mois de novembre mes 600¥ mensuels stipulés dans le contrat. Le Dr.Liu m'assure aussi qu'il fera tout pour faire accélérer mes demandes de visa et autorisations de voyage.

Lundi 9 novembre

Je prends une journée de congé pour accompagner une partie de la délégation à la Forêt de Pierres. Certains, trop fatigués restent à Kunming. Monsieur D**, géologue, me fait penser à mon père, furetant, scrutant le paysage, n'en perdant pas une miette, expliquant les formations géologiques d'une façon très pédagogue, réduisant toutes les ères à deux ans, en expliquant tertiaire et secondaire en mois de l'année. Un autre membre de la délégation connaît bien les Chinois pour travailler avec eux et me dit : « Plus on vit avec les Chinois, moins on les comprend, ils sont impénétrables ». Le Directeur du Lycée du Parc, qui est manchot, est bien à l'aise avec les baguettes et Mme H. fait sensation avec ses talons aiguilles dans la boue de Shilin où pataugent cochons et poules.

De retour à Kunming, en quittant l'hôtel où est logée la délégation, je tombe par hasard sur une sinologue parisienne qui a traduit « Famille » et « Nuit Glacée » de l'écrivain Pa Kin, dont elle est spécialiste. Elle m'invite à dîner, intéressée de rencontrer une compatriote au fin fond de la Chine. Ses propos sont pessimistes et, lors de ce périple où elle voyage seule sans faire partie d'une délégation officielle, elle est frappée par la crasse, la misère, l'inefficacité, le manque de politesse, le niveau intellectuel plus bas que jamais. Elle essaye d'imaginer ce que la révolution de mai 68 aurait eu comme conséquence sur la population française si elle avait duré dix ans.

Dimanche 15 novembre

Il a fait beau toute la semaine, j'ai même corrigé tous les examens sur une chaise au soleil dans notre jardinet au pied du mur. Un de mes étudiants zélé me donne toujours des traductions techniques à vérifier dont une ennuyeuse sur la lumière et ses utilisations. A la fin du document, il écrit «Si je vous intéresse, un article prochain nous parlerons de voyager joli de la lumière mode» (sic). Ça promet. Mais bien sûr, ce dimanche, pluie et froid sont annoncés. Au lieu de réaliser un projet balade en montagne, nous restons enveloppés dans des couvertures à jouer au *mahjong*. Je suis tout de même sortie pour acheter du pain et des cacahuètes, Eugene a ramené des kakis et des noix, Sydney un pâté de riz gluant et de pois enveloppé dans une feuille de bananier pour un pique-nique improvisé.

J'en profite pour me mettre à jour dans mes lectures de la presse. Au 5ème Congrès national du Parti qui se déroule en novembre à Beijing, il a été annoncé entre autres mesures essentielles de continuer les relations commerciales et diplomatiques avec les étrangers. L'État ne pouvant plus faire face au chômage grandissant -le chiffre de 20 millions de chômeurs est annoncé, largement sous-estimé-, la liberté de choisir études et emploi serait restaurée. Le chômage semble ne pas être qu'une composante du système capitaliste, c'est la bête noire ici aussi. Les incompétents pourront être licenciés pour faire de la place aux diplômés. On peut craindre une augmentation des pistons. Je lis toutes ces informations dans les journaux, en anglais dans le *China Daily* ou en chinois dans le *Quotidien du Peuple*. Dans le *Journal du Yunnan*[91], genre *Le Progrès* de Lyon, je m'amuse à découvrir les faits divers locaux, les concours de camélias -120 variétés-, d'orchidées -400 variétés -, le ramassage de champignons -2 500 sortes- ou les concerts de chants des minorités. Par chance à la télévision, il y a un match de volley-ball féminin Amérique contre Chine avec un arbitre français, de quoi nous exciter et nous distraire. Eugene crie « *nice* » après les beaux smashes des Américaines qui mesurent au moins 1,85m à côté des petites Chinoises toutes minces que j'encourage. Le soir, longue discussion entre nous autour d'une bougie. Quelles raisons nous ont amenés à venir vivre ici à cette étape de notre vie de jeunes adultes ? Générosité, curiosité, apprentissage de la langue, une période entre études et monde professionnel, un statut social encore non défini, célibataire, éloignement d'une ou d'un amoureux ? Que penser d'une

[91] Le Journal du Yunnan est le média dans lequel Li Kunwu, artiste du 9ème art, né en 1955 à Kunming dessine ses BD de propagande. Il publie aux Éditions Kana avec P. Otié, *Une Vie Chinoise* mangas en trois tomes 2009-2010, *Les Pieds Bandé* , 2013, et *La Voie Ferrée Au-Dessus Des Nuages* (op cit.), 2013.

éventuelle guerre nucléaire, de Reagan et ses « folies », de l'hypocrisie des Soviétiques ? Alimentés par le peu d'informations internationales non censurées, nos débats ne sont pas très poussés géopolitiquement. La peur rémanente des micros n'arrange pas la profondeur des discussions non plus. C'est intéressant tout de même de voir nos divergences dues à notre éducation et notre culture, entre moi l'Européenne, un peu plus âgée et mes deux amis américains. Cette expérience se situe pour moi dans la continuité de mes études de chinois. Mais pour eux, c'est plutôt une période sabbatique de découverte de la Chine, sans en maîtriser encore la langue même si leurs progrès sont sensibles. Ils adoptent une attitude parfois candide mais surtout bienveillante, avec cette envie de remplir leur mission de transférer la culture américaine. Sydney avale cacahuète sur cacahuète, elle adore ça, moi je vide la bouteille thermos d'eau chaude pour lutter contre un rhume permanent.

Collectionner des timbres est un passe-temps favoris des Chinois et qui permet un contact inoffensif avec les étrangers. Je n'ai aucune âme de collectionneuse mais j'ai commencé à conserver les timbres collés sur les courriers envoyés de France pour pouvoir échanger avec de parfaits inconnus qui m'accostent dans la rue et m'en proposent de magnifiques représentant Mao et la longue marche ou des illustrations des grands romans classiques, comme « Le Rêve dans le Pavillon Rouge ». Ils me mettent dans les mains ces planches de timbres et me donnent rendez-vous le lendemain à l'endroit même de notre rencontre fortuite, me faisant totalement confiance, sachant que je saurai honorer le rendez-vous et leur offrir en échange des timbres français très prisés. Les aérogrammes souvent utilisés par ma famille sont malheureusement pré-timbrés et ne permettent pas l'éventuelle opération délicate de décollage de timbres.

Mardi 17 novembre : Dàzìbào

Sur les murs en ville, on voit parfois de grandes affiches publiques dénonçant tel ou tel camarade, parfois très jeune, accusé d'être un assassin, avec sa photo et la date de son exécution, la peine de mort étant toujours pratiquée. Assis à l'arrière de camions, tête baissée, mains dans le dos, les accusés circulent dans la ville au vu et au su de la population, avant d'être emmenés au lieu d'exécutions publiques. La foule s'y presse. Il parait que la famille du condamné reçoit ensuite la facture de la balle qui l'a tué. La seule façon de se renseigner sur le nombre d'exécutions est par la presse locale ou en déchiffrant les *dàzìbào*[92] les journaux muraux, collés pendant la nuit. Sur un des murs d'enceinte de l'Institut, un *dàzìbào* a pour titre en gros caractères : « Qui a tué mon enfant ? ». Dans une écriture cursive que j'arrive à lire péniblement, une mère raconte comment elle a trouvé son enfant mort dans la rue et accuse le manque de sécurité du quartier.

Mercredi 18 novembre : une bande des quatre à Kunming

Ce temps d'automne est maussade et n'aide pas à améliorer mon mal de gorge. Mes problèmes de santé entament mon moral et pèsent sur mon dynamisme habituel. Parfois, en fin de journée, Eugene, Sydney et moi nous rendons au château d'eau sur une butte dominant le campus pour admirer la vue sur

[92] Dàzìbào affiches écrites pour dénoncer un sujet politique ou moral et affichées pour être lues par le plus grand public.

Kunming puis les étoiles et fumer une sorte de joint fabriqué avec l'herbe à chat que nous faisons pousser dans notre jardinet. Mais les autorités ont décidé de fermer l'accès au château d'eau; d'autres murs, grilles et barrières sont érigés. J'ai une impression de vide dans mon travail. Trop de contraintes empêchant toute initiative semblent être à l'origine de mes résultats peu concluants. Ce manuel Mauger m'insupporte, mais si je prends des textes provenant d'autres sources, les étudiants se plaignent que c'est trop dur et je vois à leurs visages déconfits qu'ils m'en veulent, contre leur gré, car je sais qu'ils m'apprécient.

On commence à rencontrer des rares voyageurs solitaires, qui, avec un visa acheté à Hong Kong, arrivent à obtenir des tarifs réduits dans les hôtels et des permis pour des villes qui ne nous sont pas accessibles. Comme si l'étranger indépendant et un peu hardi était plus libre que son homologue prisonnier de son unité de production et de son lieu de travail. En discutant avec ces touristes de passage, qui ne parlent pas la langue mais sont très fiers d'avoir bravé des interdits, nous sommes crispés par leur vision totalement idéaliste et superficielle de la Chine. Plus agaçants encore sont ceux regroupés dans des voyages organisés par la *Lǚxíngshè*, l'agence nationale de tourisme qui font étape à Kunming pour se rendre à Shilin, la Forêt de Pierres. Sillonnant la Chine en avion, ballotés d'un lieu à un autre, dans des minibus privés, sous la houlette d'accompagnateurs-interprètes leur servant un discours aseptisé, ces touristes sont coupés de tout contact avec la réalité. Même si cela peut paraître arrogant, je supporte difficilement de voir mon environnement quotidien que je me suis approprié non sans peine, envahi parfois quelques heures seulement par ces touristes qui aimeraient bien nous interroger sur notre vie ici, qui leur parait tellement étrange. J'essaye de les éviter par tous les moyens.

Je suis rentrée dans un vélo ou plutôt un vélo m'a percutée. Aucune blessure, ni de dommage des deux côtés heureusement. Je me suis excusée et en souriant j'ai aidé l'autre cycliste. Rien en échange, pas un regret, pas un regard. Il vaut mieux ignorer son prochain plutôt que perdre son temps à faire des frais. Il n'y a que les étrangers qui disent merci aux employés, ça les fait rire. S'excuser quand on se cogne à quelqu'un dans la foule, quand on passe devant les autres dans les queues, est inutile sinon on ne monterait dans aucun bus, on ferait du sur place dans la foule, on ne pourrait jamais acheter un billet de cinéma, on resterait sur le carreau. C'est la loi du plus fort pour survivre. Devant la dégradation de l'esprit civique et le manque de respect ou de politesse, le gouvernement a mis en place dans les années 1980, la campagne *wǔ jiǎng sì měi,* des «Cinq contraintes et quatre grâces» pour inciter la population et surtout les jeunes à mieux se comporter. Les cinq contraintes encouragent la civilité, la courtoisie, l'hygiène, l'ordre et la moralité, tandis que les quatre grâces poussent à respecter la beauté du cœur, de la langue, du comportement et de l'environnement. La campagne n'a pas l'air de porter encore ses fruits.

Vendredi 20 novembre

Au *Fa yuan-* la cour de justice de Kunming, s'est tenu le procès dit de la «Bande des Quatre du Yunnan». Comme j'ai su qu'un chef de l'Institut Technologique qui s'était accordé des pouvoirs absolus faisait partie de la Bande et que le procès était public, je m'y suis rendue par curiosité. Parmi les trois autres inculpés, il y avait un cadre du Bureau de la Sécurité qui aurait dévoilé des secrets d'État,- l'annonce que Mao était très malade-, un jeune étudiant qui aurait écrit des articles subversifs et un petit fonctionnaire qui aurait détourné des fonds. Ces malheureux sont accusés d'être des contre-révolutionnaires de la clique Lin Biao[93]. Quatre voitures de l'armée, toutes sirènes dehors, les ont conduits au *fǎyuàn*, qui n'est autre qu'un bâtiment administratif de style stalinien auquel on accède par un escalier. La façade est ornée d'une banderole où est écrit en caractère noirs sur fond rouge : *wéi rénmín fúwù,* pour servir le peuple, dominée par un grand drapeau rouge aux quatre étoiles jaunes. La salle du tribunal est sobre avec des bancs pour les spectateurs -l'audience est publique pour servir de leçon pour les masses- et une estrade où derrière une table sont assis le juge et les avocats, tous en costume Mao. Chaque prisonnier amené séparément par quatre policiers, deux devant, deux derrière, est installé dans une sorte de petite cage en bambou. Celle qui annonce le nom des prisonniers d'une voix terrible, a l'air d'un vieux crapaud. C'est la maire de Kunming et, de source privée, elle n'a reçu aucune éducation et force son rôle. Un prisonnier a droit à deux avocats pour sa défense, ce qui est nouveau dans la justice cette année[94]. Il y a un seul juge et des témoins. Lors du procès, les deux premiers reconnaissent leurs torts et déclarent « Si je suis coupable, je veux me corriger ». Les deux derniers prisonniers admettent certains crimes sur les preuves apportées par un des policiers -article de journaux et photos- mais en réfutent d'autres. Le juge rejette leurs arguments et prononce

---

[93] Lin Biao, brillant militaire, fidèle compagnon de Mao fut grand défenseur de la Révolution culturelle et transforma l'admiration pour Mao en idolâtrie en rédigeant le *Petit Livre Rouge*. Il fera l'objet d'une campagne de discrimination et, considéré comme traitre, il sera évincé du pouvoir et meurt dans un accident d'avion en 1971 en essayant de s'enfuir. Il est réhabilité en 2007.

[94] Les institutions judiciaires et les institutions politiques chinoises actuelles datent de la Constitution mise en place en 1982.

les sentences. Tout semble programmé d'avance. Le chef de l'Institut en prend pour 18 ans, l'étudiant 13 et les deux autres 14 et 17 ans. Mais il faut rajouter ces années de sentence aux six déjà passées en prison sans avoir été jugés. Ils sont d'ailleurs enfermés dans la prison-modèle que nous avons visitée, où, lors de la présentation, on nous avait certifié qu'il n'y avait pas de prisonniers politiques. À peine le verdict énoncé, deux policiers se précipitent sur chaque prisonnier pour lui passer les menottes et le faire sortir brusquement de la salle d'audience pleine à craquer. Je repère une minorité Yi en costume au milieu d'une foule de journalistes qui mitraillent, de cadres et de militaires qui remplissent la salle au trois quart.

Dimanche 22 novembre

Dans les parcs au bord du lac de Kunming ou le long de la rivière Banlong, il y a souvent des attroupements autour de chanteurs qui dialoguent en vers sur une même mélodie dont le rythme parfois s'emballe avec virtuosité. Les échanges sont truffés d'expressions comiques voire grivoises, d'un humour subtil très difficile à comprendre pour un locuteur non-chinois. C'est à une véritable joute verbale que ces chanteurs talentueux se livrent. Je distingue un mot ou deux et j'arrive juste à comprendre la règle du jeu : le premier qui n'arrive pas à imaginer assez rapidement une réponse versifiée et chantée a perdu. La foule de spectateurs, d'âge plutôt mûr, rit de bon cœur et je trouve plaisant de voir des Chinois détendus, s'amuser de leur langue si subtile, c'est si rare. Les personnes autour de moi, visiblement habituées à ces rendez-vous musicaux, ont des visages expressifs, dignes des héros du roman le *Shuǐhǔquánzhuàn* « Au bord de l'eau »[95]. Le duo ce jour-là était même enregistré.

Le mois de Novembre est propice aux randonnées en montagne où la lumière sur les feuillages est captivante. D'ailleurs, l'idéogramme pour ma saison préférée, l'automne qiū 秋 est composé d'une céréale couleur de feu. Lors d'une balade dans les collines de l'Ouest, je rencontre une petite femme menue, au visage déjà ridé, qui passe devant un autel érigé à Guanyin, la déesse de la compassion, tel nos oratoires sur les sentiers de Maurienne. Elle s'arrête, et après avoir fait ses dévotions, s'assoit au bord du sentier. J'en profite pour l'aborder. Elle habite dans une commune populaire dans la vallée. À 66 ans, elle a six enfants et huit petits-enfants. Son mari a perdu une main en travaillant à la carrière et d'ailleurs pendant que nous parlons, nous entendons des explosions de dynamite. Les ouvriers, me dit-elle, ne sont pas protégés du tout. Je lui demande : « *nǐ xiāngxìn Guānyīn* ? Tu crois en Guan yin ? » Elle réplique : « Bien sûr, tous les vieux paysans y croient et avant la Révolution culturelle, il y avait beaucoup de temples qui lui étaient dédiés ». Elle est en route pour cultiver son lopin de terre privé, bien exposé sur le flanc sud de la montagne. Elle y plante surtout des *mǎlíngshǔ*, des pommes de terre. Je croise beaucoup de gamins et de femmes portant sur le dos de grosses corbeilles fixées sur le front par une courroie de cuir à la façon d'un joug. Certains y transportent du bois de chauffage. Pour limiter la déforestation, il est interdit d'abattre un arbre vivant. Mais il faut bien se chauffer et faire cuire le riz quotidien. Alors, les paysans détournent l'interdiction en faisant mourir l'arbre,

[95] Récit d'aventures épiques, écrit sans doute par plusieurs auteurs dont Shi Nai'an au XIVe siècle relatant les exploits de 108 bandits révoltés contre la corruption du gouvernement, des sortes de Robins des bois chinois !

soit en lui coupant les racines, soit en entamant le tronc à la hache ou en y allumant un feu. Les forêts sont ainsi décimées à travers le pays. Les versants des montagnes pelés sont la cause de catastrophiques glissements de terrain lors de la saison des pluies.

Dimanche 29 novembre

La décision est prise, nous voulons aller ce dernier week-end de novembre, à Anning[96], une bourgade à 35 km à l'Ouest de Kunming, où il y a un hôtel alimenté par des sources d'eau chaude thermale à 40-45°et où certains membres du PCC, dont Mao, avaient des résidences d'été. Un court trajet d'abord en bateau pour traverser le lac, puis en bus. Rien de bien folichon, ni d'extravagant. Qui a vendu la mèche, ou sont-ce les micros cachés dans notre maison ? Notre projet est dévoilé et ce n'est pas du goût de l'Institut, qui en a parlé au *wàibàn*, bureau des Affaires étrangères qui nous interdit d'y aller, évoquant bien sûr notre sécurité. Deux membres du bureau politique accompagnés de Jérémy-le benêt débarquent chez nous.

— On a entendu dire que vous vouliez visiter une école secondaire alors on a tout organisé pour ce samedi. L'école a été nettoyée pour votre venue, on a même changé des cours en votre honneur, vous ne pouvez pas refuser.

Un beau coup monté pour ne pas nous laisser partir.

— Désolés, nous ne sommes pas libres.

[96] Aujourd'hui Anning es une ville-district de la région du Yunnan regorgeant d'hôtels spas.

— Oh mais nous avons tout préparé et puis le bateau sur le lac c'est défendu.

— Eh bien nous irons en bus.

— Oh mais le *wàibàn* va être en colère !

On prend le risque de ne pas obtenir les autorisations de voyage délivrées par ce terrible *wàibàn* qui se vengerait d'avoir perdu la face. La situation devient compliquée. Nous faisons des mines contrites ne disons ni oui ni non et décidons de partir incognito aux aurores. Le trajet s'effectue d'abord en bateau, suivi d'une marche de huit kilomètres pour atteindre le village[97] d'où part le bus qui va emprunter la route vers la Birmanie. Le long du trajet, les villages semblent enrobés d'un voile de fumée blanche qui sort des poêles pour cuire le riz. Les petites maisons en pisé aux toits gris sont regroupées et entourées de hauts murs aux portes ouvragées. Ces enceintes, à l'ombre d'un bosquet de ginkos ou catalpas, se détachent sur une campagne sinon entièrement cultivée.

Nous déjeunons dans ce village où nous sommes l'attraction du coin. C'est jour de marché d'herbes et de poudres médicinales en tous genres. Une femme camelot vante des espèces de graines qui introduites dans l'œil amélioreraient la vue et en fait la démonstration. Elle essuie la graine avec son mouchoir crasseux, l'introduit dans l'œil d'un client, frotte un bon coup et le client après s'être délesté de quelque *fēn* repart en clignant des yeux. Un autre vend de la poudre de rat mort et pour bien en prouver la provenance, des spécimens séchés sont déposés à côté de ses sachets magiques. On peut acheter de la

[97] Je n'ai pas noté son nom.

fiente de poule, des cadavres de cafards et de lézards, le tout très appétissant ! Nous avalons un bol de nouilles entourés d'une centaine de personnes qui commentent notre façon de tenir les baguettes. Puis s'éloignant de ces curieux, nous trouvons une sorte de péniche amarrée dans la baie. Son propriétaire, un pêcheur nous autorise à faire une sieste sur le pont en attendant l'unique bus de la journée pour Anning. Inutile de dire que le bus est bondé et que nous restons debout. Bien que court en kilomètres, le trajet a duré plus de deux heures, le chauffeur devant trouver des solutions acrobatiques pour contourner les aléas d'une route en construction à travers une grande plaine couverte de rizières.

Arrivés à Anning en milieu d'après-midi, nous découvrons que les sources et l'hôtel des thermes sont encore à près de six kilomètres. Ecœurés par le gras de porc qui est notre quotidien à la cantine, nous choisissons un restaurant musulman pour diner de pâtés de soja, choux et riz à l'œuf. Eugene, fatigué, décide de rester en ville et trouve un hôtel pour Chinois où le lit est à six *jiǎo*[98]. Sydney et moi, rêvant d'un bain, décidons vaillamment de marcher jusqu'aux sources à travers rizières, champs et parfois sur d'agréables sentiers. Nous arrivons à la nuit, exténuées mais trop heureuses de nous plonger dans un bain bien mérité. L'hôtel des thermes dispose de plusieurs petits bassins de forme carrée, en béton brut. Trois marches permettent d'atteindre une eau sulfureuse divinement chaude. Pour 2¥ on nous donne l'accès à une douche bien appréciée pour se décrasser avant de rentrer dans le bain commun. La nuit fut calme, sans hauts parleurs. Eugene nous rejoint le dimanche pour un petit déjeuner de lait de soja chaud et de beignets.

[98] 1 yuan = 10 jiaos ou maos = 100 fens

Rassasiés, nous partons explorer la campagne alentours et atteignons un village aux murs criblés de slogans de la Révo. cul. Des gosses déguenillés vont pieds nus, des femmes portent des bûchettes de bois sur le dos, d'autres poussent des charrettes énormes toujours chargées de bois, visiblement source de revenus dans ce coin du Yunnan. Non loin du village, derrière des murs en briques de trois mètres de haut, qui nous rappelle l'enceinte de notre jardin sur le campus, un village d'officiels qui bénéficient de résidences confortables alimentées par les sources d'eau chaude. Nous grimpons en direction d'un temple entièrement restauré et repeint de couleurs criardes d'où la vue est à couper le souffle. Par miracle, nous pouvons réserver trois places assises dans le bus de retour pour Kunming. Tous les trois sommes grisés d'avoir bravé les interdits et réussi notre aventure.

Mardi 1er décembre

C'est la saison des kakis, fruit délicieux et un des moins chers ici à 2 000 m d'altitude. Il y avait un plaqueminier chez nous et je me souviens de ses fruits comme des boules d'un orange éclatant alors que le jardin avait déjà perdu ses couleurs d'automne. Ici, les kakis sont vendus séchés en lamelles. Oranges et mandarines sont aussi chères qu'en France, les pommes et les poires *Nashi*, dures et juteuses sont des produits de luxe. Par contre, c'est le paradis des légumes frais qui poussent dans les lopins privés et qui sont accessibles au marché libre. Pourtant, les rations de légumes sont limitées à la cantine, où l'on nous sert l'équivalent d'une bouchée de légumes pour cinq bouchées de riz blanc.

Il fait très froid et la neige qui recouvre le campus le rend plus ouaté, presque silencieux. J'ai mis vingt minutes à faire démarrer le poêle en brûlant tout mon brouillon de conférence. Normalement il faudrait appeler Xiao Mind mais on évite par tous les moyens de le faire rentrer chez nous. Pour corriger mes copies et préparer mes cours au chaud, j'ai investi dans des bouillottes, une sur mes pieds, l'autre sur le ventre et je porte un veston fourré, une écharpe et des mitaines, le poêle n'étant pas très efficace. J'ai dévalisé le rayon de caleçons longs que tout le monde porte sous les pantalons en coton et qui, au contraire des uniformes Mao, ont toutes les couleurs de l'arc en ciel. Les chambres sont glaciales et quand je reste assise trop longtemps, il n'y a qu'un tour en vélo qui puisse me réchauffer. De vivre longtemps à 2 000 m d'altitude, ne s'alimenter que de riz, légumes, soupe, œufs et soja, végétarienne par obligation, mon corps s'est mis au ralenti. Je marche plus lentement, me fatigue plus vite et tombe malade aussi plus souvent. Parfois j'ai l'impression que je pourrais davantage profiter de mon séjour ici et je m'en veux d'être sans l'énergie nécessaire pour ranimer ma motivation, exciter ma curiosité. Il faut que je me ressaisisse et je prends la résolution de faire quelques exercices de gymnastique sur tapis le matin avant mes cours.

Samedi 5 décembre

En discutant avec Henri Wang, lors d'un petit déjeuner cantonais excellent, j'apprends qu'il y a une église catholique à Kunming, qui ouvre le dimanche pour que les Vietnamiens du coin puissent aller à la messe. Je vais donc traîner vers l'église et tombe sur un des curés, le père Chao[99], qui semble très âgé, des lunettes épaisses sur un visage émacié, le dos légèrement voûté. Au début réservé et distant, il se met à me parler dans un français admirable une fois la confiance installée entre nous. Il m'explique qu'il a étudié la théologie pendant six ans à Paris, à St Sulpice et que ce séjour en France lui a coûté à son retour de travailler dix ans dans une usine avant d'être envoyé plusieurs années dans un camp de rééducation[100]. Père Chao m'informe que, pour à peine une centaine de catholiques à Kunming, il y a trois prêtres. L'autre père francophone est également salésien et a été emprisonné pendant vingt-huit ans. Le troisième prêtre est le curé officiel, qui ne parle ni le français ni l'anglais et n'aurait fait que dix ans de camp. Je suis invitée à entrer dans une petite pièce jouxtant l'église où vivent les deux pères francophones. Aucun ne se prononce sur cette pseudo libération de la pratique religieuse depuis l'arrivée de Deng Xiao Ping au gouvernement. Ils ne sont pas dupes et je les sens inquiets, aux aguets. Je les assure de mon mutisme sur notre conversation[101]. L'église de Kunming a également un évêque qui aurait vécu deux ans à Lyon à l'Université Catholique du temps du Père Jolivet[102]. Le visage du Père Chao s'éclaire d'un sourire, ses yeux s'anime, il

---

[99] Les noms ont été changés, même si vu l'âge de ces prêtres à l'époque, plus aucun ne doit encore être de ce monde.

[100] Dès les premières années du communisme, les religions sont malmenées et les missionnaires expulsés s'installent pour la plupart à Taiwan, d'où la grande concentration de couvents dans lesquels j'ai été logée lors de mon tour de l'île en 1978. Puis, dans les années 1950-60 les églises sont fermées, les prêtres emprisonnés dans des camps de travail, mais la période la plus noire pour les croyants des religions pratiquées en Chine fut la Révolution culturelle. Ce n'est que trois ans avant mon arrivée qu'un léger assouplissement se fait sentir et que certaines églises ont rouvert, que des temples ont été restaurés et certains religieux réhabilités

[101] Information relatée dans mon journal, jamais dans mes courriers.

[102] Régis Jolivet, né en 1891 et mort en 1966 à Lyon, est un philosophe français et un prêtre catholique. Il a fondé en 1932 la faculté de philosophie de l'université catholique de Lyon.

semble heureux d'échanger avec moi sur la France. D'après lui, il n'y a plus de Jésuites français dans le Yunnan alors qu'il y avait beaucoup de missionnaires francophones dans cette région proche de l'Indochine. Il y aurait davantage de protestants que de catholiques, mais ce sont les musulmans qui sont les plus nombreux. Il me dit à voix basse que le pape a fait une erreur et n'a pas été très habile en nommant l'évêque de Canton[103], qu'il y aurait un grand réveil de l'église à Shanghai et Beijing mais que partout ailleurs la participation est très faible. Je lui demande s'il pense que je peux venir à la messe dimanche prochain, sans lui faire de tort.

Dimanche 6 décembre

Non pratiquante, mais ayant reçu une éducation catholique, la religion suscite en moi un intérêt sociologique et je voudrais en savoir davantage sur la pratique à Kumming. Ce dimanche, le département des langues étrangères a organisé une sortie à la Porte du Dragon où je suis déjà allée deux fois.

— Il faut y aller, c'est organisé pour vous

— Je suis désolée mais je ne suis pas disponible car je vais à l'église.

Accueil glacial de ma réplique. Lors d'un débat que j'avais eu avec ma classe de niveau avancé, tous s'étaient élevés contre la religion, attitude tout à fait compréhensible, car, pendant la

[103] L'église de Chine est en état de schisme depuis 1951.Pour les communistes, l'Église catholique est un véritable parti de l'étranger constitué d'espions impérialistes. À partir de 1955, les fidèles qui entendent rester attachés au Vatican font partie de l'Église du silence, souterraine. Une église officielle est tolérée depuis peu mais seul le parti a le droit de nommer les évêques.

Révolution culturelle, elle fut un motif d'arrestation et de déportation. Me demandant mon avis, j'avais été honnête, évoquant ma scolarité dans une école catholique où je n'avais pas du tout été malheureuse bien au contraire. J'avais eu la chance de parfaire mon éducation générale dans un très beau cadre naturel permettant l'épanouissement dans la littérature, la musique et le sport. Délicatement, en pesant tous mes mots et en imaginant ce qui allait être mis dans mon rapport par l'espion de la classe, j'avais expliqué que la religion pouvait donner un cadre pour certains, tout comme un parti politique pour d'autres. Même si le Beijing info[104] se félicite de la liberté religieuse actuelle, les Chinois se font rappeler à l'ordre par le Parti s'ils manifestent une quelconque curiosité de ce côté-là.

Ce matin, je me rends donc dans cette église catholique, fraichement repeinte après 25 ans de fermeture. D'un côté une douzaine de vieilles femmes et de l'autre, sur les bancs du fond, huit hommes âgés. Deux journalistes mitraillent l'évêque avec sa toque grenat, sa chasuble de la même couleur décorée de dentelle, une grande croix sur la poitrine. Je reconnais une médecin du dispensaire et un employé de l'Institut Technologique. Une femme d'environ 60 ans semble être le bedeau de l'église. Elle s'active dans un cliquetis des clefs pendues à sa ceinture, plie et déplie des chasubles, pose sur l'autel un ciboire et un calice qui brillent tant elle a dû les frotter pour l'occasion. La messe est dite en latin, dos au peuple. Le curé "officiel" dont l'allure ne diffère pas d'un cadre du Parti, à part la soutane noire et le surplis blanc dont il est vêtu, fait son homélie en dialecte local, mais je comprends l'essentiel du sermon. Il faut adhérer au Parti, être un bon communiste pour

---

[104] Beijing Info, l'organe officiel de presse du Parti.

être un bon chrétien. Il fait aussi des allusions à la vie avant et après la Révolution, vantant les améliorations pour le peuple, sans aucune référence à Jésus Christ. Des femmes se mettent à marmonner ce qui semble être une prière d'un ton monocorde. Le célébrant demande à ceux qui voudraient communier de lever le doigt pour compter les hosties nécessaires. Très peu osent s'avancer vers l'autel et communier en s'agenouillant devant la clôture du chœur en fer forgé, un petit plateau de laiton au manche en bois, tenu sous leur menton.

Pendant la messe, le père salésien confesse deux âmes. Le confessionnal est conçu dans un tissu bleu clair tendu, qui fait office de séparation ajourée avec prie Dieu pour le confessant d'un côté et chaise pour le prêtre de l'autre, ne laissant aucune intimité possible. À peine le « ite missa est » prononcé, une petite vieille se précipite sur le parvis de l'église pour vendre des calendriers aux images chromo d'un Christ en gloire ! Une autre tient un tronc pour encaisser les maigres contributions. À la sortie, je voudrais parler seule aux deux prêtres francophones mais la cure est envahie par les fidèles. Je sors courageusement les exemplaires de La Croix et quelques cartes postales religieuses amenées en catimini par la délégation lyonnaise et qui ont beaucoup de succès auprès des petites vieilles. Le père salésien explique ce que représentent les cartes et parle même de Teilhard de Chardin. Comme il y avait des journalistes avec caméra pour couvrir la réouverture de l'église, le sermon du curé officiel était très politique et dans le droit chemin de l'église du Parti[105]. Le père salésien me demande si le journal La Croix est à droite ou à gauche. Avant même que je me prononce, le curé officiant répond qu'il ne peut être qu'à droite et que ce n'est pas communiste du tout. Les deux prêtres francophones m'annoncent qu'il y aura une veillée et messe de minuit pour Noël. Un des prêtres plus audacieux que les autres me demande si je peux apporter une cassette de chants ou bien chanter toute seule « Il est né le divin enfant » car me dit-il une messe de Noël sans chant, ce serait trop triste. J'ai entendu sur *Voice of America*, que, suite aux prières du pape pour l'église chinoise, la Chine a répliqué par un documentaire filmé sur leurs églises pour prouver que le pape a tort de s'inquiéter.

Lundi 7 décembre

La société communiste chinoise en cette année 1981 me rappelle, par certains côtés, celle décrite dans la littérature classique. Les mandarins[106] ayant réussi les examens impériaux avaient tous les droits. Ils ne payaient pas chez le boucher, étaient respectés et craints, même si parfois la valeur des

[105] En 1957 le gouvernement met en place l'association patriotique des catholiques chinois qui organise la répression contre les « chiens courants du Vatican réactionnaire ». À la Révo. cul. tous les fidèles,qu'ils soient patriotes ou fidèles au Vatican, sont exécutés ou emprisonnés dans des camps de rééducation. Après la mort de Mao, en 1976, la pratique religieuse est à nouveau tolérée, certains prêtres libérés des camps retrouvent leurs églises à condition qu'ils se soumettent à celle du Parti et renient le pape. Malgré cela, de nombreux catholiques restent fidèles à l'église clandestine mais en 1996 des dizaines de ces églises sont détruites, 300 chrétiens clandestins sont arrêtés, d'autres se verront refuser l'entrée à l'université, ou un avancement dans les entreprises ou subiront des formes variées de discrimination.

[106] L'existence des fonctionnaires recrutés par des examens impériaux daterait de 600 ap JC sous les Sui. À l'époque Tang le mandarin devient l'idéal de l'homme universel, à la fois lettré, poète, peintre et homme d'État. En Chine, le prestige du savoir contraste avec le mépris accordé aux métiers marchands et à la paysannerie. Au début de la dynastie Ming, les examens duraient entre 24 et 72 heures, les candidats isolés dans des pièces séparées, étaient identifiés par des chiffres et non leur nom pour maintenir l'objectivité de la correction. A la fin des Ming et sous les Qing (1644–1911), les contraintes imposées seront encore plus dures par rapport au style et au nombre de caractères permis dans les dissertations.

candidats ne relevait pas que de leur mérite mais de leur appartenance à une famille riche et puissante. Avant de partir, j'avais lu de Michael Voslensky « *La Nomenklatura ou les privilégiés d'URSS* » et je retrouve des points communs aux deux sociétés marxistes.

Les réunions politiques des vendredis après-midis battent leur plein en fin d'année, sans doute pour marquer des points dans la note d'éducation politique. Il est de bon ton de s'y montrer pour être vu par les chefs. Etudiants, enseignants, enfants avec foulard rouge autour du cou, étoiles rouges sur les casquettes, brassards rouges à plusieurs galons suivant le niveau de l'éducation politique, s'y rendent avec leur petit tabouret. Le personnel de notre cantine lui est en réunion autour du cuisinier, chacun avec son Petit Livre Rouge à la main. En ce moment, le bouc émissaire est la Bande des Quatre. Tout ce qui ne va pas dans le pays, c'est la faute de Jiang Qing, l'épouse de Mao et sa bande et de Lin Biao bien sûr qui revient sur le plateau. Quid de Gongzi-Confucius qui avait subi le même sort que Lin Biao dans la campagne *pī lín pī kǒng* contre Lin, contre Gong ? Il est maintenant toléré, surtout qu'il sert de pion pour le rapprochement avec Taïwan. Tous les jours, les médias annoncent soit un nouveau service postal ou télégraphique, soit une nouvelle loi permettant de faire hériter des membres de sa famille installée à Taïwan, soit une profusion d'échanges culturels. La TV chinoise exhibe des camarades taïwanais qui ont choisi de venir dans la mère patrie et qui sont accueillis en héros avec force banquets en leur honneur. Dans une lettre, Eugene a reçu un tract de propagande pro Taïwan, glissé par les services de postes et de douanes à Canton. Quand je lui ai traduit le document, il était tout pâle craignant que le document ait été lu par la censure.

Mardi 8 décembre : fête des lumières lyonnaise à Kunming

Cher tous,

Pour la traditionnelle fête lyonnaise du 8 décembre, j'ai mis des bougies sur les fenêtres de notre maison et ce soir-là, par chance, il n'y avait aucun vent. J'ai invité mes vingt-huit garçons du département d'ingénierie et de géologie pour un buffet traditionnel chinois garni de cacahuètes, graines et biscuits. L'un d'entre eux a amené sa guitare, l'autre un harmonica. Ils adorent chanter et particulièrement « Emmène-moi, mon cœur est triste et j'ai mal aux pieds » de Graeme Allwright, « les Vieux » de Jacques Brel, ou « Prendre un enfant par la main » d'Yves Duteil. Pour rendre l'apprentissage du français plus ludique, je leur apprends des chansons. J'avais aussi invité mon collègue et ami You. Mais toujours très discret, il est parti tôt pour « laisser les jeunes camarades ensemble ». Les étudiants m'ont assaillie de questions sur la jeunesse française. Ce soir-là, ils semblaient épanouis, relaxés et heureux. Les voir ainsi me motive pour organiser de nouvelles fêtes, leur montrer qu'on peut s'amuser même dans le cadre imposé par les autorités, sans défier les consignes. Je leur ai promis qu'on fêterait Noël à la française.

Samedi 12 décembre

Chers tous,

Le bureau des affaires étrangères a invité les experts qui le souhaitent à assister à l'ablation d'une tumeur de la thyroïde sous acupuncture chez deux patientes de 40 ans, opérées en même temps. Les aiguilles en argent, courtes pour les endroits du corps peu musclés et longues pour les parties graisseuses ou épaisses, sont actionnées à l'électricité pendant quinze minutes. L'infirmière en installe à droite et à gauche du cou, une à la main, une sous le poignet. Elle vérifie la pression du sang et la tension ainsi que l'anesthésie sur un petit tableau de bord. Un peu d'endorphine a également été administré aux deux patientes. Une malade se crispe un peu et plie les yeux quand un des deux chirurgiens lui entame la peau du cou en lui disant : bù yàopà, n'aie crainte. Elle continue de discuter avec les infirmières. Les deux chirurgiens travaillent très vite, comme des danseurs dans un ballet de compresses ensanglantées. Une des deux patientes a des problèmes d'oxygène et reçoit un masque pour respirer. Tout est parfaitement coordonné et un grand miroir au plafond permet aux étudiants de suivre les opérations. Nous, les experts, sommes carrément dans la salle d'opération, ayant revêtu blouses, calots, chaussures en plastique et masques. Une première pour moi. J'essaye de tout regarder même si je ne me sens pas très fraîche.

À l'hôpital de Kunming, le rez-de-chaussée et le premier étage sont réservés à la médecine traditionnelle et la pharmacopée à base de plantes. Si le patient n'est pas guéri par son passage en médecine chinoise, il monte aux étages supérieurs pour les traitements en médecine occidentale. L'hygiène et la qualité des soins sont de niveau international et cela me rassure. Quand je vais à la pharmacie du campus, ou plutôt l'herboristerie, avec l'ordonnance du médecin qui me suit pour ma bronchite-rhinite chronique, on me donne généralement 250 grammes de fleurs de chrysanthèmes et de camélias séchées et du bois de réglisse que je dois prendre en tisane pour soigner mes maux de gorge. C'est moyennement efficace. Mais j'apprécie le fait qu'à la pharmacie on ne donne que la dose nécessaire de médicaments dans un petit sachet de papier et non des boîtes entières de comprimés, dont le surplus est jeté. Ici, aucun gâchis, dans tous les domaines d'ailleurs.

Jeudi 24 décembre

La veille de Noël, après avoir avalé un bon chocolat chaud fait d'une poudre ressemblant à du Van Houten que j'ai dénichée et s'être régalés des « galettes de l'impératrice » qu'Henri Wang nous avait apportées pour l'occasion- nous partons Eugene, Sydney et moi d'abord à l'office protestant. Dans le temple, bien décoré pour l'occasion, plus d'une centaine de personnes chantent accompagnées d'un piano. Mais j'ai promis aux curés catholiques de fêter Noël dans leur paroisse et je dois quitter à regret cette ambiance chaleureuse pour me rendre en vélo à l'église catholique où la veillée de Noël doit commencer à 20h30. À mon étonnement, l'église dans laquelle je pénètre est complètement sombre. Une douzaine de vieilles occupent les bancs dans la nef centrale et suivent une première messe basse célébrée par l'évêque, marmonnant dos au peuple. Au fond de l'église et sur les allées latérales des badauds, des jeunes curieux, casquettes vissées sur le crâne, qui ricanent, dévisagent, chahutent même parfois assez violemment. Des gardes du service de sécurité portant des brassards rouges essaient de calmer ces jeunes qui n'ont jamais mis les pieds dans une église de leur vie. « Vous êtes bienvenus mais soyez discrets ». Le curé me repère, étant la seule Occidentale et me conduit d'office derrière la cloison pour une confession vite expédiée vu mon embarras. Pour lui, il était impensable que j'assiste à la messe de minuit sans avoir fait d'abord pénitence. La seconde messe est dite par le père salésien qui fait un long sermon sur l'amour du prochain. Je pense aux trois messes basses du curé de Cucugnan d'Alphonse Daudet et regrette de ne pas être restée chez les Protestants, où l'ambiance était plus chaleureuse. Pendant le sermon, je repère des étrangers qui commencent à arriver pour la troisième messe, la messe de minuit, dite par le curé de l'église du Parti qui fait un sermon digne d'un discours politique. Aucun texte de Noël n'a été lu. La liturgie tout en latin est célébrée toujours dos au peuple, selon les rites d'avant le concile de Vatican II. A la fin, quand je quitte ma place pour me diriger vers la sortie, des jeunes curieux m'assaillent de questions embarrassantes, ricanent, me serrent de près et m'arrachent un missel qui m'avait été donné par la bedeau. Je m'extirpe comme je peux et me dirige vers les étrangers pour leur souhaiter un joyeux Noël ou Merry Christmas et réalise que ce sont tous des diplomates français de Beijing en partance pour le Xishuangbanna pour leurs vacances. Ils m'invitent à réveillonner au Kunming Hôtel où ils sont descendus. Ils avaient apporté force bouteilles de vins et de champagne, des fromages dont un reblochon et du foie gras ! Un festin inattendu et très apprécié. S'étant renseignés sur le nombre de membres de la colonie française de Kunming, -fort limitée puisque F n'était pas disponible ce soir-là-, ils avaient même prévu un petit paquet déposé sur chaque assiette. Le mien contenait, ô joie, du café de Hong-Kong. Certains n'avaient pas encore eu leur visa pour le Xishuangbanna malgré leur rattachement à l'ambassade et espéraient l'obtenir au *wàibàn* de Kunming. Je suis rentrée à vélo vers 1h du matin par une porte que j'ai découverte derrière le campus et qui n'est pas fermée la nuit. J'avais essayé de téléphoner du bureau de poste à ma famille dans l'après-midi, prenant en compte le décalage horaire, mais la ligne n'était pas claire. Les employés ont voulu me faire payer cinq minutes de communication à un prix exorbitant alors que je n'entendais rien. Le combiné raccroché, j'ai eu un gros coup au cœur de passer cette étrange fête de Noël si loin des miens.

Vendredi 25 décembre : premier Noël occidental à l'Institut

Le matin du 25, j'ai déposé deux paquets dans les chaussures de Sydney et la chaussette d'Eugene puis j'ai filé au département de langues voir si le père Noël postal était passé. J'ai offert un pot de Kunming pour faire cuire légumes et viandes à la vapeur pour Eugene et une jolie poterie pour Sydney, du chocolat de Shanghai qui n'est pas trop mauvais trouvé au magasin pour étrangers, du nougat local et des oranges, achetées à prix d'or, renouvelant ainsi la tradition festive d'offrir ce fruit. Eugene et Sydney m'ont donné la même poterie du magasin des minorités. Hilarité de voir qu'on a tous eu la même idée, mais heureusement elles sont de couleurs différentes. La « froggy » française a reçu aussi un jouet grenouille, qui une fois remontée saute partout. J'aurais voulu offrir des bouillottes mais on n'en trouve plus une seule dans le magasin d'État. Dès qu'il y a arrivage d'un produit, il faut se précipiter pour l'acheter avant que des petits malins raflent tout le stock et une fois le produit inaccessible, le revendent bien plus cher au marché noir.

Avec Sydney, nous décidons de faire des truffes au chocolat. J'ai trouvé du chocolat en poudre et des noix et Sydney a acheté du beurre à l'Hôtel du Lac vert. Une fois la pâte prête, roulée en boules, on y glisse un cerneau de noix et pose l'assiette de truffes dans une cuvette d'eau froide, réfrigérateur improvisé sur le rebord de la fenêtre. Elles n'ont jamais durci et nous les mangeons à la cuillère le lendemain.

Samedi 26 décembre

C'est une première à l'Institut qui n'a jamais fêté Noël. Nous organisons, dans une salle de classe, une soirée pour tous les étudiants du département des langues étrangères, avec sapin décoré, et au programme, chants, saynètes de théâtre et même musique dansante. Les autorités nous ont fait savoir que les chants de Noël sont interdits, de peur d'être catalogués de bourgeois contre-révolutionnaires. Eugene a voulu décorer la salle en apportant une bannière de couleur verte décorée du mot « Peace » et d'une colombe, mais le poster a été proscrit. Les saynètes choisies devaient être politiquement correctes. Mes étudiants ont chanté « Frère Jacques » en canon et ont joué une scène du Bourgeois Gentilhomme de Molière, « Marquise vos beaux yeux me font mourir d'amour ». La possibilité de mettre les mots dans tous les sens, comme dans la poésie classique chinoise, leur a beaucoup plus. Les autorités ne comprenant pas le français, je n'ai pas eu de critique. Ils ont écrit une jolie carte dans un français dont je suis très fière après quatre mois de cours : « Nous sommes heureux de profiter des fêtes de fin d'année pour vous souhaiter un joyeux Noël et une bonne et heureuse année 1982. Nous les étudiants de Chine de la classe française, nous vous remercions notre Chère femme professeur, agréez l'assurance de notre considération. Maintenant écoutez, nous chantons une chanson française Frère Jacques, s'il vous plaît ». Ils m'ont offert une anthologie de poèmes des Song et même l'un d'eux a joliment calligraphié un poème sur un éventail en papier de riz. Je leur ai donné un livre de géographie des éditions Bordas, rédigé par mon père et des livres pour enfants en français. De retour dans notre petite maison, nous avons mangé des châtaignes laborieusement grillées sur le poêle à charbon. On somnolait en écoutant l'oratorio de Noël de Bach, nos estomacs un peu dérangés par le trop de sucreries ingurgitées pour l'occasion. Avec la douzaine de calendriers reçus et les posters du Bouddha rieur au gros ventre, nous allons pouvoir ouvrir une galerie. Le musée des objets insolites s'enrichit d'un père noël gonflable, de trois carafes de vin en forme de poule, trois orchidées en plastique rose, d'une autre Guanyin et d'un Bouddha couché en plastique. J'aurais préféré le buste de Mao qui devient introuvable.

Dimanche 27 décembre

En cette période de fêtes dans le monde occidental, nous, les experts étrangers de Kunming faisons triste mine. C'est l'heure des questionnements, des bilans mitigés, des sensations de solitude loin de ses proches et sans moyens de communication faciles. Eugene et Sydney n'imaginent pas rester toute la durée de leur contrat, en tout cas pas à Kunming, envieux de la liberté de déplacement et de loisirs de leurs amis en poste sur la côte Est. À *Yúndà* , le couple G. et J., a aussi décidé de ne pas terminer son contrat. Ils vivent ici avec leur fille de trois ans, inscrite au jardin d'enfant local. Elle rentre tous les soirs avec la diarrhée car les institutrices la bourrent de gâteaux. La petite ne veut plus sortir car tout le monde la touche et lui tire sa blonde chevelure. Elle devient agressive et dit « *zǒu zǒu*, allez-vous en », pour chasser la foule de curieux autour d'elle. P. l'Australienne est aussi venue seule avec son fils de cinq ans, agité et mal élevé selon les critères chinois. Le maître d'école n'en peut plus car il donne un mauvais exemple à la classe de gamins très disciplinés, habitués à obéir et se tenir tranquilles. Elle a été longtemps enseignante chez les aborigènes et a beaucoup voyagé. Quand elle n'a pas le moral, elle se passe un film familial enregistré sur une cassette VHS pour entendre la voix de son mari. J'apprécie d'échanger avec elle mais elle rentre malheureusement au pays en février. Quant à moi, mes états d'âme ont un peu changé par la perspective du mois de vacances pour le Nouvel An chinois en février, où je vais pouvoir changer d'air et revoir une de mes sœurs. Si j'ai eu, à l'automne, des velléités de ne pas honorer la durée de mon contrat et rentrer plus tôt, je me dis que le plus dur est passé et qu'il serait dommage de ne pas profiter des futures escapades pendant les périodes de liberté à venir.

Les experts américains sont généralement trop honnêtes et n'osent rien faire sans avoir l'autorisation d'où leur désillusion qui se transforme parfois en déprime. Nous, les deux Françaises, avons l'air de mieux nous en sortir, en prétendant ou en ne disant rien. Les Américains sont critiqués, les Françaises sont ingérables et agacent les autorités. Vivent les toasts à l'amitié entre les peuples ! Les Néo Zélandaises, expertes à la faculté de médecine, noient leur déprime dans le gin. Un Américain était complètement saoul le soir de Noël et a erré dans la ville sans retrouver son chemin. C'est un petit monde de personnes déracinées, qui ne se sont pas choisis, qui vivent en vase clos, sous contrôle permanent et ne sont pas très heureux. J'ai de la chance, notre trio de l'Institut est très sympathique, on se soutient et on arrive même à rire de certaines situations. La communauté étrangère essaye d'avoir quelques nouvelles du monde en se passant les numéros de Newsweek et en écoutant Voice of America ou des radios de Hong Kong. Les Américains sont inquiets de l'assassinat de Sadate, l'état de siège instauré en Pologne, Reagan qu'ils trouvent belliqueux et peu réfléchi avec sa course aux armements nucléaires. Ils redoutent une troisième guerre mondiale. Certains mettent de l'argent de côté pour rentrer chez eux en cas d'événements graves. Mais moi je ne me fais aucun souci. La Chine a moins de nucléaire que les autres pays et on y serait presque plus en sûreté. L'isolement fait tout dramatiser, les mêmes nouvelles sont brassées, déformées et tout prend des dimensions démesurées.

1982

Vendredi 1er janvier

Pour ma prime de fin d'année, on ne m'a pas doublé mon salaire, mais j'ai reçu un stylo, un poster, un classeur et une besace en plastique avec l'inscription « Shanghai », comme « Champs Elysées » sur certains sacs en France. Ce que je préfère dans ma prime c'est un petit tabouret bas qui sera parfait pour faire le jardin, pour désherber sans me baisser. Nous avons passé la soirée du 31 à l'hôtel de Kunming avec un groupe d'acupuncteurs américains, reçus par la Faculté de médecine. Ce fut gai et bien arrosé.

En ce jour de l'an occidental, j'ai invité ma classe d'ingénieurs et de géologues à regarder un match de foot à la TV en guise d'au revoir, car je ne les aurai plus au second semestre et j'en suis bien triste, m'étant attachée à eux[107]. Ils sont ravis de pouvoir regarder confortablement le match au lieu d'être agglutinés devant une télévision de l'Institut, même si notre poste est microscopique. Mais, le vrai cadeau pour eux, c'est d'être chez nous. À la fin du match, en partant ils font éclater dans notre jardin des pétards achetés pour l'occasion. Pour ne pas faire de jaloux, j'organise une soirée pour ma classe de débutants, qui, plus âgés et mariés, viennent avec leurs enfants. Je mets la belle nappe qu'ils m'ont offerte à Noël sur notre petite table avec des bonbons, gâteaux, graines de pastèques et cacahuètes. J'ouvre une bouteille de vin chinois. Au mur, trônent

[107] Je resterai en contact avec les trois futurs boursiers de l'IFCL, des garçons sympathiques, intelligents, s'exprimant dans un français tout à fait compréhensible et qui ont bien mérité leur séjour à Lyon. Pour moi, ce sera une petite gloire personnelle, un succès, que je savourerai avec émotion longtemps après mon retour.

les innombrables calendriers que l'on m'a donnés. Le professeur You, ce jour-là, m'offre une ceinture punk en acier argenté avec un paon sur le fermoir, la plus belle pièce du musée des objets insolites. Il ne me manque que le veston couleur peau de léopard en synthétique, très prisé ici, le bonnet fausse fourrure rose ou bleu et je pourrai aller me promener à Dong Fenglu, l'équivalent des Champs Elysées de Kunming, sans déparer dans la foule de jeunes punks.

Dimanche 3 janvier

Dans dix jours, ma sœur cadette arrive à Kunming pour passer un mois et demi. Je m'active pour les visas, autorisations de voyages et réservations de train. Pour acheter un billet au meilleur prix, mieux vaut parler chinois, les employés ne sont guère aimables et le guichet microscopique. Il faut se baisser pour se faire entendre d'un employé qui ne fait aucun effort pour vous comprendre, et être tenace alors qu'il aurait vite fait de dire en dialecte local: *Mote* « Y'a pas ». Pourtant l'employé est généralement assis sous le slogan « Pour servir le peuple ». Sans compter qu'il faut généralement une heure d'attente en moyenne pour arriver au minuscule guichet où, le cœur battant, on joue son va-tout pour obtenir le sésame d'un projet d'escapade.

J'ai fait une proposition d'itinéraire au Affaires étrangères et attends que les autorités le visent et l'inscrivent dans mon passeport interne à la Chine : Petit tour au Xishuangbanna au sud du Yunnan, à la frontière avec le Laos, retour à Kunming pour le nouvel an chinois, puis le Sichuan, Chengdu et l'ascension du mont Emei, Chongqing d'où l'on prendra un bateau pour descendre le Yangzi[108] jusqu'à Wuhan, puis train jusqu'à Xi'an avant de revenir au bercail. Je tremble d'obtenir ces permis de voyage, car le *wàibàn* n'aime pas du tout les étrangers qui parlent le chinois et veulent voyager seuls, non accompagnés. Mais, un matin, alors que je fais la queue pour acheter du lait, j'aperçois le Vice-Doyen de l'Institut, le vieux Chang.

— Pour votre sœur cadette, c'est gagné. Il faut que vous fassiez une demande en chinois au Ministère, une lettre officielle avec dates du voyage, précisant que vous payerez tous les frais, qu'il n'y aura pas d'aide du gouvernement ou de l'Institut et que vous voyagerez toujours ensemble.

Je l'ai remercié de façon presque obséquieuse sans trop laisser voir mes sentiments. Quelques jours après, en effet, on m'annonce que le Ministère de la métallurgie a adressé un courrier à l'Ambassade de Chine à Paris « invitant Mlle B. L. à venir en Chine dès le 13 janvier pour une durée variable et l'autorisant à voyager avec Mlle G. L., experte à Kunming ». Dès que nous aurons quitté le Yunnan, la province de mon unité de travail, où les autorités me surprotègent, j'imagine, sans doute naïvement, une certaine liberté et des polices locales fermant davantage les yeux et faisant moins d'histoires.

Voyager en Chine reste cher. Une chambre d'hôtel au prix pour les étrangers peut s'élever à 40¥. Pour un repas dans un restaurant propre il faut débourser environ 10¥. Le prix des billets de train est calculé selon la distance et la classe choisie :

[108] La descente du Yangzi par ses magnifiques gorges était possible à l'époque, avant la construction du barrage des Trois Gorges de 2006 à 2009.

quatre *fēn*[109] du km en couches dures. Mais il varie du simple au triple entre un chinois lambda, un expert et un touriste qui lui devra débourser le prix maximum, la Chine a besoin de devises. La vie n'est pas si bon marché et avec mon salaire local d'expert, je dois tout négocier et accepter les couches dures -équivalent deuxième classe-, ne pas avoir de problème gastrique pour manger dans la rue et partager des dortoirs dans les hôtels de seconde catégorie à la literie douteuse. J'ai enfin reçu ma carte d'expert, dans un étui en plastique rouge décoré de l'étoile dorée, avec ma photo et mon unité de travail, sésame indispensable pour avoir les prix réservés aux experts. F l'avait obtenue à son arrivée, alors que cela fait quatre mois que je l'attends. Jeremy, notre responsable administratif, m'a sans doute cru assez naïve pour gober l'excuse que les cartes étant indisponibles dans le Yunnan, il fallait la faire venir de Beijing.

Pendant la période du nouvel an[110] se déplacer est une gageure. Les Chinois n'ont dans toute l'année que ces vacances pour rentrer chez eux revoir la famille. C'est un des rares moments où les couples sont réunis; une longue permission est accordée aux militaires; les écoles et universités sont fermées. Les trains, uniques moyens de transport pour le bas peuple, sont bondés et on ne peut réserver sa place que cinq jours à l'avance[111]. Pour les avions à l'intérieur de la Chine, c'est possible quatre jours en avance, il faut donc croire en sa chance. J'essaye de réserver l'avion CAAC pour le Xishuangbanna. L'employé, un gars souriant pour une fois, ne note rien de notre

---

109 1 yuan = 10 jiaos = 100 fens. Une journée de voyage, avec train + hôtel + restaurant couterait environ 120¥ soit 20% de mon salaire.

110 Le nouvel an chinois correspond à la 2ème nouvelle lune du solstice d'hiver.

111 En 1982, l'ère pré-internet, les téléphones quasi inexistants, seule solution, se rendre au guichet et faire la queue pour réserver.

entretien qu'il conclut par un *hǎo* OK. Mais je n'ai pas de preuve de ma réservation. Je dois faire confiance en sa mémoire et en son sourire. Comment pourrait-il retenir mon nom, la date des vols, le nom de ma sœur ? Mystère. Il faudra que j'y retourne mais en faisant attention de ne pas l'exaspérer. En fait, je découvre par hasard qu'un de mes étudiants travaille à l'agence officielle de voyage. Je fais jouer le piston pour qu'il m'aide avec toutes les réservations. Il connaît bien sûr l'employé de la CAAC qui a déjà eu toutes les informations à mon sujet. Je me jure de lui donner une bonne note au prochain devoir. Je deviens plus chinoise que les Chinois. Je concocte tout de même deux programmes, au cas où l'un ne marche pas pour une raison ou pour une autre. C'est le programme alternatif « *Mote*, Y'a pas » : avion qui ne décolle pas le jour prévu, train bondé pour le nouvel an et réservations qui ne fonctionnent pas.

Chers tous,

Les vacances approchent, j'ai fini mes cours et mes examens. Tout est corrigé. Demain je rends les copies et cette classe sera filmée pour montrer la vie à l'Institut à une trentaine d'Américains de Volunteers for Asia qui viendront à Kunming début février. Ils échangeront leurs opinions sur l'enseignement et la vie quotidienne ici. Espérons que les conditions de vie de Sydney et Eugene s'amélioreront après leur passage, comme les miennes après celui de la délégation de l'IFCL. J'ai collé la fille de cadre du Parti qui venait très irrégulièrement au cours et faisait baisser le niveau de la classe. Tant pis pour ma réputation. J'ai par contre noté très largement mes jeunes ingénieurs géologues[112] *pour les encourager à continuer le français par eux-mêmes puisqu'ils partent en stage avant le début de leur vie*

[112] Trois étudiants de cette classe arriveront à venir à Lyon à l'INSA, Grenoble INP et l'ECAM pour suivre une formation complémentaire avec des bourses de l'IFCL

professionnelle. Je vais les regretter, ils me sont tous devenus très sympathiques.

Je prie notre responsable administratif avec diplomatie de m'accompagner à la Banque du Peuple, la seule banque qui existe pour ouvrir un compte en dollars américains. J'y transfère une partie de mon salaire en prévision du déplacement à Hong Kong pour le CAPES en mai prochain. Banque est un bien grand mot, ce serait plutôt littéralement une Caisse d'Épargne des années 1970. L'argent liquide est déposé sur un livret, le montant et la date du dépôt sont écrits à la main. Sur la même ligne, j'appose mon sceau préalablement encré d'une pâte rouge vif. Le sceau, comportant un caractère pour le nom de famille et un ou deux pour le prénom, remplace la signature. Les chèques n'existent pas. Ni les cartes bancaires. Il n'y a pas de taux d'intérêt. Le seul avantage du dépôt livret est d'éviter de se faire voler son argent. On ne peut déposer et retirer que dans l'agence où le livret[113] *a été ouvert. Ce qui veut dire voyager avec une poche secrète sous les vêtements remplie du cash nécessaire, surtout que le plus gros billet est de 10¥*[114]*. À chaque fin de mois, un employé de la Banque du Peuple vient me porter mon salaire en coupures dans une grosse enveloppe de papier kraft. Il me faut aussi des fànpiào les tickets alimentation idéalement nationaux, pour voyager dans d'autres provinces. Ceux qui me sont remis avec mon salaire ne sont valables qu'à Kunming*[115]*.*

Une vague de froid a refait son apparition, mais comme il n'a pas plu depuis longtemps à part deux jours d'épisode neigeux, l'air est très sec. Il y

---

113 En 1987, alors que je préparais le CESMA à l'EMLYON, un étudiant chinois boursier ne saura pas ce que c'est qu'une traite ou un chèque au cours de comptabilité.

114 À peu près 4,5€.

115 Les tickets de rationnement locaux permettent de limiter la consommation et surtout la mobilité de la population. Impossible de partir vers Canton ou les provinces plus riches les Zones Economiques Spéciales, car sans le marché noir ou la mendicité on ne peut pas se nourrir ou se vêtir.

a vraiment une saison des pluies et une saison sèche. Ma peau se craquelle et gerce facilement. Je dois aussi sans doute manquer de vitamines, ne mangeant que du riz et des légumes, principalement du chou et du soja. Un Américain venu étudier l'acupuncture pendant un mois a voulu soigner mon rhume et surtout une toux chronique, en me piquant huit aiguilles agitées par un courant électrique, quatre dans les mains et quatre dans les jambes. Il chauffait les aiguilles avec une bougie pour activer la circulation. Je n'ai pas vu tellement de résultat, mais il y croyait dur comme fer.

Je me réjouis que mes photos confiées à la délégation lyonnaise soient réussies, elles vous permettent d'avoir une petite idée de ma vie ici. J'ai bien reçu la carte de la région dessinée par papa et l'en remercie car impossible d'en acheter localement. Il n'y a que des atlas par province mais avec aucune route ou courbes de niveaux pour des raisons politiques et de crainte d'une éventuelle invasion des Soviétiques[116]*. Sur cette carte est mentionnée une usine de superphosphates au Nord de la ville et il est possible que la pollution de Kunming soit causée en partie par les fumées qui s'en échappent, ou par d'autre usines situées en banlieue mais relativement proches de la ville. La pollution fait mal à la tête, tousser, cracher et abîme mes cordes vocales déjà bien usées par mes cours. Grâce à cette carte, j'ai pu faire l'ascension d'un sommet près d'Anning et le positionner à 3 000 m, mais un altimètre et une boussole seraient bien utiles pour mes escapades. Je projette d'ailleurs de faire une marche d'Anning à Kunming par un sentier de crêtes décrit dans des récits de missionnaires trouvés en français à la bibliothèque du Yunnan. Beaucoup ont vécu et évangélisé dans ces régions montagneuses. Cette carte me permet aussi de repérer des erreurs sur l'atlas régional officiel du Yunnan, l'emplacement de Chining par exemple, qui est*

[116] Une anecdote à ce sujet me revient en mémoire, lors de mon expérience d'interprète à Fragema, filiale de Framatome, à mon retour de Chine. Une délégation d'ingénieurs visite un immense hangar au fin fond du Sichuan, l'endroit étant à l'abri des espions soviétiques, d'où les Chinois pensaient installer une usine de fabrication d'assemblages de combustible nucléaire qu'ils auraient ensuite chargés sur des bateaux pour descendre le Yangzi et arriver à Shanghai. Vu la fragilité de ces assemblages, on peut imaginer la tête des ingénieurs français à la vision d'assemblages ballotés sur les eaux du Fleuve Bleu.

plus au Sud du lac. Mais étant dans une zone militarisée à cause du conflit avec le Vietnam, la bourgade n'est pas mentionnée.

Résolution de nouvelle année, je me suis abonnée au Rénmín Rìbào, le Quotidien du Peuple pour lire régulièrement en chinois et améliorer ma technique de discernement. Je vais prendre des cours de calligraphie avec un calligraphe conseillé par mon vieux poète alcoolique. Mes progrès en chinois sont sensibles. J'ai presque tout compris l'histoire du dernier opéra où je suis allée, ainsi qu'un film sur la grande poétesse Li Qing Zhao, contemporaine de Zhu Shuzhen.

Mercredi 13 janvier

Temps splendide pour accueillir ma sœur. Grand ciel bleu et froid vivifiant. Émotion maximum à l'atterrissage de l'avion en provenance de Hong-Kong. Je suis sur la piste d'atterrissage et elle m'aperçoit à travers le hublot. Embrassade sous les regards amusés des autorités. *Mèimei* trouve que j'ai les pommettes rouges et, en apprenti médecin, me diagnostique une polyglobulie due à ma vie à 2 000 m d'altitude. Je lui ai donné un nom chinois et Blandine devient « Bai Lan Di », la Blanche Orchidée Vertueuse, pour faciliter les formalités de douanes et de passage de la sécurité. On a bien ri de ce choix.

Une balade dans Kunming lui fait réaliser que sans comprendre la langue, il est difficile de se débrouiller tout seul. Tout est écrit en idéogrammes, aucune enseigne avec l'alphabet occidental et très peu de personnes dans les rues qui peuvent s'exprimer en anglais. J'ai pu emprunter un vélo pour son séjour ici et elle me suit consciencieusement pour ne pas se perdre. Elle a dû apprendre la technique pour monter et descendre du vélo en arrivant à un feu ou tout simplement à un embouteillage. Elle apprend à zigzaguer pour éviter les crachats et surtout à ne pas hésiter à actionner la sonnette, indispensable pour se frayer un chemin parmi la foule. Les gens que nous croisons trouvent qu'on se ressemble et nous prennent même parfois pour des jumelles, mais ma sœur est plus pâle car bien sûr l'air de Kunming est le meilleur du monde.

Nous avons fait quelques visites de politesse pour distribuer des cadeaux comme le veut la coutume, une bouteille de Chartreuse pour le Vice-Doyen de l'Institut et de l'armagnac pour mon poète-lettré et un foulard en soie lyonnaise pour Isabelle. Le reste attendra les traditionnelles invitations pour le nouvel an. Comme mes deux colocataires américains sont partis à Hong Kong pour le congé d'hiver, nous avons la maison pour nous. Ils seraient étonnés de nos rires en cascade, de nos danses folles sur la musique enregistrée sur cassettes et surtout horrifiés par l'odeur des fromages français. Quelle joie ces retrouvailles familiales. Mais ma sœur va devoir apprendre la patience s'étant déjà énervée hier à la banque où il a fallu plus de trois quarts d'heure pour changer de l'argent.

15/01 - 15/02, vacances d'hiver, voyages avec ma sœur 2e partie

Lundi 25 janvier-Nouvel an chinois

Pour fêter l'arrivée de l'année du chien en 1982, nous sommes invitées, ma sœur et moi, à deux somptueux banquets chez mes amis Liu et Di. À peine arrivées chez nos hôtes, les cuisiniers disparaissent pour s'affairer sur le réveillon dont les préparatifs durent depuis deux jours voire davantage. Chez les

Liu, un des fils a eu la gentillesse d'écrire le menu que j'ai soigneusement conservé en chinois, anglais et français : Hors d'œuvre, fromage grillé, soupe aux œufs en boulette, épine sautée au vif, poulet sauté en lanières, poisson frit au vinaigre sucré, consommé fraîchement cuit au réchaud, pois sautés à l'huile, nouilles à base de patate douce, potage aux pousses de pois. Chez les Di, Yuqi sort son accordéon et pour fêter joyeusement le changement de lune, les deux sœurs font fureur en se lâchant au rythme d'une musique folklorique. Nous goûtons le dessert traditionnel, le fameux *Bābăofàn*, riz gluant aux huit parfums. Pendant la nuit du Nouvel An personne n'est censé dormir, même les enfants à qui l'on raconte que les Dieux reviennent sur terre sous des formes étonnantes et apportent prospérité à la famille. Des *hóngbāo,* enveloppes rouges remplies de billets de banque neufs leur seront données le jour J. Nous avons distribué les cadeaux venus de France et tout a été très apprécié. James et Zouqi, l'artiste peintre, ont ressorti des cravates, interdites pendant la Révo Cul et se sont amusés à essayer de se remémorer la façon de les nouer. Les pétards, censés réveiller la nouvelle année, craquent et nous assourdissent[117]. Le temps splendide nous a même permis de faire une séance de bronzage dans le jardin de notre maison, derrière le mur de briques, finalement bienvenu pour avoir un peu d'intimité et qui, maintenant que je m'y suis habituée, délimite un refuge plutôt qu'une prison. Le campus est très calme, presque vide. Tous nos pots de colle, gardiens, interprètes, surveillants sont partis fêter le nouvel an dans leur famille !

117 Ce vacarme va durer pendant plus d'une semaine à toute heure du jour ou de la nuit et devient insupportable.

Lundi 16 février - reprise des cours

Vacances et voyages sont finis. Il faut bien s'y remettre et je reprends ma vie kunmingoise gonflée à bloc, en pensant aux prochaines évasions estivales. Les éditions Bordas m'ont enfin envoyé un paquet de livres, d'un niveau trop élevé pour mes élèves, mais bien utiles pour préparer mes conférences et cadeau précieux pour le Professeur You, mon plus grand admirateur, tellement reconnaissant de mon projet de créer une bibliothèque pour le département d'études françaises. J'ai reçu également un nouveau manuel pour enseigner le français langue étrangère, "Intercodes", dont les textes sont davantage d'actualité que le "Mauger". Il va instantanément être dupliqué par le service de ronéotypie de l'Institut et chaque étudiant aura son livre d'ici peu. Motus et bouche cousue pour les éditeurs français qui imaginaient peut-être avoir le contrat du siècle[118]. Intercodes étant une méthode audiovisuelle et n'ayant pas les conditions matérielles pour l'utiliser, je bricole de l'audio et du visuel : dessins au tableau pour le vocabulaire, utilisation des mots nouveaux dans des phrases aux situations variées, lecture du texte ensemble à voix haute, puis je le répète pour la prononciation et je l'enregistre pour que les étudiants qui le souhaitent puissent aller l'écouter au laboratoire.

Quatre de mes jeunes étudiants en ingénierie ont été présélectionnés pour obtenir une bourse de l'IFCL de neuf mois à Lyon. Deux seulement seront retenus et j'ai la difficile responsabilité de donner mon avis, écrire des lettres de recommandation et traduire leurs curricula. Cela me fend le cœur qu'il n'y ait pas davantage de moyens pour attribuer des

---

[118] La Chine continue aujourd'hui à voler la propriété intellectuelle sous toutes ses formes, à une échelle inimaginable en 1982.

bourses au moins à ces quatre étudiants qui le méritent bien. Je suis jalouse de mes collègues américains qui ont des dizaines de bourses à proposer et honte que les Français soient d'aussi petits joueurs. Ce n'est pas motivant de devoir enseigner le français pour de si maigres espoirs de bourses.

Le service aux experts se relâche en ce début de deuxième semestre. Les rapports sur nous doivent être suffisamment épais et les craintes d'espionnage estompées. Nous faisons maintenant notre ménage nous-mêmes, préparons les thermos d'eau bouillie et devons remplacer un des réchauds qui est cassé. Nous avons appris à faire marcher la chaudière pour chauffer l'eau. On nous a donné en maugréant la clef de la remise où galettes de charbon et bois sont stockés. Une pelletée de sciure de bois, du petit bois, du charbon, remplir le réservoir d'eau, ce n'est finalement pas si compliqué que cela. La nourriture à la cantine devient de plus en plus infecte et l'autre jour on a refusé un plat de légumes rances. Cette attitude n'a pas plu mais de peur que les experts tombent malade et surtout ne puissent plus assurer leurs cours, « Bocusette », notre cuisinière, fait quelques efforts pour agrémenter les menus.

Mardi 17 février

Ma sœur est maintenant capable de se repérer dans la ville et d'aller toute seule en vélo acheter les petits pains chez le boulanger vietnamien pendant que je donne mes cours. Comme nous nous ressemblons, elle est interpellée *Guìměi nǐ hǎo* par les gens qui me connaissent et utilisent maintenant amicalement mon nom chinois. Nous allons voir un film français en noir et blanc, doublé en chinois évidemment, « Le voyage en ballon » relatant un parcours en montgolfière pendant les années 1930, survolant l'Alsace, la Bretagne, la Camargue, les Alpes et même une chasse à courre en Sologne. La salle, très enthousiaste, commentait à voix haute, émerveillée par la magnificence des paysages. C'était touchant.

Mercredi 18 février

Henri Wang organise un banquet en l'honneur du départ de l'Américaine Ben Booz et nous invite ma sœur et moi. Nous y rencontrons Ma, un de ses amis également professeur de français à l'université du Yunnan, actuellement en congé maladie suite à une opération des yeux. Il est autant élancé que Wang est rondouillard, on dirait Laurel et Hardy. Ils se sont connus à l'école primaire catholique de Kunming tenue par des sœurs françaises et c'est là qu'on leur a attribué leurs prénoms français, Henri et Pierre, même si Ma se revendique musulman. Ils sont partis ensemble à Hanoï, à l'époque encore en Indochine française. Puis Ma a poursuivi ses études scientifiques chez les Jésuites au collège Aurore à Shanghai d'où son excellent français. Le fils d'Henri, médecin, un peu pataud est présent mais n'ouvre pas la bouche de tout le repas, sans doute intimidé par la présence de nombreux francophones.

Vendredi 19 février : opération sous acupuncture

Pour ma sœur apprenti médecin, le Docteur Liu se met en quatre pour qu'elle puisse visiter des hôpitaux, voir des opérations sous acupuncture, rencontrer des praticiens en médecine traditionnelle et échanger en anglais ou français avec tous ceux qui ont eu la chance d'aller en France ou aux États-

Unis. Nous nous rendons dans son hôpital où un médecin traditionnel regarde le bout de ma langue et prend mon pouls pour confirmer le diagnostic du rhume chronique dont j'ai du mal à me débarrasser. Dans son pavillon, des vieilles se soignent contre le manque d'équilibre en apposant une demi-fève verte sur chaque tempe, la tête en arrière. C'est efficace aussi pour chasser les mauvais esprits. Le kiné-masseur que nous devions rencontrer est malheureusement en *xiū xi,* repos.

Puis nous assistons ensemble à l'ablation d'un goitre sous acupuncture. Ma sœur avait repéré lors de notre voyage au Xishuangbanna dans des villages, des femmes avec des goitres impressionnants, probablement dus à une insuffisance en iode. Elle évoque le fait qu'autrefois, il y avait de nombreux cas de goitres dans les Alpes, le taux d'iode étant trop faible dès la naissance, le développement du cerveau était ralenti dans ces régions d'altitude d'où l'expression « crétin des Alpes ». Des distributions de denrées alimentaires iodées tentaient de limiter d'éventuels troubles cognitifs et retards mentaux. L'anesthésiste, qui répond au nom de Raymond, parle un français et un anglais admirables. Très gentil, il nous explique l'opération, les techniques, tout en nous faisant visiter les blocs opératoires. Toute l'équipe autour du chirurgien est d'un excellent niveau, conciliant harmonieusement médecines occidentale et traditionnelle.

Nous avons ensuite rendez-vous avec le Docteur Zhang, grand personnage au visage rond et plat traversé d'un sourire presque permanent qui fait apparaître une dentition de rongeur, d'où un surnom donné par les étudiants que nous ferons semblant de ne pas connaître. Dr Zhang ne parle que très peu l'anglais et pas du tout le français et se réjouit que je fasse l'interprète. Il nous reçoit gentiment dans son bureau et en préambule allume un peu d'encens devant une minuscule statue de bouddha dorée en nous offrant une tasse de thé. Il nous emmène à sa consultation. Il est en charge de 500 lits dont 25 lits de médecine traditionnelle : phytothérapie, acupuncture et massages. Nous passons devant une salle d'acupuncture où trois jeunes garçons sont soignés pour une myopie et un adulte pour un lumbago. Dans la salle des diagnostics, sobrement meublée et bien éclairée par une large fenêtre, un patient pose sa main sur un petit coussin pour se faire prendre le pouls. Dr Zhang nous fait une brève introduction à la médecine traditionnelle chinoise et la façon de faire les diagnostics : prise du pouls avec l'index, le majeur et l'auriculaire, examen de la langue, fond des yeux, odeur de l'haleine et parfois celle de l'urine dont la couleur est très importante. Il se révèle très doux avec ses patients, attentif à leur souffrances, les saluant d'un immense sourire pour les mettre en confiance. Il offre à ma sœur un numéro de *The American Traditional Chinese Medicine TCM*, où il a publié un article sur la médecine traditionnelle et se propose de lui donner des cours sur le sujet. Sydney nous a prêté un livre fort intéressant, une traduction américaine du manuel chinois destiné aux médecins aux pieds nus[119] envoyés dès 1968 dans les campagnes pour former à l'hygiène et soigner les paysans.

Samedi 20 février

Le soir, pour terminer cette journée consacrée à la médecine et fêter le départ de ma sœur, le Dr Liu et sa femme nous

[119] Pendant la Révolution culturelle, des villageois sont formés pour pallier l'absence de médecins, afin d'apporter les soins dans les zones rurales et de diffuser des règles d'hygiène, de faire de la médecine préventive, du planning familial et de traiter les maladies les plus communes. Ils sont appelés les médecins aux pieds nus.

invitent à un diner exquis de spécialités du Yunnan où nous avons appris tous les petits potins du monde médical lyonnais, ce qui, à des milliers de kilomètres, nous a bien diverties. Après le repas, nous regardons ensemble à la TV le film « Crin blanc », suivi d'un film chinois sur une jeune fille vendeuse dans un magasin d'État. Très consciencieuse, employée modèle, elle tente de propager quelques idées nouvelles pour améliorer l'ambiance de travail, ce qui ne plaît pas au vieux directeur. Un jour où elle s'est investie plus que de coutume, le directeur l'oblige à écrire une autocritique pour corriger ses erreurs. Réflexion du Dr. Liu dans un grand éclat de rire : « C'est ainsi chez nous, ceux qui travaillent bien ont le plus de défauts et il faut toujours écrire son autocritique ». Humour et détachement, quelle personnalité extraordinaire que ce Dr.Liu !

Dimanche 21 février

Pour marquer le départ de ma sœur, nous invitons Eugene et Sydney au restaurant et faisons éclater quelques pétards dans le jardin. Deux poissons rouges, baptisés Arthur et Gaspard, offerts par mes colocataires, sont supposés me consoler. Une aubaine pour se débarrasser des nombreux moustiques qui leur feront des mets de choix. Le séjour de ma sœur m'a fait redécouvrir Kunming. À travers son regard, je remarque des détails que je ne voyais plus. Tout l'émerveillait et lui semblait déroutant, alors que pour moi, cela fait partie de mon quotidien. J'ai réalisé à quel point je m'étais habituée à ma vie chinoise. J'ai aussi accepté de revoir certains jugements hâtifs sur les Chinois chargés de me surveiller, réalisant qu'ils ne pouvaient guère faire autrement que d'être de bons petits soldats, risquant autrement leur poste. Nos chaperons sont choisis pour leur capacité à résister à nos influences impérialistes et à rester fidèle à l'idéologie du Parti sans flancher à notre contact et cela vaut bien un peu de mauvaise humeur. Ma sœur a moins ressenti l'austérité de ma vie, sans doute parce qu'elle est arrivée pendant une période de vacances, de voyage et d'aventures, où j'étais moi aussi complètement heureuse de réaliser mon rêve de découverte de ces régions que je ne connaissais pas. En voyageant avec elle, j'étais moins gênée par les personnes qui nous dévisageaient ou nous posaient des questions, je prenais même plaisir à la présenter, à expliquer notre périple, fière de pouvoir lui traduire les conversations dans les trains. Son séjour a été intense bien qu'entravé par les contraintes et les interdits du *wàibàn* pour nous punir de visiter le Xishuangbanna à notre guise, craignant peut être que nous observions des différences de traitement et de niveau de vie chez les minorités[120]. Quand la position hiérarchique le permet, faire subir un despotisme mesquin est un moyen de se venger d'humiliations ou d'injustices passées. J'avais rêvé de rentrer en France à la fin de mon contrat par le Transsibérien mais devant les complications administratives pour obtenir les permis et les nombreux visas, j'abandonne l'idée[121].

Lundi 22 février

Pour me seconder dans le département de français, sont arrivés un nouvel assistant de Beijing et sa douce amie de Chongqing, tous les deux Hans et d'un bon pedigree politique, mais dont les compétences en français sont plus que limitées.

[120] Les minorités, déjà à cette époque où le tourisme en Chine était plus que limité, sont une source de devises. D'ailleurs, j'ai trouvé que certaines ethnies, vivant également en Thaïlande du Nord où je m'étais rendue en 1978 à mon retour de Taïwan, semblaient mieux traitées ici, avec un niveau de vie et d'éducation plus élevé.

[121] et le regrette encore aujourd'hui.

J'ai décidé d'aller à un de leurs cours et noter les erreurs pour écrire une petite critique, si on me demande mon avis bien entendu. Ils sont les typiques camarades au cerveau bien lavé et se sont permis de dire à mes étudiants, qui se sont empressés de me le répéter : « La France est un pays où il y a plein de voleurs, de la violence, du chômage, des couples qui ne s'aiment pas et n'ont pas d'enfants. Il y a des prostituées partout ». Je vais devoir rétablir les choses tout en douceur. Bien entendu, ni elle ni lui ne sont allés en France et ils ne font que répéter bien sagement les discours de propagande. Avec le Professeur You nous échangeons des regards qui en disent long. Le pauvre souffre encore plus que moi de ce choix d'assistants pour notre département de Français, dont nous sommes bien fiers tous les deux. Pour ses 65 ans, il m'invite à dîner chez sa fille et nous nous y rendons ensemble en bus. Il habite au bord de la rivière dans la rue des maisons françaises, bordée de platanes dans un minuscule deux pièces très modeste. Sa fille et son gendre ne sont pas mieux logés avec leurs deux petits garçons de douze et quatre ans. Son gendre est chimiste et sa fille instrumentiste au bloc chirurgical de l'hôpital Calmette, qui se trouve dans la même rue. Malgré la petitesse de la cuisine et du logement, le repas est somptueux. Comme toujours, les Chinois savent recevoir et, partager généreusement le meilleur de leur gastronomie avec leurs amis, est un de leurs plus grands plaisirs. J'apprécie le courage qu'ils ont de m'accueillir dans leur intimité, et suis émue de l'effort réalisé pour cuisiner tous ces mets goûteux.

Mercredi 24 février : pick pocket

Chers tous,

Je vous ai conseillé le livre Ombres chinoises de Simon Leys, dans lequel il décrit avec son recul et son humour exceptionnels, la scène d'un étranger quittant sa chambre d'hôtel où il avait jeté sa lame de rasoir usée, et qui était rattrapé par un employé zélé pour la lui rendre. Cette époque est bien révolue[122] *! Si, pour aller au musée, je laisse mon vélo au parking sans donner un petit fen de plus à la gardienne, plus de sonnette. B. s'est fait voler son carnet d'adresses dans le bus n°2; Eugene son portefeuille et sa carte de travail. C'est comme dans tous les pays du monde, il faut faire extrêmement attention à ses affaires. Le pickpocket est une profession largement pratiquée. Rue Zhang Wen lu, un type me prend mes lunettes de soleil que je venais de mettre dans ma poche. Je le sens et le vois absorbé dans la contemplation d'une devanture de magasin. En le prenant par l'épaule, je lui dis « Eh, camarade, mes lunettes !». Il réalise alors qu'il a volé une étrangère et me les rend, paniqué, en me faisant signe de me taire, un doigt sur la bouche. J'ignore pourquoi c'est un étudiant que je ne connais même pas qui me remet une lettre de Hong Kong. Elle traînait dans sa poche. Je suis encore allée me plaindre que je ne reçois plus Le Monde depuis janvier. F, elle, a reçu un paquet où le chocolat avait été grignoté. Quel bonheur ce doit être d'avoir sa propre boîte aux lettres et de ne dépendre que du service national de la poste. J'ai fait une enquête par rapport à un abonnement à une revue littéraire dont je n'ai reçu que le premier numéro en novembre, depuis plus rien. À la poste on me certifie que l'Institut les a reçus mais les autorités ici me disent que non, or, je comptais sur cette revue pour réviser le CAPES.*

La vie les uns sur les autres en permanence dans le bruit et la saleté rendent les nerfs de mes étudiants à vif. La violence est latente, il suffit d'une petite broutille, une étincelle pour que le

[122] In *Ombres chinoises*, Simon Leys, édition 10-18, 1974.

feu parte rapidement. Quand je vais en ville, je suis souvent témoin d'une scène de rue de gens qui se battent, de femmes qui se prennent par les cheveux ou d'enfants qui pleurent. Mais devant ces disputes, la foule adopte une attitude très détendue presque spirituelle. Des loubards en pantalons serrés et blousons de skaï, mégots au bec, s'amusent à faire peur, n'ayant rien à perdre. En prison, ils auront un toit et de quoi manger. Après le dîner, notre trio aime faire une petite marche digestive pour voir le coucher du soleil. Une fois, des gamins âgés d'une dizaine d'années nous ont traités de sales étrangers, de grands nez et nous ont même jeté des pierres. Deux adultes regardaient la scène sans broncher. Les gens « badaudent » étonnés, mais ne prennent pas partie. On aurait pu comprendre un lancer de pierres au fin fond d'une campagne arriérée, mais des enfants vivant sur le campus, peut être fils du personnel de l'Institut, cela paraît inimaginable. Sydney et moi en avions les larmes aux yeux.

Sans allocation chômage ni système de retraite universel, l'État communiste est censé s'occuper de tout. On s'étonne que le film *Les hommes de cette génération*, sorti en ce printemps 1982 ait pu passer la censure. Malgré un côté moralisateur, il avait le courage de critiquer une société dirigée par des vieux qui s'accrochent à leur poste, sans avoir la moindre intention de faire place à la génération suivante. À la fin du film, un directeur d'usine donnait les clefs de son bureau à un jeune qui allait prendre la relève. Le message était pourtant bien clair.

Certains employés de magasin n'ont pas intégré la campagne *wǔ jiǎng sì měi* des cinq contraintes et quatre grâces. Hier j'ai attendu un quart d'heure à un comptoir où j'étais seule et où trois vendeuses papotaient entre elles. J'ai appelé *tóng zhì* camarade quatre fois. Elles feignaient de m'ignorer. Puis enfin une m'a jeté de mauvaise humeur la brosse à dent convoitée. Alors avec un grand sourire, j'ai débité le slogan sur la campagne pour la politesse en lui demandant si elle en avait entendu parler. Dans le bus, les parents font trôner sur les rares sièges disponibles leur fils unique, petit empereur, qui parfois même commence à être en surpoids à force d'être gavé, alors que des petites vieilles aux pieds mutilés sont debout. Cette campagne pour essayer de restaurer des valeurs considérées comme contre-révolutionnaires et bourgeoises pendant la Révolution culturelle n'est pas gagnée. Avant le film-opéra de trois heures, tiré du roman *Le Rêve du Pavillon Rouge*, -excellent par ailleurs- des spots publicitaires ont été diffusés, expliquant qu'il ne faut pas cracher en dehors des récipients disposés à cet effet dans les lieux publics, qu'il faut jeter les pelures de fruits dans les poubelles, ne pas fumer dans les endroits défendus, ni se soulager en dehors des latrines publiques. S'en suivait un petit film où des équipes de nettoyage d'une unité de travail mettaient en pratique ces consignes de façon fort détaillée.

Vendredi 26 février

J'aime discuter avec les étudiants qui me font confiance et me livrent leurs projets. Certains ont des personnalités vraiment attachantes et avec l'habitude, on trouve bien plus facilement des occasions de se retrouver dans une relative intimité. Une des étudiantes a décidé de partir enseigner l'anglais à Lijiang, au nord-ouest du Yunnan, pour deux ans. Elle préfère supporter une vie dure pendant un temps limité, espérant être récompensée plus tard par un poste à Kunming. En évoquant Lijiang, elle raconte à voix basse, les révoltes des minorités tibétaines et musulmanes au Yunnan : « En 1978, il n'y a que trois ans, des Naxi se sont rebellés à Lijiang. L'Armée Populaire de Libération est intervenue violemment, ayant été prévenue par un traître, qui pour sa récompense fut promu gouverneur du Yunnan, juste avant qu'on découvre qu'il avait été pro-Bande des Quatre et qu'il soit donc de nouveau limogé et retourne à Lijiang. Sa pire punition est de subir le regard haineux de la population locale chaque fois qu'il sort dans la rue». On me raconte aussi qu'à Shatian près de Mengzi, au sud de Kunming, sur la fameuse voie ferrée française, un terrible massacre a été commis en 1975 pendant la Révolution culturelle contre la minorité musulmane Hui. Après trois jours de résistance courageuse, le village fut totalement bombardé par l'APL et les habitants torturés. Toute pratique religieuse était interdite et les autorités locales auraient forcé la population à élever des porcs et à les manger. Il y aurait eu près de 1 600 morts. Les survivants de Shatian sont venus manifester à Kunming avec les cadavres de leurs frères. Toute la communauté Hui de Kunming et quelques Hans même les soutenaient. Là aussi, il y aurait eu une traîtresse, une jeune fille Hui qui aurait dénoncé les coutumes arriérées des musulmans, aurait laissé son père et sa mère être égorgés devant elle. Elle a été choisie comme modèle et les petits enfants du Yunnan connaissent aussi bien son histoire que celle d'Oncle Leifeng, le Stakhanov chinois, souvent représenté sur de grands posters pour la promotion du socialisme. La dernière biographie qui lui est consacrée le fait naître à Changsha, patrie de Mao. Il ne peut y avoir que des bons éléments qui viennent du Hunan !

Dimanche 7 mars

Le printemps se fait attendre mais les arbres commencent à fleurir et certains jours le ciel est d'un bleu roi, qui fait oublier la pollution. Les camélias, qui se déclinent du blanc au rouge vif en passant par les roses magenta, fuchsia et framboise, souffrent un peu de la sécheresse car il n'a pas plu depuis longtemps. Nous arrosons nos plantations de légumes sur notre petit lopin privé et muré, ce qui fait sourire l'administration de l'Institut mais aussi inspire le respect pour ces étrangers qui s'adaptent aux us locaux. En vélo, les pistes non asphaltées sont couvertes de poussière qui m'irrite les yeux, malgré des lunettes.

Lundi 8 mars

Pour la fête des femmes[123] un après-midi de congé est accordé uniquement à Sydney et moi, ainsi que la visite d'un jardin d'enfants modèle. Ce qui ravit Eugene. De très mignons bambins costumés dansent et chantent dans une ambiance de kermesse. Les petits garçons ont souvent la tête rasée pour éviter la propagation des poux. Tous sont bien habillés, les joues rondes et nous regardent avec de grands yeux. Sur la demande de la directrice, d'une même voix forte et assurée, ils crient : *wàiguó āyí nǐ hǎo*, bonjour les tantes étrangères. C'est courant et même une marque d'affection pour les adultes d'être appelés tantes et oncles. La fille d'Isabelle m'appelle *Guìměi āyí*, tante Guimei.

Je n'ai trouvé aucun lieu où entendre des débats sur la place des femmes dans la société communiste, pourtant un sujet très politiquement correct, puisque la deuxième moitié du ciel,

[123] J'ai toujours été étonnée que le PCC n'arrive pas à des résultats meilleurs quant à la condition des femmes. Ces chiffres à l'échelle nationale m'ont été transmis à l'époque par le chef de l'organisation nationale des femmes : 50% de filles vont à l'école primaire, 40% à l'école secondaire, 30% à l'université. Dans ma classe il n'y a que 4 femmes pour 11 hommes et dans la classe postgraduate de Sydney zéro ! 80% d'illettrés et 70% des jeunes sans emploi après le secondaire en Chine sont des femmes. Il n'y a que 4,7 millions de femmes sur 20 millions de cadres, soit 24%.

nommée ainsi par Mao, a été délivrée des coutumes arriérées. Dans les films ou les publicités, l'image de la femme modeste, romantique, amoureuse et souvent de corvée de cuisine, reste affligeante et paradoxale pour une société soi-disant égalitaire. Pour les vieux fonctionnaires du gouvernement, la démographie est l'affaire des femmes et les systèmes de contraception ne les intéressent pas et, pour eux, les jeunes n'ont qu'à pratiquer l'abstinence sexuelle. Il n'y a pas ou peu de préservatifs et les contraceptifs peu fiables, n'existent que pour les femmes. Impossible de trouver en vente les pilules abortives récemment fabriquées par Roussel Uclaf en France, qui éviteraient les douloureux avortements. Les diaphragmes et stérilets sont mal posés, provoquent des infections vaginales et sont la cause d'une démarche inconfortable chez des femmes. Les avortements sont tolérés et pratiqués jusqu'au 7e mois. Il n'est pas rare de voir un tableau à l'entrée des usines ou des communes populaires où les femmes doivent indiquer la date de leurs règles. Quant à la stérilité, c'est un drame. Dans la langue même l'idéogramme *hǎo* 好 qui veut dire «ce qui est bon, bien, le verbe aimer», est représenté par une femme portant un enfant. Tout ce qui tourne autour de la fécondité est non seulement très surveillé par le régime communiste mais également empreint de tabous et de superstitions traditionnelles. Après une naissance, la mère n'a pas le droit de mettre le talon par terre et doit rester couchée, la belle-mère en profite pour s'accaparer le bébé, surtout si c'est un garçon. La politique de l'enfant unique contraint les parents à avoir un fils à tout prix qui s'occupera d'eux lors de la vieillesse, palliant le manque de système de retraite universel. Les filles en se mariant partent s'occuper des beaux parents. On évoque les naissances ratées, le cordon ombilical est tout simplement enroulé autour du cou étouffant les petites filles.

La sexualité est un des problèmes majeurs en Chine. Vu l'exiguïté des logements, les enfants dorment avec leurs parents jusqu'à dix ans. Les amoureux se cachent pour se retrouver, craignant de se montrer en public. Mais il n'est pas rare de voir des jeunes du même sexe marcher main dans la main ou en se tenant par les épaules, des filles se caresser entre elles, sans aucune allusion à l'homosexualité, officiellement inexistante. Mes amies me prennent le bras pour marcher ensemble et me parlent très près de l'oreille. Les problèmes de cœur, de mariage, d'avortement font l'objet de confidences auprès des expertes étrangères et je me retrouve dans le rôle d'une conseillère conjugale bien inexpérimentée. Personne ne s'embrasse en public et les parents ne s'autorisent à câliner que les enfants en bas âge. Quand ils grandissent, les baisers ne se donnent que dans la sphère privée. On ne voit jamais de scènes de baiser dans les films et encore moins de sexe. Des hommes d'âge mûr m'avouent tristement qu'ils ne trouvent pas de femme. La politique de l'enfant unique déséquilibre les sexes à la naissance, gravement en défaveur des filles et il n'y a plus assez de candidates au mariage.

Une étudiante m'a raconté l'histoire d'une fille d'une famille « politiquement incorrecte » qui a été expédiée dans une usine pendant la Révolution culturelle. Six ans après, elle est rappelée à Kunming pour enseigner l'anglais. Elle se marie avec un militaire d'une bonne famille « rouge », apparemment un mariage d'amour, non arrangé par les chefs de brigade et les leaders politiques, nouveaux entremetteurs dans la Chine moderne. Peu de temps après son mariage, elle obtient enfin le droit d'aller au Canada alors qu'elle avait complètement abandonné tout espoir suite à cinq demandes toutes refusées. Elle fait ses papiers, son passeport, sa demande d'admission dans une université et attend. Entre-temps elle tombe enceinte, lors d'une rare entrevue avec son militaire de mari qui vit dans une autre province. Panique ! Elle décide d'avorter vu qu'elle ignore combien de temps elle va attendre son passeport. Un cas dramatique, entre mille autres.

Une Chinoise n'a pas le droit d'être prise en photo avec un étranger, cela relève de la prostitution. Mais pour un homme c'est admis. J'essaye de faire un peu d'éducation dans mes conférences sur les femmes en France, sur l'égalité homme femme, en prenant des exemples concrets de ma famille, ma mère et mes quatre sœurs. Tous ces sujets délicats brident la jeunesse, contraignent l'épanouissement, la créativité, l'inventivité et l'imagination. Une chanson populaire, apprise à l'école primaire, raconte qu'un garçon tombe amoureux d'une jolie bergère aux beaux yeux. Il rêve qu'il est un petit mouton et que la bergère le frappe délicatement avec son fouet sur le derrière.

Mercredi 10 mars

Dans le bureau des secrétaires, une certaine Xiaotu a été parachutée grâce à ses pistons et ne fait pas grand-chose au grand dam d'Isabelle qui fournit un travail remarquable pour les deux départements d'anglais et de français. Elle est d'ailleurs chaque année récompensée de la médaille du travailleur modèle sans que son maigre salaire ne soit augmenté. Cette Xiaotu serait une lointaine parente d'un chef de l'Institut et, bien qu'elle ne soit que diplômée de l'école primaire, elle a obtenu ce poste de secrétaire et touche un salaire plus élevé. Xü, la soixantaine, rondouillette d'un mètre cinquante, au visage cerclé de lunettes rondes qui lui donnent un air de fouine, n'a pas eu besoin de dérogation pour venir en spectatrice à mon cours de professeurs recyclés, alors qu'elle-même se dit incapable d'apprendre le français à son âge. A la fin de chaque cours, elle va demander à Isabelle ce que je pense d'elle. Je m'en méfie terriblement, car je sais qu'elle est au PCC.

Samedi 13, Dimanche 14 mars : visite d'une commune populaire

Les contrastes de température sont importants, les nuits restent fraîches alors que le thermomètre, même au printemps, peut parfois atteindre 30° la journée. Le *wàibàn* organise une sortie éducative pour les experts à Yuxi à 70 kilomètres au Sud-Ouest de Kunming. Le paysage, sous un soleil de plomb malgré la saison, est de toute beauté. En ouvrant les fenêtres plastiques de notre jeep, un courant d'air rend la chaleur supportable.

Nous sommes surpris, en arrivant dans l'enceinte de la commune populaire, de voir de superbes maisons propres et spacieuses. Un comité révolutionnaire qui représente l'armée, le Parti et les paysans, administre la commune et son responsable nous accueille tandis qu'une camarade nous sert du thé et des graines de tournesol. Chaque commune a selon sa taille une ou plusieurs garderies, crèches, cuisines communes et réfectoires collectifs. Les équipes de propagande sont chargées de l'éducation. Les autorités nous autorisent à poser des questions sur l'organisation du travail en brigades, elles-mêmes divisées en équipes de production, sur les salaires, le système de point-travail gagnés par heures supplémentaires, le prix des ventes de céréales sur le marché, la taxe agricole payée par la commune à l'État. Bref, nous pouvons tout questionner. J'ose interroger sur le nombre de naissances par an dans la commune et surtout la répartition filles garçons. Presque du simple au double en faveur des garçons bien sûr. Rien de bien nouveau pour moi qui ai déjà visité plusieurs communes lors de mon séjour en 1980. Un détail amusant, celle-ci avait été jumelée avec un sorte de kolkhoze en Albanie seul pays de l'Europe de l'Est qui, après sa rupture avec l'URSS en 1961, s'est rapproché de la Chine maoïste, dont elle se sépare fin des années 1970. Certains Chinois étaient allés étudier à Tirana et avaient dû apprendre la langue albanaise. Les Albanais envoyaient à cette commune populaire des olives pour faire de l'huile, mais les Yunnanais n'en aimaient pas du tout le goût, préférant leur huile de sésame.

Nous visitons deux usines, une de machines-outils et l'autre de cigarettes, celles où travaillent les deux Anglais que j'ai rencontrés à l'Hôtel du Lac Vert. Dans la première, à l'entrée d'un atelier, sur un tableau en face du nom de chaque ouvrier est positionné un petit drapeau rouge amovible qui permet d'évaluer l'exactitude, la propreté, la rapidité et l'effort fourni au travail.

Le soir, j'ai quitté le groupe pour aller en catimini à un opéra en dialecte local. C'était une pièce moderne relatant la vie d'un grand père qui rentre chez lui après avoir été emprisonné pendant plusieurs années sous la Bande des Quatre. Ses enfants, avares mais surtout très petitement logés, ne veulent pas le recevoir et le casent chez une de leur tante au Sud du Yunnan près du Laos. Mais le Parti décide de dédommager financièrement ces anciens prisonniers. Le grand-père devient riche et les enfants se font soudain polis et obséquieux, se disputant en vain l'honneur de le loger. Certaines scènes désopilantes faisaient rire tous les spectateurs. J'aime la façon dont les Chinois arrivent à s'amuser des revirements de situations, des changements brusques de politiques, des vicissitudes qu'ils ont subies. J'apprends à ne plus me laisser déconcerter par leur rire dans des situations que je trouve parfois déplacées ou inopportunes, ou que je prends pour de la moquerie. Si ma prononciation d'un mot avec un ton erroné[124], mon accoutrement sortant de l'ordinaire, un trébuchement malencontreux déclenchent l'hilarité, je me mets à rire avec eux et ainsi, un court instant, je m'imagine être une des leurs, avoir atteint une forme de sagesse. Une fois dans un restaurant particulièrement sale, une serveuse glisse sur les détritus jetés par terre et renverse un bol de soupe sur un client qui se met à rire, ainsi que toute la salle, la serveuse y compris, tout en nettoyant sa maladresse le plus efficacement possible. On imagine difficilement la même scène en France où le client se serait certainement mis en colère.

Le dimanche matin, avant d'aller voir deux barrages, nous avons l'autorisation d'aller au marché des vanniers et fabricants de meubles en bambous. Mais le *wàibàn* nous a à l'œil. Une étudiante venue exprès à Yuxi pour échanger avec P. l'Australienne est repoussée et forcée de s'éloigner. Obstinée et courageuse, l'étudiante arrive à venir discuter le soir à l'hôtel dans le dortoir des filles. Les interprètes surveillantes ne cessent de rentrer à tour de rôle dans notre dortoir pour interrompre

[124] Chaque caractère homophone se prononce différemment selon quatre tons qui lui donnent un sens différent. « Ma » prononcé avec le premier ton désigne la mère 妈 Mā « Ma » prononcé avec le second ton désigne le chanvre 麻 Má « Ma » prononcé avec le troisième ton signifie le cheval 马 Mǎ « Ma » prononcé avec le quatrième ton signifie gronder 骂 Mà.

l'échange, avec l'excuse bidon de nous redonner l'horaire de départ.

Lundi 15 mars

La TV où il n'y a que deux chaînes d'État, nous sert des films atroces sur les conditions de vie avant la libération. Une femme doit vendre ses yeux pour payer les frais d'hospitalisation de son frère, mordu par le chien d'un Japonais. Le médecin et le Japonais se liguent contre cette malheureuse femme qui arrive à se sauver, mais son frère doit donner ses yeux à son tour. Autre thématique des films-opéras télévisés : l'histoire de la fille mariée à celui qui un jour d'orage l'a jetée à l'eau. Sa belle-mère bouddhiste hypocrite fait crever les yeux du frère de cette fille et couper la langue de sa bonne pour qu'ils ne parlent pas. L'aventure se termine au *Yámen*, à la cour où la justice est rétablie. Tout le monde se retrouve sain et sauf après la libération. Les scénaristes ont-ils pour mission d'abrutir la population ou se moquent-ils du régime avec ces histoires stupides, comme si la pensée de Mao pouvait faire faire n'importe quoi à tout bon révolutionnaire ? Dans la série des horreurs, aux informations nationales, un nouveau mets a été inventé à Nankin : le poisson frit dont la bouche et les yeux bougent encore quand on plante ses baguettes pour retirer la délicieuse chair. Tout comme le cerveau de singe, spécialité gastronomique controversée, réservée aux richissimes qui peuvent se payer le sacrifice d'un animal vivant dont la tête est coincée dans un trou au centre de la table et qui scalpé, offre en hurlant d'agonie sa cervelle à déguster.

Au journal télévisé régional du soir : aux nouvelles locales, production exceptionnelle et bonne salaison de jambon du

Yunnan. Exposition de calligraphies et de peintures par les *gànbù* cadres de l'armée. À Chengdu, visite d'un jardin de fleurs. Ouverture d'une bibliothèque pour relever l'éducation des paysans dans le Shanxi. Des officiels se prosternent devant le mémorial de Sun Yat-sen. Au niveau international en ce printemps 1982, un satellite américain envoyé dans l'espace. Nouvelles sportives : B. Borg triomphe en tennis au Portugal; championnat du monde de descente de ski en France et un match de badminton aux États-Unis où les Chinois ont gagné. Vingt minutes sur le monde des animaux dans la toundra en Alaska. Au niveau national, vingt-cinq minutes de propagande sur la campagne de politesse. Ne pas arriver en retard en classe, ou jeter des papiers par terre mais aider à lutter contre le bruit dans les dortoirs ! Suit une interview d'une vieille dont la vie a été transformée par le Parti communiste et qui verse sa petite larme sous les yeux attendris d'un gros militaire. Je ferme le poste, ça ira pour la semaine.

Mercredi 16 mars

Trois étudiants du département d'anglais sont venus prendre le thé chez nous, désabusés et tristes.

— Ma demande de partir en Iran comme interprète d'anglais a été refusée…

— Attends d'avoir les cheveux blancs !

— *báitóu bùxin !* blancs ça ne suffit pas, il faut qu'ils soient tous tombés et que je n'ai plus de dents pour parler l'anglais, alors je pourrai partir.

L'un d'eux, Zhu, est coincé à Kunming alors que l'université de Stanford l'attend avec une bourse complète. Un nouveau document a été émis par le Parti stipulant la nécessité d'avoir travaillé deux ans pour obtenir l'autorisation de partir à l'étranger. Les anciens, parvenus au pouvoir, usent de techniques perverses pour rendre le départ des jeunes à l'étranger semblable à un Everest administratif. Nos étudiants se remémorent des souvenirs de leur enfance et adolescence, en pleine révolution et savent encore réciter par cœur le Petit Livre Rouge et même en chanter certains paragraphes. Tous en avaient un exemplaire de poche et c'était l'unique ouvrage étudié à l'école primaire. Un des chants du manuel durait une demi-heure. Les enfants l'apprenaient en plusieurs mois et devaient tous les matins et tous les soirs en réciter un passage. Dans les années 1980 c'est le deuxième ouvrage le plus vendu au monde. Dans ce bréviaire de toute la population chinoise mais aussi des militants maoïstes en Occident, on peut trouver la solution à tous les problèmes, de la gestion d'une récolte à la guérison d'un malade. Le style imagé et poétique des citations occulte le côté parfois brutal, voire sanguinaire. Les illettrés prennent tout au premier degré et n'imaginent même pas qu'au deuxième degré, les mots deviennent des armes puissantes. Il y en a de très crues qui peuvent être terribles. Certaines ont incité à la torture pour exhorter les victimes à avouer n'importe quoi, comme celle-ci, prononcée à voix basse par Zhu : « C'est quand la merde et le pet sont sortis que le ventre est soulagé ». Sur l'exemplaire du *Petit Livre Rouge* de Zhu, il y avait une citation de Lin Biao, le livre ayant été imprimé avant la campagne érigée contre lui. Nos trois amis se mettent à rire cyniquement et disent qu'ils pourraient s'amuser à collectionner les différentes éditions avec les citations en page de couverture qui variaient selon la politique du moment. Dans les librairies, les étalages étaient complètement rouges et on n'y trouvait que les œuvres de Mao. Un pianiste a écopé de cinq ans de prison pour avoir dit lors d'une fête où tout était entièrement décoré de bannières rouges : « Avec tout ce rouge on ne distingue plus l'enseigne d'un coiffeur de celle d'un restaurant ». Sa femme a été sommée de divorcer pour ne pas être accusée du même crime. Les enseignes devaient servir la Révolution en changeant leur nom et devenaient, le « cinéma de l'Orient rouge » le « restaurant de la lutte des classes », la « librairie du Grand Timonier», le «photographe des gardes rouges ». Sur ma besace fourre tout que j'utilise tous les jours pour mettre mes cours est écrit, dans une calligraphie cursive d'un beau rouge *Máo Zédōng wàn suì*, dix mille années de vie à Mao Zedong.

Vendredi 18 mars

En échangeant avec F de *Yúndà*, sur l'idée d'écrire un livre de nos expériences en tant qu'expert, nous craignons d'utiliser un ton à la Simon Leys[125] qui empêcherait tout retour en Chine. F pense qu'une deuxième Révolution culturelle n'est pas impossible et que l'avenir est complètement incertain. Je me souviens du propos d'un expert américain croisé à Beijing : « Un voyageur vient quinze jours en Chine et écrit un livre en n'ayant vu que ce que les Chinois ont bien voulu lui montrer. Il voyage un mois, il écrit un article. Il reste un an, il se tait ». Alain Peyrefitte rédige son livre au titre choc *Quand la Chine s'éveillera le monde tremblera* après quinze jours d'un voyage organisé en 1971. Changer de nom pour écrire ? Les services secrets chinois sont

[125] Simon Leys, alias Pierre Ryckmans fut l'un des premiers intellectuels et grands sinologues à dénoncer la Révolution culturelle et la maolâtrie en Occident en publiant sa trilogie *Les Habits Neufs du Président Mao* en 1971, *Ombres chinoises* en 1974 op.cit. *et Images brisées* en 1976.

très bien renseignés et vu que nous sommes les deux seules françaises au Yunnan depuis l'ouverture de la Chine par Deng Xiao Ping, il serait vain d'imaginer ne pas pouvoir nous identifier[126].

Samedi 19 mars

Une lettre de Mme Bourgeois, professeur aux Langues'O, est arrivée, m'informant que les épreuves du CAPES auront lieu au consulat de France à Hong Kong du 11 au 14 mai aux mêmes heures qu'à Paris, soit dans l'après-midi, puisqu'il y a six heures de décalage. J'ai l'embarras du choix pour me loger, chez un couple d'amis lyonnais ou chez un copain des Langues'O, Jacques M. attaché de presse au consulat, qui a même un bateau et me propose de m'emmener faire un petit tour dans la baie entre les épreuves pour me détendre. Le vol aller-retour pour Hong-Kong coûte deux mois de mon salaire, soit 1 480$ et la banque de Kunming n'en a toujours pas. Il me faut aussi solliciter une autorisation de sortie du territoire auprès de l'ambassade. Cette année, apparemment il y a davantage de candidats et seulement deux postes. Quelle arrogance de ma part de vouloir essayer ce CAPES, surtout sans une préparation solide, n'ayant même pas accès à toutes les œuvres imposées. J'ai pu voir le film tiré du roman «Minuit» de Maodun, auteur au programme, une des rares œuvres que j'ai lues. Le professeur You a insisté ce matin pour que je finisse le programme de mes cours suivant le manuel Mauger me laissant

[126] Il est amusant de voir que je relate cet échange dans mon journal en avril 1982 et que je me lance dans l'écriture de ma vie à Kunming plus de 40 ans après. Le monde a tellement changé, les coups de volants politiques à droite et à gauche rendent mes propos politiquement corrects au moment où je les écris et peut être incorrects quand ils seront publiés. La plupart des personnes que j'ai rencontrées sont soit décédées, soit exilées, soit leur existence reste conforme à ce que l'on attend d'un bon citoyen chinois et ils ou elles ne craignent rien. Dans le doute, j'ai changé la plupart des noms ou surnoms.

peu de temps libre pour réviser. Quel programme et pourquoi s'attacher à ce Mauger ? Mystère. J'ai peur que cette escapade à Hong-Kong soit mal venue. Ma réputation va en pâtir et, par ricochet, les visas pour mes parents cet été me seront peut-être refusés ou difficiles à obtenir, même si le fait que mon père ait proposé de faire des conférences-diapositives sur Lyon et la région Rhône Alpes ait bien plu aux leaders de l'Institut.

Après de grosses chaleurs, des trombes d'eau s'abattent sur la ville sans rafraîchir l'atmosphère. Avec l'altitude et ces changements de température, le cœur bat plus vite que d'habitude malgré l'accoutumance de vivre à 2 000 m depuis près de dix mois. Les nuits étoilées sont superbes et m'incitent à faire mon footing le soir vers dix heures, quand les poêles à charbon ne fonctionnent plus. Je connais bien mon parcours et évite les embûches invisibles dans l'obscurité presque totale, excepté la lueur de la lune. Je croise quelques étudiants qui travaillent sous les réverbères du campus, les dortoirs étant surpeuplés et l'électricité coupée à 22 heures. Beaucoup ont des problèmes de vue et portent des lunettes.

Jeudi 1er avril : les poissons d'avril bien appréciés

J'ai annoncé pendant mes cours l'incroyable nouvelle que le Président français, François Mitterrand, allait venir à Kunming à l'Institut pour juger des progrès de mes élèves. J'ai répété plusieurs fois et attendu qu'ils comprennent tous bien en français. Devant leurs regards étonnés mais crédules puisque le professeur a toujours raison, j'ai expliqué la tradition des poissons d'avril et le fait que ce jour-là, en France, il faut se méfier des informations à la TV, radio et dans la presse écrite. Quand ils ont réalisé la farce, ils ont ri de bon cœur. Nous avons évoqué aussi l'habitude de coller des poissons en papier dans le dos, sans se faire remarquer et ils s'en sont donné à cœur joie. Le poisson, symbole de richesse et de prospérité est très apprécié en Chine et il y a toujours un plat de poisson dans un banquet ou un repas de fête. Ce jour-là, ma cote de professeur a bien monté. Si j'ai la réputation d'être sévère et certains de mes élèves tremblent un peu quand je les interroge, on me trouve juste et toujours encourageante. D'ailleurs, les progrès se font sentir, certains travaillent vraiment dur et cela me réconforte. Ils ont compris aussi que je suis prête à coller un pistonné du Parti qui ne fait rien, que je ne crains pas les autorités et qu'au contraire j'encourage celles et ceux qui font des efforts.

Pour ma prochaine conférence sur le féminisme en France je dois préparer une liste de vocabulaire pour le traducteur une semaine à l'avance. J'ai dû enregistrer deux nouvelles cassettes et surtout préparer les cours et devoirs pour la semaine prochaine pour mon assistant, car après maintes tergiversations, un voyage est organisé pour notre communauté d'experts à Dali et Lijiang[127].

---

[127] Dali 400 km à l'Ouest de Kunming et Lijiang ville de l'ethnie Naxi à 200 km au Nord de Dali, ville la plus au Nord du Yunnan, sur les contreforts du Tibet d'où l'on peut voir, d'après des anciens récits de voyage, les sources du Mékong d'un côté et du Yangzi de l'autre. Villes toutes les deux fermées aux étrangers dans les années 1980. Aujourd'hui transformées en une sorte de Dysneyland pour touristes.

3/10 avril
Voyage organisé par le wàibàn à Dali et Lijiang, 2e partie

Dimanche 11 avril : la fête du jetée de l'eau chez les Daï

À la mi-avril, a lieu la fête du « jeté de l'eau » chez la minorité Daï qui correspond pour eux au nouvel an bouddhique. Isabelle, qui a passé ses années de Révolution culturelle chez cette minorité, m'en a tellement parlé avec des étincelles dans les yeux que je décide de me rendre dans le village Daï le plus proche, sans imaginer que des centaines de Kunmingois auraient la même idée. Je me retrouve coincée en vélo en plein soleil pendant deux heures dans un énorme embouteillage de jeeps, camions, petits taxis à trois roues, cycles de toutes tailles chargés d'au moins trois membres d'une même famille. J'abandonne à contre cœur l'idée de me rendre à la fête mais ne peux bouger, ni avancer ni reculer. Je coupe donc à travers les rizières et les champs, parcourant au moins cinq kilomètres en vélo sur des terrains non cyclables avant de trouver une route asphaltée pour rentrer à la maison.

Lundi 12 avril

Chers tous,

Pour donner à mes étudiants quelques notions de géographie de la France, je leur prête une carte en plastique et leur demande de la dessiner dans leur cahier en suivant le contour pour qu'ensuite ensemble nous y localisions villes, fleuves, massifs montagneux, routes principales et voies ferrées. Au lieu de dessiner la carte, ils en font une photo tirée en plusieurs exemplaires qu'ils collent dans leur cahier et sur laquelle il n'est pas possible d'écrire. Ils ne comprennent pas du tout mon hilarité en découvrant la photo et j'ai commis l'erreur de leur faire perdre la face. L'incompréhension n'est pas qu'un problème de langue.

Je prépare justement, à la demande du responsable du département, une conférence sur la langue française, origine, dialectes, langues régionales, celles en voie de disparition et celles que l'on essaye de sauver. Pour préparer cette conférence, je creuse ma mémoire pour retrouver des idées que j'avais exposées pendant mes études sur l'influence d'une langue alphabétique sur un système de pensée. Pour les locuteurs chinois, l'écrit prédomine sur l'oral et l'art oratoire n'est pas valorisé. Lors de la mort de Zhou En Lai en 1976, une foule silencieuse apportait des poèmes écrits à la main ou calligraphiés, collait des idéogrammes aux murs. Personne ne criait de slogans. Le mur de la démocratie en 1978 était couvert de dàzìbào. Leurs auteurs ne faisaient pas de discours mais lisaient leur texte à haute voix puis les collaient au mur. Nous, Français sommes habitués aux beaux discours et nous sommes souvent déçus par les banalités prononcées à la fin d'un banquet : les amitiés franco-chinoises, les mérites respectifs des cuisines des deux pays et un proverbe chinois conclut le tout. Tout ce que les Occidentaux appellent proverbes chinois, sont parfois des circonvolutions pour décrire avec quelques idéogrammes un principe ou une situation. L'écriture chinoise s'adapte d'ailleurs très bien pour créer des néologismes, par exemple en utilisant une transcription phonétique, avec parfois humour et esprit. Savez-vous que la minijupe se dit Mínǐ qúnzi, la jupe (qunzi) qui va te (ni) faire perdre la tête (mi) ? Ce terme doit être classé dans la rubrique des vêtements contre-révolutionnaires !

Vendredi 16 avril

Lors de ma conférence, devant la richesse de créativité et d'inventivité de la langue chinoise, j'essaye de donner des exemples dans la langue française qui compenseraient les limites esthétiques des langues alphabétiques en évoquant les enluminures et les calligrammes d'Apollinaire. Pendant un cours de linguistique comparée, le professeur avait écrit le mot locomotive au tableau et avait dessiné les lettres o et m comme les roues d'un train. En travaillant sur les poèmes de Zhu Shuzhen je suis frustrée de mes traductions en assemblages de lettres, alors que les idéogrammes sont des tableaux miniatures qui en forment un plus grand, le poème entier. La concision contenue dans un idéogramme évoquant une ambiance, un paysage, des teintes, est mal rendue par des périphrases. L'esthétique visuelle[128] d'un poème en caractères chinois ne pourra pas être compensée en traduction, le nombre de pieds et les rimes n'évoquant que musique et cadence aux oreilles du lecteur. Mon exemple préféré est le mot mélancolie qui s'écrit avec un caractère composé d'un végétal, du feu et du cœur, 愁 et se traduit donc littéralement par le cœur qui a la couleur d'une végétation en feu, c'est à dire de l'automne, un cœur automnal, quoi de plus poétique que cela ?

Pour ces conférences, il faut que je fasse des phrases simples pour le traducteur et que je prenne de nombreux exemples en les écrivant au tableau pour que les quelques francophones dans la salle puissent avoir le temps de comprendre. Je me rends bien compte que le traducteur peine parfois, je reprends alors en formulant différemment en français, sans jamais passer au chinois pour ne pas lui faire perdre la face. Conclusion, les conférences durent deux fois plus de temps et il y a de moins en moins de courageux qui y assistent.

---

[128] 木末芙蓉花, vers de Wang Wei décrivant un hibiscus sur le point de fleurir en cinq caractères et qui permet même à un lecteur non sinologue de voir l'épanouissement de la fleur par l'ajout progressif de traits du 1er au 5ème caractère, *in F. Cheng, L'écriture poétique chinoise,* Seuil,1977 p.18

Lundi 19 avril

Silence dans ma classe. Je viens de distribuer les sujets d'examen. Cette fois-ci ce n'est pas uniquement un test de grammaire avec des phrases à compléter. C'est une petite histoire que j'ai trouvée dans des tests pour l'enseignement du FLE à l'Université de Lyon et que j'ai arrangée pour évaluer leur niveau de compréhension. L'histoire raconte celle de « Pic le rocher » qui est d'abord escaladé par des promeneurs, puis va servir de marche pour un escalier et finit comme linteau de cheminée. Pour l'examen oral, j'ai réuni plusieurs objets dans une boite : avion-jouet en bois, savon, calendrier, carte postale, fleurs séchées, statue de Guanyin prise dans mon petit musée. Ils devront en choisir un et le décrire en trois minutes.

L'examen d'entrée à l'université, sans « passer par la porte de derrière », comprend six matières, dont deux seules sont au choix, la physique-chimie et l'histoire-géographie. La langue chinoise, les maths, une langue étrangère à choisir entre russe, anglais, français, allemand, la biologie et la politique sont obligatoires. L'examen de politique consiste en un QCM où il faut répondre par vrai ou faux, principalement sur les pensées de Mao. L'année dernière, une question portait sur le lieu de la guerre entre la Grande Bretagne et l'Argentine. Réponse : les Falkland. Chaque épreuve est notée sur 100 et l'entrée dans les plus prestigieuses universités requiert une moyenne supérieure à 500 points[129]. Une fois réussie l'entrée dans un institut de formation, ce n'est que le début d'une vie plus que sobre bien

---

[129] Pour notre Institut Technologique, il suffit d'avoir 370 points. Mais à Beijing, pour une école de réputation moyenne, il faut 420 points, la concurrence étant plus sévère. Les *Zhoutian xué yuàn,* les centres de formation les mieux côtés, au nombre de 124 en Chine à l'époque, requièrent un minimum de 450 points tout comme *Yúndà* à Kunming ou *Linxueyuan* à Anning.

que privilégiée. L'étudiant n'a pour dépense que sa nourriture ; logement, soins, cours, fournitures scolaires sont pris en charge. Les plus chanceux ou doués peuvent bénéficier d'une bourse d'une vingtaine de *yuán* par mois au maximum.

Mercredi 21 avril : visite du conseiller culturel de l'ambassade

Nous sommes honorées, F et moi, de recevoir André Michel, conseiller culturel de l'Ambassade de France[130] à Beijing venu pour mieux comprendre la situation de l'enseignement du français au Yunnan. André Michel, la cinquantaine, se remet d'une crise cardiaque, ce qui ne l'a pas empêché d'accepter avec enthousiasme le programme de visite que nous lui avons concocté, alors que nous craignions que l'altitude le fatigue. Nous avons échangé agréablement, expliquant nos situations très différentes, F sous contrat classique mieux lotie, et moi sous contrat local. Il est très intéressé par notre travail, les moyens limités mis à notre disposition, le recrutement, le niveau de nos étudiants, le système de notation, nos échanges avec les autorités concernant notre enseignement, les attentes en termes de résultats. J'organise une réunion avec le Vice-Doyen Chang, mon collègue You et le professeur de géologie Huang, francophone, qui a fait l'École des Mines de Paris en 1943 et nous visitons ensemble l'Institut[131].

Alors que nous abordons le phénomène de surveillance avec micros et espions, il raconte son passage à l'ambassade de France en Pologne, où il y avait plus de cinquante micros cachés

---

[130] À l'époque Claude Chayet est ambassadeur et Claude Martin son conseiller principal.

[131] Voir note P 9.

dans la construction. Bien entendu, les Chinois en ont mis partout en construisant l'Ambassade de France à Beijing, mais tout le monde le sait et finalement d'après lui, une mauvaise interprétation des informations entendues est sans doute plus dangereuse que l'espionnage. L'Ambassade se remet lentement de l'affaire en septembre dernier, du documentaliste Emmanuel Bellefroid et l'emprisonnement de sa compagne Li Shuang. Depuis quelques années déjà, le couple fraie avec le milieu des dissidents et est en contact avec un groupe d'artistes off. Pour quelles raisons Li Shuang[132], vivant dans l'enceinte des diplomates français et donc bien protégée en est-elle sortie ? Chantage ? Connivence ? Tout semble bien compliqué dans cette affaire et il semblerait qu'André Michel soit content d'avoir mis un peu de distance avec toute cette agitation diplomatique.

À propos des cicatrices laissées par l'ancienne coutume barbare des pieds bandés dans la société chinoise, il nous raconte une anecdote amusante arrivée récemment dans le quartier réservé aux expatriés français, proche de l'ambassade. La femme du directeur d'Elf Aquitaine, pressée par le chauffeur qui klaxonnait d'impatience pour la véhiculer, monte pieds nus dans la voiture, ses sandales à la main et s'assoit à côté du chauffeur. Ce dernier ne démarre pas et attend, en fixant le pare-brise devant lui. Après un moment, elle comprend son malaise, enfile ses sandales et la voiture démarre. Il n'est pas honnête pour une femme de montrer ses pieds dénudés. Cela me rappelle la bévue de mon premier cours où j'étais arrivée en nu-pied. André Michel divise l'histoire de la Chine en trois :

[132] Li Shuang, artiste peintre, membre fondateur du groupe les Etoiles, a été emprisonnée et torturée en 1981 et 1982, puis libérée sous la pression de F. Mitterand. Elle vit et peint en France.

« l'histoire sauvage, celle qu'on dit mais qu'on n'écrit pas, l'histoire intérieure celle qu'on pense et l'histoire extérieure celle qui s'écrit, se diffuse et alimente musées et manuels scolaires ». Des contacts profonds avec les Chinois sont-ils possibles en tant que diplomate ? Il répond par l'affirmative, mais uniquement dans les relations de travail et sur des thématiques générales, autour de la culture, l'art, le cinéma, bien plus rarement sur les questions de politique.

Apparemment, il devient de plus en plus difficile de recruter des experts candidats à l'exil et André Michel n'entend que des doléances de certains pourtant affectés dans des régions et villes bien moins perdues que Kunming. C'est même une des raisons pour laquelle il est venu voir ces deux femmes françaises qui ne se sont encore jamais plaintes à l'ambassade. Il nous explique qu'un document vient d'être publié par les autorités chinoises, exigeant que les étrangers qui candidateraient pour enseigner les langues en Chine soient diplômés et aient trois années d'expérience. Aucun étranger sinisant ne sera retenu. Ils ne veulent plus d'experts qui parlent le chinois et viennent dans le but d'approfondir leurs études. Je lui évoque un courrier récemment reçu de l'IFCL, où j'apprends que la recherche d'un candidat pour me remplacer reste vaine. L'un a posé ses conditions et veut être payé comme les experts à Beijing et Shanghai, pouvoir s'inscrire à *Yúndà* pour suivre des cours en chinois et continuer ses recherches en sociologie. Un autre, géographe, a soumis son profil, mais exige de poursuivre ses recherches sur le Yunnan et de pouvoir y voyager à son aise. Le constat est triste mais les candidats à l'expatriation en Chine ne courent pas les rues et des postes de français vont disparaître. Ces directives arrivent dans un nouveau contexte de fermeture aux étrangers.

Les épreuves du CAPES approchant, je n'ai pas pu accompagner André Michel se promener dans les jolis coins de Kunming ni à Shilin la Forêt de Pierres, où il s'est rendu avec F. Il est reparti à Beijing pour accueillir le flûtiste Jean-Pierre Rampal qui va donner deux concerts pour ces chanceux de la capitale. Aucun artiste aussi prestigieux ne vient jusque sur nos plateaux montagneux.

Vendredi 23 avril

Les jeunes Chinois vont de meetings en meetings où leur est rabâché qu'ils ne doivent pas avoir de relations avec les étrangers en dehors du travail et que s'ils échangent des propos avec un étranger, ils ne doivent évoquer que ce qui est réussi et positif en Chine. Devant l'engouement pour tout ce qui est occidental, de nouveaux slogans fleurissent : « Achetons chinois, habillons nous en chinois, ne copions pas l'étranger ». Le Parti a récemment mis le haro sur les marchandises étrangères et ceux qui les utilisent sont traités de bourgeois et de réactionnaires. Or, l'Institut a acquis à grand peine au marché noir, en provenance du Japon, une machine à écrire française avec les accents mais ils n'osent s'en servir. Pour soutenir la campagne anti étrangers, les studios cinématographiques de Shanghai viennent de sortir plusieurs films, hymnes à la patrie, où les héros refusent de rejoindre leurs parents lâchement partis aux États-Unis et restent en Chine pour « construire les quatre modernisations ». Commentaire de certains : « Ce sont des imbéciles, nous on aurait fui et vite fait, il n'y a aucun avenir ici ». Isabelle et moi avons décidé de ne plus nous sourire ni nous saluer dans les couloirs pour ne pas montrer qu'on est de bonnes amies, car ce serait mauvais pour elle en cette période de refroidissement. On se voit après 10h le soir, dans l'obscurité ou bien nous nous rendons séparément pour nous retrouver à l'opéra même si nous avons déjà vu la pièce, nos conversations étant couvertes par le tintamarre de l'orchestre et des percussionnistes. La campagne anti-étranger va à l'encontre de l'apprentissage des langues et donc de notre travail. Pour ne pas perdre la face, le message des réunions politiques est clair : « Apprenez l'anglais ou le français mais n'écoutez aucun des commentaires des experts étrangers. Ils sont à la solde des pays capitalistes et ne se rendent même pas compte de ce qu'ils disent et ne peuvent pas faire autrement que de dire des bêtises. Nous devons utiliser les langues étrangères à notre façon ». Comme le gouvernement ne veut pas que les informations sur des mouvements pour la paix ou les droits de l'homme ou des manifestations anti-nucléaires dans le monde parviennent aux oreilles des Chinois, la chaîne de radio « Voice Of America » est brouillée aux heures du journal. D'après un étudiant, le seul service efficace en Chine c'est le service de sécurité.

Samedi 1er mai

Notre présence à une réception officielle organisée par les autorités du *wàibàn* est requise pour la Fête du 1er mai. Je n'ai pas grand-chose à raconter dans mon journal sauf que nous subissons des heures de discours dans une salle du bâtiment soviétique des affaires étrangères. Après les festivités, ceux qui le veulent peuvent rester pour voir un film intitulé « Chant d'amour patriotique », qui relate l'histoire d'un jeune catalogué de droitiste en 1968, envoyé comme gardien de chevaux en Mongolie. Il y mène une vie pauvre et rude pendant plusieurs années, mais s'y établit et se marie sur place. Un jour il reçoit des nouvelles de son père qui, ayant lâchement abandonné la

Chine pendant la Révolution culturelle, occupe maintenant un poste important aux États-Unis et lui propose de l'y rejoindre. Mais notre jeune héros refuse par amour pour sa patrie. Les Américains en prenaient pour leur grade. On y voyait des adultes alcooliques dépensant incongrument leur argent, dansant sur de la musique disco et s'habillant outrageusement. Les acteurs, pour la plupart des Hans, accentuaient les rôles des Américains corrompus de façon caricaturale. Le charme du film tenait à la personnalité du jeune garçon, juste ce qu'il faut de romantique et à la beauté irréelle et prodigieuse des paysages de Mongolie.

J'ai obtenu mon visa de sortie pour Hong Kong, mais n'ai pu acheter que le billet aller, car il est impossible à l'agence de la CAAC d'acheter un billet AR, ils ne savent pas faire. Mon compte bancaire est vide. Il y a eu fin avril un accident d'avion entre Canton et Guilin qui a fait plus d'une centaine de victimes. Toujours plus rassurant que l'accident arrive avant de s'embarquer, on peut ainsi espérer que les appareils seront mieux vérifiés.

Dimanche 2 mai

G. et J., experts à *Yúndà*, vont de malheurs en malheurs. Depuis six mois, ils demandent aux autorités l'extension de leur contrat d'un semestre, pour finir une méthode d'apprentissage de l'anglais qu'ils ont testée et qui donne de bons résultats. Malgré les relances, aucune réponse, ce qui est assez typique de l'administration chinoise. En désespoir de cause, ils téléphonent à leur école aux États-Unis pour dire qu'ils reprendront leurs classes en septembre comme prévu. Evidemment, les cadres en ont eu vent et renouvellent leur contrat, mais le délai de réponse pour leur école américaine étant dépassé, ils ne peuvent plus faire marche arrière au risque de perdre leur emploi. Les Chinois ont donc perdu la face et une guéguerre de broutilles administratives commence par ne pas payer le mois de congé prévu dans le contrat, puis ce sont les vélos de nos deux experts américains qui sont volés pourtant dans l'enceinte de l'université, la nuit alors que les portes sont fermées. Lorsqu'ils vont déclarer le vol au bureau de sécurité, les employés restent de marbre.

La petite communauté étrangère et mes amis chinois, sachant que je pars mi-mai pour Hong Kong, m'ont fait une liste de shopping invraisemblable : du gin remède contre la déprime, un maillot de bain pour ma partenaire au piano, des boîtes de Vache Qui Rit pour le Dr Liu, une tonne de chocolat pour Sydney. Une amie me prie de lui acheter une bible en anglais. Bien sûr un monceau de lettres à poster. J'accepte volontiers cette mission, me sentant privilégiée de m'évader une semaine au paradis. J'ai tellement de commandes de nourriture à ramener que Sydney et Eugene se proposent gentiment de venir me chercher à l'aéroport à mon retour.

Ling qui m'aide à préparer le CAPES, est très politiquement correct. L'autre jour, nous lisions une nouvelle de Maodun, auteur au programme, sur la vie et la mort de Jésus. Un hasard, car les nouvelles de Maodun portent plutôt sur la corruption des hommes d'affaires de Shanghai ou la misère des paysans. Il me déclare que les paraboles et paroles du Christ sont exactement comme les slogans et les mots d'ordre pendant la Révolution culturelle. Et pour m'en faire la preuve, il cite : « Le bon arbre porte de bons fruits, l'arbre mauvais de mauvais fruit » qui équivaut à : « À père réactionnaire, fils pourri, à père bon communiste, fils bon élément ». C'est ainsi que des jeunes ont été envoyés à la campagne ou en exil parce que leur père avait été catalogué de droitiste, sans raison apparente parfois. J'ai écouté religieusement ses commentaires, cela va de soi.

Dans une lettre, qui a mis plus d'un mois à me parvenir, un tract de propagande contre le Parti a été glissé. Où ? À Canton ? À Kunming ? Impossible de savoir. À sa lecture, j'ai tremblé et espéré qu'elle ait échappé à la censure. Cela m'a inquiétée à tel point que j'en ai fait une traduction précise pour bien comprendre le sens du tract et je l'ai retrouvée dans mon journal, pour lequel j'ai dû trouver une cachette plus indécelable.

Révélation sur la législation par la ligue de la jeunesse révolutionnaire-21 03 1982

Récemment le ministère de l'éducation a exhorté les étudiants des écoles secondaires et universités à obéir aux lois et a insisté sur l'amour de la patrie et le soutien à la cause des dirigeants du PCC, servir avec droiture et honnêteté la société et servir le peuple.

Pendant plusieurs années, les deux slogans « servir le peuple » et « aimer sa patrie » étaient des masques. Soutenir le Parti c'est en fait fabriquer des outils dociles du Parti et le but principal reste de servir non pas le peuple mais les membres et cadres du Parti. Le Ministre de l'Éducationa fait répandre ce slogan : En Chine celui qui n'aime pas le PCC n'est pas un véritable ami de la Chine. Est-ce que ce slogan est logique ? Unir le Parti et le pays semble être l'unique œuvre du PCC. Dans le monde, beaucoup de gens entendant ce slogan ont ri à belles dents car leur pays à eux sont gouvernés par plusieurs partis ou bien par des partis différents alternativement et ces gens aiment quand même leur pays bien sûr. Par exemple, les USA sont gouvernés alternativement par les républicains et les démocrates. Est-ce à dire que quand les républicains gouvernent les démocrates haïssent leur pays ? En Chine aussi nous avons de nombreux partis démocratiques qui aimeraient bien pouvoir dire : aimer notre Parti c'est aussi aimer le pays. Et Taiwan : est-ce qu'on ne les appelle pas à revenir sous notre gouvernement ? Alors si le Guomindang revient comment pourrait-il aimer la Chine et le PCC ? Les manuels scolaires dénoncent tous la dictature du Guomindang, le droitisme, les chefs du Guomindang qui oppriment le peuple de Taiwan, mais eux au moins n'ont pas ce slogan : si vous n'aimez pas le Parti vous n'aimez pas votre pays et cette dictature, cette oppression, ce despotisme, dont on parle tant ici, ne paraît pas se voir tant que ça. La patrie ce n'est pas une époque, un gouvernement, on peut aimer sa patrie et ne pas aimer le gouvernement actuel.

Maintenant les problèmes internes à notre pays sont gros comme des montagnes. Nous avons des tas de difficultés ; il y a des gens très puissants temporairement, d'autres très autoritaires. Ces gens-là aspirent le sang frais de tout le peuple. Ils sont corrompus et reçoivent des pots de vin. Ils sabotent les techniques et s'approprient le bien public. Il y a des affaires louches dans les finances du pays. Les banques ont imprimé de nouveaux billets, les prix ont augmenté, certaines entreprises ont été fermées. Beaucoup de jeunes sombrent dans le désespoir, ne peuvent pas faire d'études, n'ont pas de travail. Les grands officiels ont des grands privilèges, les petits officiels des petits privilèges. Ceux qui n'ont pas de charge du gouvernement n'ont pas de privilèges ; notre pays ne s'est pas développé à cause de ces officiels. Ils sont les criminels de la démocratie. Nous jeunes étudiants nous devons nous prosterner, nous agenouiller devant ces criminels. Si on ne se prosterne pas, c'est qu'on n'aime pas notre pays. Oh patrie, ma mère bien aimée, sur ton corps il y a plein de pustules et de plaies. Tu vis aux dépens du venin des cadres et des membres du Parti qui te grignotent et te rongent. Affirmons-nous pour la gloire de la patrie, le bonheur du peuple, le progrès de l'individu. Soyons courageux et poursuivons la lutte.

Samedi 8 mai : départ à Hong Kong pour le CAPES

L'approche de l'aéroport de Hong Kong impose des acrobaties aériennes. L'avion passe tellement près des buildings élevés et surpeuplés de Kowloon qu'on pourrait presque voir ce que les gens font frire dans leur poêle. La traversée de Kowloon révèle d'énormes travaux routiers, des voies express à plusieurs niveaux. La montagne est taillée, la mer remblayée, les chantiers pullulent en pleine ville. Les immeubles aux appartements modestes ont tous des fenêtres grillagées contre les cambriolages, barreaux de prisons à peine adoucis par les plantes vertes que l'on devine à l'intérieur. Au rez-de-chaussée de ces gratte-ciels se trouvent des petits ateliers d'artisans ou des boutiques minuscules, semblables à de grosses boîtes à chaussures pour géants. De nombreux ferries rapides et efficaces permettent de rejoindre l'île de Hong Kong sans faire de queue. Du ferry, j'aperçois une multitude de petites embarcations où vivent des gens qui font leur cuisine à l'arrière d'un sampan. Contraste saisissant entre le grouillement d'une vie commerciale à deux pas des buildings de banques et assurances de Central District dont les portes monumentales sont gardées par des sikhs indiens avec de très beaux turbans colorés. Il parait que les Chinese Emporiums, immenses magasins sur plusieurs étages où l'on trouve absolument tout, sont propriétés de l'Armée Populaire de Libération. La Chine investit dans ce paradis capitaliste. Une impression de verticalité, d'étouffement, d'entassement, de frénésie pour moi la provinciale de Kunming.

À mon arrivée, j'ai passé plus d'une heure à la poste centrale pour envoyer tous les courriers et paquets qu'on m'a confiés. Sans doute quelqu'un m'a dénoncée, car le *wàibàn* a eu vent de mon départ chargée de missives et j'ai été fouillée au peigne fin à l'aéroport de Kunming. À part les nombreux courriers et paquets qu'ils n'ont pas ouverts, ils n'ont rien trouvé de compromettant. Quant aux commandes de mes amis, je n'achète rien qui pourrait leur porter préjudice comme les bibles par exemple. J'essaye de trouver tous les produits alimentaires demandés, café, filets de maquereaux, chocolat, Vache qui Rit et je fais le plein de cassettes vierges pour les futurs enregistrements. En prévision de mes évasions prévues dans les montagnes du Xinjiang et du Qining cet été, j'acquiers aussi des bonnes chaussures de marche, mes Pataugas ayant rendu l'âme au Mont Emei l'hiver dernier. Un rendez-vous chez le dentiste de mon amie lyonnaise qui m'héberge, a été efficace puisqu'il m'a soigné quatre caries, allégeant ma bourse de 650HK$.

Lundi 10 mai au vendredi 14 mai

Je me suis prise au jeu du CAPES et les deux premières épreuves de 4h chacune, dissertation en chinois et commentaire dirigé en français, ont plutôt bien marché. La dissertation en chinois m'a inspirée : Vous paraît-il juste de considérer le *Lao Can youji* comme « le cri d'angoisse d'un homme qui voit son pays sombrer sous un pouvoir inepte » ? J'avais bien aimé lire l'Odyssée de Lao Can, la plus classique et en même temps avant-gardiste des œuvres sélectionnées cette année-là. L'auteur Liu E se fait témoin de son époque à la fin XIVe. Il imagine après un rêve, voir son pays sombrer comme un bateau. Son héros, médecin, part en voyage dans la Chine des Qing pour essayer de régler les problèmes qu'il rencontre, corriger les injustices, changer l'attitude envers les femmes, tout en suscitant des discussions philosophiques sur l'avenir du pays et en se transformant parfois en détective dans des petites intrigues criminelles. Pour le commentaire dirigé en français sur un poème de Ai Qing[133], j'avais par chance lu un livre de lui à propos de sa poésie. J'ai donc pu commenter en deux copies doubles. Mais j'ai trouvé le thème difficile, il me manquait un mot sur cinq. C'était un extrait de «Souvenirs d'un voyage dans la Chine » de Régis Evariste Huc, écrit en 1850[134]. Je ne suis pas satisfaite de ma copie. La version était un extrait d'une étude sur le *Jīn píng méi* d'un certain Zhu Xing, le chapitre sept sur les relations entre le *Jīn píng méi*- le Lotus d'or et le *Hóng lóu mèng*, le *Rêve dans le Pavillon Rouge*, grands romans chinois du XVIIe et XVIIIe siècle. Connaissant les deux romans, j'ai trouvé que ma version tenait la route[135].

La vie ici à Hong-Kong est aux antipodes de ma vie à Kunming. J'ai pu sortir tous les soirs, les épreuves démarrant à 14h30. L'attaché militaire du consulat, rencontré à Kunming, me sachant de passage, m'a fait signe avec mes amis F. et P., Jacques l'attaché de presse et son amie M. enseignante à l'école française et quelques autres expatriés pour un dîner officiel. Quel repas ! Quenelles lyonnaises, foie gras, gigot aux haricots verts et frites, fromages excellents et sorbet fraise-kiwi, le tout arrosé de champagne. Autre dîner gastronomique, cantonais cette fois-ci, dans un restaurant de *dim sum* suivi d'une soirée, dans un club de jazz anglais et vagabondage au marché de nuit. J'ai rendu visite à une artiste russe, amie de ma collègue F, dont

---

[133] Ai Qing est le père du célèbre artiste Ai Weiwei.

[134] Évariste Huc, *Souvenirs d'un voyage dans la Tartarie, le Thibet et la Chine pendant les années 1844, 1845 et 1846* , Paris, Adrien Leclère, 1850 ; 2e édition avec une préface de l'auteur, 1853 ; nombreuses rééditions du vivant de l'auteur, 2 volumes.

[135] Les résultats ont prouvé que je n'étais pas du tout au niveau du CAPES et que c'était bien prétentieux de ma part de penser que j'avais une chance alors qu'il n'y avait que deux postes ouverts cette année-là et déjà des candidats chinois, vivant en France et parfaitement bilingues !

la maison est un vrai musée de peinture moderne. Nous y avons dîné très agréablement sur le balcon face à la baie illuminée. J'étais au paradis.

Dimanche 16 mai

Rentrée de Hong Kong sans encombre, chargée de toutes les courses de mes amis, je reprends mon rythme habituel. J'éprouve une certaine satisfaction d'arriver à me réinsérer sans frustration dans ma vie de provinciale, de pédaler dans les nuits noires après l'éblouissement violent des néons et le bourdonnement incessant des moteurs en tous genres de la ville de tous les excès où jamais l'activité ne faiblit. Il fait trop chaud pour aller manger dans les restaurants. La nourriture qui y est servie est souvent peu appétissante. J'en ai dégoté cependant un où le cuisinier me soigne en préparant des plats simples, sains et bon marché. Il fait aussi ces fromages de chèvres délicieux que parfois il enveloppe en aumônière, un régal. Comme il n'y a pas de réfrigérateur, la viande et les légumes pourrissent et deviennent avariés. Il y a d'ailleurs une épidémie de dysenteries sur le campus et Sydney est tombée malade en mangeant à la cantine. Je cuisine donc des légumes à l'eau et des œufs coques dans un petit réchaud sur notre poêle. On commence à voir des prunes, des mûres, des litchis et des abricots, petits mais dorés, bien agréables après ces mois d'hiver sans fruit. Les pommes et les oranges restent hors de prix.

Lundi 17 mai

Chers tous,

Je dois rattraper mes cours manqués pendant l'escapade à Hong-Kong et préparer des conférences. Quand mon temps de loisir me le permet, je passe la journée à la bibliothèque provinciale du Yunnan car j'ai grand peine à sortir les livres. Le bibliothécaire en charge a perdu ma lettre d'introduction et malgré le fait qu'à part F et moi, personne n'emprunte les livres en français, ils me mettent des bâtons dans les roues. Je dévore tout ce que je peux y trouver et j'ai commencé à lister les livres laissés par le consulat à sa fermeture, en imaginant que ce pourrait être l'objet d'une petite publication. J'ai trouvé entre autres livres inédits : «Le chemin de fer du fleuve Rouge et la pénétration française au Yunnan» par le capitaine Pierre Ibos, extrait de la revue des troupes coloniales, où il est évoqué le consul Auguste François, surnommé par les Chinois « le mandarin blanc », qui a parcouru le Yunnan dans tous les sens à cheval, en chaise à porteur, en bicyclette et qui quitte la Chine lors de la révolution des Boxers, avec un aréopage de 400 hommes sur les routes sinueuses du Sud pour se rendre au Tonkin. J'emprunte également deux livres sur le Yunnan et le Sichuan, l'un de Georges Cordier, publié à Hanoi en 1928 et l'autre d'Aimé-François Legendre, "Le Far West chinois. Deux Années au Sichuan", édité chez Plon à Paris en 1905. Médecin au parcours original, il fonde avec l'aide du consulat de France à Chengdu une école de médecine impériale et le premier Institut Pasteur de Chine. Il profite de ses dix années de séjour à Chengdu entre 1902 et 1912 pour explorer le Sichuan et le Yunnan et relate ses aventures dans plusieurs ouvrages.

J'ai reçu une lettre du Ministère de la métallurgie qui accepte de vous donner des visas pour venir me voir cet été : «Selon le règlement 32 article 129 des lois sur les experts étrangers, le Ministre accepte que le père et la mère de l'expert G. L. viennent en Chine à leurs propres frais. La durée du séjour sera d'un mois, du 30 juin au 30 juillet». Le fait que deux de mes jeunes étudiants ingénieurs aient été sélectionnés pour partir à Lyon en octobre, l'un à l'Université Claude Bernard en mathématiques, l'autre à l'INSA et que l'IFCL qui fournit les bourses ait bien précisé que c'est grâce à mon excellent enseignement, a certainement joué en ma faveur.

Vendredi 21 mai

Chers tous,

La chaleur me donne une migraine tenace et je m'endors très tard vers deux heures du matin quand il fait un peu plus frais. Il paraît que la saison des pluies, en retard cette année, apportera un peu de fraîcheur. Nous sommes allées Sydney et moi acheter du coton léger, munies de nos tickets, puis chez le tailleur pour se faire faire des tenues Mao d'été en beige et gris clair, seuls coloris disponibles. L'envie nous démange de mettre des robes ou jupes mais nous n'osons pas de peur de nous faire remarquer. Il fait si chaud que pendant les cours, les étudiantes agitent des éventails et les hommes retroussent leur pantalon au-dessus du genou et même parfois leur tricot de corps au- dessus du nombril. Pas une goutte d'eau n'est tombée depuis des semaines, mais je supporte mieux cette chaleur sèche que celle humide de Hong Kong. Seul point positif à cette sécheresse, il n'y a pas d'inondation cette année et les trains circulent sans encombre entre le Yunnan et le Sichuan, d'habitude tristement célèbre pour ses glissements de terrains dus aux précipitations abondantes et ravageuses.

Le soir, on avait pris l'habitude d'aller faire du patin à roulettes devant la statue de Mao sur le campus, mais nous sommes moins assidus en ce mois de mai étouffant. La grande attraction ces jours-ci est un film de Kung-fu, réalisé en Chine avec des acteurs chinois mais par un metteur en scène de Hong Kong. Le film est sans grand intérêt, comportant beaucoup de scènes de violence, d'hémoglobine et bien entendu d'arts martiaux, mais comme c'est à la mode, il faut l'avoir vu. Les billets se sont vendus jusqu'à

10¥ au marché noir, alors que le salaire moyen mensuel est de 40¥. On avait apporté des litchis frais à grignoter pendant le film. Eugene, habitué aux films de Kung Fu, l'a trouvé très mauvais.

Samedi 22 mai

Dans les rues de Kunming, des petits stands à même le trottoir sont installés et font office de bureau de recensement. La population est censée venir s'y inscrire par unité de travail et par quartier. Il n'y a eu que deux recensements de la population avant celui-ci, un en 1953 faisant état de 582,6 millions d'habitants et celui de 1964, 694,6 millions[136]. Il était donc temps que le gouvernement recense sa population après 18 ans de bouleversements. Depuis le début de la politique de l'enfant unique, le deuxième enfant, gardé contre vents et marées, n'est pas déclaré. Il n'a donc pas d'identité, ne peut normalement pas être inscrit à l'école, soigné dans un hôpital, n'aura pas d'unité de travail, pas de tickets de rationnement à moins de faire jouer les pistons. C'est un être non social qui dépendra entièrement de sa famille. Les problèmes psychologiques liés à cet état de non droit social sont énormes. Mais quelle est la raison qui pousse ces couples à aller jusqu'à deux enfants ? J'ai enquêté auprès de mes amies chinoises. La pilule est mal dosée et elles ont peur de la prendre. Il y a très peu d'informations sur le sujet. Si elles n'ont pas leurs règles, elles passent par une phase de superstition sans croire qu'elles sont enceintes. Elles

---

[136] In *« La population de la Chine, bilan des trente dernières années »*, article de Roland Pressat suite au congrès international pour l'étude scientifique de la population, à Manille en 1981 où pour la première fois participaient des démographes chinois. En 2020 la Chine comptait 1,439 millions d'habitants.

attendent jusqu'à trois mois avant d'imaginer qu'elles le sont. Elles cachent la grossesse jusqu'à ce que ce ne soit plus possible et n'échappent pas à l'avortement, deux ou trois fois dans leur vie pour certaines. La fille de Zhenzhu a préféré perdre son travail que de subir un quatrième avortement, dans des souffrances atroces et a gardé son deuxième fils. Si les femmes refusent d'avorter, on demande au père de faire une piqûre pour tuer le bébé à la naissance. Bien sûr, si c'est un fils, il sera peut-être épargné, mais le père perdra sa prime de salaire ou verra même son salaire baisser à la naissance d'un deuxième enfant. On comprend pourquoi, en Chine, le jour de son anniversaire, on célèbre sa mère et on la remercie d'avoir enduré tant de souffrances pour donner la vie. Le pictogramme pour la femme 女 *nǚ* la représente en position de soumission, dans l'attitude des femmes chinoises de l'ancien temps, les mains cachées dans les manches, le dos et la tête inclinés, à genoux. D'autres y voit une femme enceinte. Et pour pousser le cynisme un peu plus loin, le pictogramme pour épouse 妻 *qī*, comprend une femme et un balai !

Lundi 24 mai

J'ai cours avec ma classe de professeurs recyclés et les quatre anciens russophones ont vraiment fait des progrès, ce qui corrobore que l'apprentissage d'une langue étrangère facilite l'acquisition d'une autre. J'arrive à discuter avec l'un d'entre eux pour qu'il m'explique ce revirement entre le russe et le français. Entre 1949 et 1959, pendant les dix années de l'amitié entre la Chine et l'URSS, des générations entières de Chinois ont appris le russe. Le système d'éducation de masses, inexistant avant 1949 et cher à Mao, a été façonné selon le modèle soviétique.

Les manuels d'apprentissage étaient pour la plupart traduits du russe. Beaucoup de grands hôtels chinois à l'allure stalinienne ont été construits dans la plupart des villes chinoises à cette époque pour loger les nombreux experts russes venus former les Chinois aux techniques et aux sciences. Mais dès 1953, Mao rédige les Dix Déclarations où il prouve les contradictions entre Russes et Chinois et en 1960, c'est la rupture entre Khrouchtchev et Mao. Les Soviétiques quittent la Chine rapatriant matériel et personnel scientifique. Il y eut quelques mariages mixtes suivis de divorces à partir de 1959, le conjoint russe retournant dans son pays. Voilà pourquoi aujourd'hui les anciens enseignants de russe se recyclent en anglais ou français même si le gouvernement se sent idéologiquement beaucoup plus proche des Soviétiques que des Américains. D'ailleurs nous apprenons qu'une délégation d'économistes soviétiques est venue faire des études à Beijing cette année, alors qu'aucun Occidental n'a encore eu ce privilège[137].

Samedi 29 mai : colloque de chirurgiens à Kunming

Le Dr Liu a organisé à l'Université de médecine de Kunming un colloque les 27 et 28 mai pour une quarantaine de chirurgiens et d'orthopédistes, venus avec leurs conjointes de différents pays d'Europe dont la France. Comme je devais rattraper des cours, je n'ai pas pu faire l'accompagnatrice des épouses, perdant une belle occasion d'arrondir ma fin de mois, le job étant payé grassement 60¥ par jour par les congressistes

[137] En 2014, mon fils, étudiant en russe alors à St Pétersbourg, partageait un logement dans une résidence universitaire avec de nombreux étudiants chinois qui n'avaient pas choisi la langue russe et s'intégraient difficilement restant entre eux, voire pour certains déprimaient. Les années passent et se ressemblent ?

étrangers. On m'a invitée au repas offert par les chirurgiens français. J'ai ouïe dire que le repas aurait été facturé environ 100F[138] par personne, pour se mettre aux mêmes tarifs pratiqués en Occident, alors que les prestations n'étaient pas du tout au niveau de ce qu'on peut attendre à ce prix-là. La bière était chaude, la limonade d'orange infecte, les plats trop gras. Depuis dix mois que je vis dans ce coin reculé de la planète, je faisais très provinciale malgré pourtant un sensible effort de tenue, avec un chemisier repassé non sans mal et un pantalon noir. Je regardais curieusement ces belles femmes fardées, couvertes de bijoux, habituées à être servies et à obtenir ce qu'elles veulent en faisant signe aux serveurs. Leurs époux très à l'aise, n'hésitaient pas à me prendre par l'épaule familièrement en faisant des blagues pas toujours très fines. J'étais gênée, je l'avoue, n'étant plus du tout habituée à ces familiarités entre sexes opposés, impensables en Chine. Il est convenable pour moi d'avoir des amies avec qui, en prenant des précautions pour ne pas les exposer, je peux me promener, manger, m'asseoir au cinéma côte à côte. Mais il aurait été choquant -et je n'ai même pas essayé- d'avoir une amitié intime avec un garçon, sans créer des rumeurs malsaines et qu'on m'accuse de mauvaise conduite. Je peux rencontrer des garçons en groupe en faisant attention de ne pas en prendre un par l'épaule, geste qui le mettrait mal à l'aise et lui vaudrait des quolibets de la part de ses pairs.

Dimanche 30 mai

Depuis une semaine, on ne parle que de cette femme américaine qui a été arrêtée et forcée de quitter la Chine en 48 heures car elle détenait soi-disant des secrets d'État. Qu'a dit

---

[138] 100F = 15€, prix très élevé à cette époque.

cette Américaine qui aurait avoué lors de son interrogatoire qu'elle possédait des données sensibles ? L'ambassade américaine n'a pas bronché. Grand jeu délicat de la diplomatie pour ménager les bonnes relations commerciales en premier lieu et ne pas empiéter sur les directives du Parti et la politique interne chinoise. Professeur You veut que je l'aide à rédiger l'épreuve de français que la branche régionale du Yunnan du Ministère de la Métallurgie lui a demandé de préparer pour les éventuels candidats à des bourses en France. C'est un secret d'État et il convient que nous travaillions ensemble porte fermée. Je ne dois en parler à personne, ni même à mes amis américains. Un Chinois vient d'en prendre pour cinq ans pour avoir indiqué l'endroit et l'heure d'une réunion politique à des étrangers. C'est un secret d'État.

Mardi 1er juin

Chers tous,

La saison des pluies est arrivée et le thermomètre est tombé de 30° à 10°. Le Yunnan est réputé pour ces changements brusques de climats, comme le dit le dicton : "Une journée quatre saisons". J'ai dû ressortir mes vêtements d'hiver et une couverture pour la nuit après avoir dormi nue, en sueur, il n'y a pas même une semaine. Tout est humide, le linge ne sèche pas. Il pleut des trombes d'eau depuis trois jours sans arrêt. La pluie rafraîchit l'atmosphère puis la chaleur redevient intense, la terre se met à fumer, des odeurs nauséabondes d'engrais humains envahissent le campus. Les moustiques s'en donnent à cœur joie.

Ce matin c'était mon tour d'aller au marché libre pour acheter des légumes et du soja. Mes deux colocs ne mangent plus à la cantine et se sont ralliés à mon régime alimentaire. Plusieurs cas d'hépatite et de dysenteries ont été déclarés sur le campus et l'hôpital ne sait plus où mettre les patients. Alors que j'allais régler des concombres à une petite vieille, je la vois déguerpir, abandonnant palanche, corbeilles, marchandise et balance, pour se mettre à l'abri sous un auvent. La mousson s'abat et me trempe des pieds à la tête. Le trottoir s'est vidé en quelques secondes et tous les paysans ont délaissé leurs étals de légumes, leurs tas d'aubergines, oignons, salades, champignons, courges ou pêches, qui ruissellent d'eau. Spectacle désolant quand on sait la peine qu'ils se donnent à la culture et au transport de leur récolte jusqu'au marché libre. La vieille se tordait de rire sous son large chapeau protecteur et doit encore raconter à qui veut l'entendre sa vision hilarante du grand nez mouillé jusqu'aux os. Il a fallu que je lui courre après pour lui payer son dû. Comble de malchance, je venais d'acheter du pâté de soja un peu coulant et comme j'avais oublié mes sacs en plastiques, je l'avais mis dans mon poncho de pluie. À peine une éclaircie apparaît, tous s'affairent, s'égouttent, rincent, essuient leur balances et s'accroupissent de nouveau devant leur marchandise. Dans la série « un malheur n'arrive jamais seul », j'ai crevé au retour et n'ai pas trouvé le moindre petit réparateur de vélos, alors qu'en temps normal, il y en a tous les cent mètres. Quand je suis arrivée à la maison, Eugene et Sydney crevaient de faim et moi j'étais bonne à essorer. Ce temps fait prospérer les pastèques qui sont connues pour avoir toutes les vertus thérapeutiques possibles et imaginables, contre ma bronchite ou la toux d'Eugene par exemple. Nous en avons reçu en cadeau trois d'un coup et avons dû remplir la baignoire d'eau froide pour essayer de les garder fraîches. Il faut dire que c'est aussi la saison des cadeaux aux professeurs pour anticiper de bons résultats aux examens. Mais hier mes étudiants m'ont apporté des fleurs car ils trouvent que j'ai l'air fatigué. C'est gentil.

Vendredi 4 juin

Mon poète-lettré boit beaucoup. Vers 8h du matin, alors que nous planchons sur un vers un peu difficile à traduire : « Mon chagrin se dissipe comme les bulles d'air quand on verse du vin » et que je peine à comprendre certains caractères, il me fait une démonstration, histoire d'avoir l'excuse de se verser un petit verre. Refusant la tasse de *Máotái* qu'il veut m'offrir, je lui explique que c'est plutôt en écoutant de la musique que je me relaxe. Les yeux dans le vague, il énumère tous les poètes classiques qui ont été inspirés par le vin et qui en état d'ivresse ont livré à la poésie chinoise leurs plus grandes œuvres.

Samedi 5 juin

Je sors voir le film « Problèmes à l'intérieur de la cour de justice et à l'extérieur ». C'est le titre du film, mot pour mot. Le message en clair, c'est la corruption qui est vraiment le fléau de la société actuelle. La survie ou la qualité de la vie dépend des parents que l'on a la chance d'avoir ou pas. Le film raconte les pressions terribles subies par un magistrat qui doit juger le fils du maire qui a tué une jeune fille après avoir essayé de la violer. Bien sûr, c'est encore la faute à *wénhuàdàgémìng*, la Révolution culturelle, puisque les parents de ce garçon ont été exilés à la campagne laissant leur fils livré à lui-même et aux délinquants de la ville pendant leur exil. Heureusement, profitant d'une fenêtre de liberté ouverte par Deng Xiao Ping, des films interdits sous la Bande des Quatre ressortent et j'ai pu en voir deux très esthétiques, tirés du roman classique « Le rêve dans le pavillon rouge ». Isabelle est à l'affût des sagas sentimentales et m'a entraînée pour aller voir « Les Grandes Espérances » d'après le roman de Dickens. Les films romanesques et mélos ont beaucoup de succès et il n'est pas rare de voir les héros pleurer à chaudes larmes lors de séparations forcées des familles. Parfois à la fin du film, le héros embarque dans un train qui s'ébranle vers une destination lointaine et sa petite sœur crie *Gègè*, Grand frère sur le quai de gare, d'une voix pleine de sanglots que l'écho répète à travers de magnifiques paysages de montagnes ! Les Chinois sont d'une extrême sensibilité. Avant d'être interrogées à un examen oral, deux de mes étudiantes se tiennent par la main, s'écrasant les doigts d'anxiété, leurs visages tendus, alors que j'essaye pourtant de les rassurer et de les mettre à l'aise.

Lundi 7 juin : enfin une bibliothèque française à l'Institut

Chers tous,

Grâce à Monsieur R* *Conservateur en chef de la Bibliothèque Municipale à Lyon, les documents et les livres que j'avais demandés sont enfin arrivés sans encombre jusqu'à l'Institut. Il a transmis ma lettre au Centre de Documentation Pédagogique de Lyon qui l'a transmise au centre éponyme de la rue d'Ulm. Des classiques de la littérature française, des romans modernes, des revues scientifiques, je tamponne une centaine d'ouvrages sur la tranche et sur une page intérieure pour en indiquer la propriété. Je suis fière de dresser un catalogue tapé à la machine, sous les yeux ébahis d'Isabelle. Même si c'est un peu tard dans l'année, ce sera utile pour mes derniers cours et conférences et pour mes éventuels successeurs au département de français, mais c'est surtout la mine réjouie du Professeur You qui me récompense de mes efforts. L'Institut Technologique aura donc sa bibliothèque française au sein du Département des Langues étrangères et pourra s'en enorgueillir auprès du Ministère de la Métallurgie.*

Jeudi 10 juin

À la télévision, le gouvernement vient d'annoncer que les diplômés du secondaire iront obligatoirement passer un an à la campagne avant de travailler, pour faire baisser la courbe du chômage et la délinquance juvénile. Mais les paysans ne tiennent pas du tout à jouer le rôle de travailleurs sociaux et il n'y aura pas davantage de travail l'année suivante. Les pistonnés auront pris les quelques postes intéressants pendant que les autres seront un poids pour les paysans. De plus 30 à 50 % des communes populaires sont revenues au système de gestion familiale sur lopins privés et vente directe aux marchés libres pour une rentabilité bien meilleure. Les familles de paysans n'ont aucune envie ni même les moyens de s'occuper des petits citadins. Leur objectif prioritaire est d'essayer de gagner suffisamment d'argent pour envoyer leurs enfants étudier en ville. Les méfaits du chômage ou de la délinquance se retrouvent dans la rubrique faits divers du *Yúnnán Rìbào* : à Yúndà, une femme de 27 ans a été retrouvée étranglée dans les toilettes. À l'Institut, une employée s'est suicidée dans la piscine. Lors d'une de mes conférences sur la sécurité sociale et les syndicats en France, les participants n'en croyaient pas leurs oreilles d'apprendre que les chômeurs touchaient de l'argent. Ceux qui « attendent un emploi » non seulement ne touchent rien mais n'ont pas de ticket riz ou coton et dépendent entièrement de leurs familles.

Vendredi 18 juin

Le semestre touchant bientôt à sa fin, le rythme des invitations chez nos amis chinois s'accentue et les langues se délient, comme si le départ fin juin des experts sonnait le glas des confidences libératrices. Je me rends chez Zhenzhu, professeur d'anglais à l'Institut qui voudrait me raconter, me dit-elle, sa triste histoire.

Le père de Zhenzhu, qui était dans la milice de Tchang Kaï Chek, mourut en 1942. Sa mère, partisane militante du communisme, est descendue dans la rue à Shanghai pour se réjouir avec la foule lors de la libération en 1949. Partie à Beijing avec sa fille Zhenzhu, ses fils, restés à Shanghai, acceptent de signer, sans en informer leur mère de peur de la chagriner, un document issu pendant la réforme agraire exigeant de donner à l'État les terres que la famille possédait. Plus tard, Zhenzhu, mariée et à son tour mère de deux filles, travaille comme sociologue et fait des recherches sur la délinquance juvénile à Shanghai. Elle reste fervente de Mao et le soutient comme 80% des Chinois à l'époque. En 1957, Mao lance le mouvement des Cent Fleurs[139]. Zhenzhu, comme d'autres intellectuels, exprime en toute confiance ce qu'elle a sur le cœur. Un an plus tard, Mao ordonne d'arrêter tous ceux qui ont osé critiquer qui sont alors catalogués de droitistes. Pour être sûr d'éradiquer ces droitistes, Mao impose qu'un quota de 5% de personnes, dans chaque unité de travail soit dénoncé droitiste, même si personne ne s'était exprimé. Vieilles rancunes et jalousies se sont réveillées pour atteindre ce cruel pourcentage. L'étiquette droitiste fut collée sur ceux qui avaient eu n'importe quelle relation avec l'étranger. Détenir des livres en anglais par exemple suffisait à se voir affubler de l'étiquette droitiste. Zhenzhu fut arrêtée. Elle avait osé lors d'une conférence, émettre un doute par rapport au caractère réactionnaire alloué à un démographe chinois. Le conférencier lui en avait expliqué la cause. Sa chef de service,

---

[139] Voir note p.44.

présente à cette conférence, l'a dénoncée comme ayant pris parti pour ce démographe et pour les réactionnaires en général contre Mao. Le lendemain au travail elle lit un dàzìbào la dénonçant comme une droitiste. Elle devait remplir le quota des 5%. Elle fut envoyée en 1958 dans une ferme au Gansu, la région la plus pauvre de Chine et y resta quatre ans. Son mari ne s'étant pas exprimé lors des Cent Fleurs et croyant avoir échappé au 5% a tout de même été exilé au Nord, dans le Liaoning, en tant qu'expert agricole, car il était allé aux États-Unis. Leurs deux filles, souffrant d'asthme, ont été exilées au Yunnan[140]. Zhenzhu raconte avec émotion la famine dans ce village du Gansu et comment elle a survécu en recevant du poisson séché caché dans des lettres, envoyées par ses fidèles amis shanghaiens. Dans le village, il y avait une toute petite épicerie tenue par deux exilés droitistes de Shanghai, où elle a pu utiliser de vieux tickets pour se nourrir, par solidarité entre camarades injustement dénoncés. En 1962, pendant la Révolution culturelle, elle rentre à Kunming retrouver mari et enfants, mais bien sûr sans travail. Son mari, pourtant expert agricole, avait dû y accepter un poste d'enseignant d'anglais[141]. En 1968, les autorités locales de Shanghai retrouvent dans son dossier qu'en 1940, alors qu'elle avait une vingtaine d'années, elle aussi était allée aux États-Unis. On lui demande de signer un papier disant qu'elle travaillait alors pour le compte de Tchang Kaï Chek. Elle refuse et demande ce que « pour le compte de » veut dire. On lui dit qu'on ne sait pas mais qu'elle doit signer. Elle s'obstine et est torturée. Ses jambes resteront

---

140 Les provinces frontalières Xinjiang, Qinghai, Mongolie et Yunnan, aux confins de l'empire, furent des terres d'exil pendant la Révo. cul. et les Cent Fleurs.

141 De telles aberrations d'affectations des experts, ingénieurs, intellectuels ou artistes à des postes subalternes, sans tenir compte de leurs compétences, ont fait prendre un immense retard au pays qui en souffre encore aujourd'hui.

bleues des hanches aux pieds pendant une semaine. On lui arrache les cheveux. «Il y en avait plein par terre» dit-elle des trémolos dans la voix. Dans un état épouvantable, on la force à écrire quelque chose sur Mao et sur Lin Biao[142]. Complètement sonnée, elle écrit sans réfléchir et est torturée de nouveau, ses écrits ne conviennent pas aux autorités.

Lors de la Chute de la Bande des Quatre, après la mort de Mao en 1976, les étiquetés « droitistes » ont été soit rapatriés de leur exil, soit réhabilités, comme mon cher poète alcoolique, Lao Wang. Beaucoup avaient fait leur vie en exil, s'étaient mariés, qui à Urumqi, qui à Hohhot ou Kunming, car une fois intégré à un *dān wèi*, une unité de travail, il est difficile d'en partir. C'est le *dān wèi*, organe décisionnaire, qui règle la vie professionnelle mais aussi quotidienne, paye le salaire avec les tickets coton et nourriture, fournit le logement avec eau et électricité. Zhenzhu décide alors de se rendre à Shanghai au bureau des affaires civiles pour se faire enlever son étiquette de droitiste. On lui dit qu'on a perdu son dossier. Elle suppose que c'est encore cette cheffe jalouse qui lui en veut. Les autorités imaginent qu'avec le problème de logement à Shanghai, sans moyens financiers, elle va se décourager et abandonner sa requête. C'était sans compter sur la solidarité de sa famille encore très implantée à Shanghai, qui va l'héberger et la nourrir pendant les six mois d'attente de déblocage de son dossier et de sa réhabilitation. Enfin, de retour à Kunming, elle trouve un travail de professeur d'anglais à l'Institut Technologique. Elle dit que depuis quatre ans elle est heureuse certes, mais elle pense avec nostalgie à tous ses travaux de recherches en sociologie qui ont été dispersés et n'ont servi à rien. Enseigner l'anglais n'est

142 Lin Biao, fidèle compagnon de Mao, avait dès 1952 instauré le maoïsme au rang d'une religion.

pas sa spécialité. Un de ses frères s'est sauvé à Hong-Kong après avoir été six mois général dans l'armée de Peng Zhe Hai qui a combattu les Américains en Corée. Il est mort en exil. Un autre de ses frères a fait fortune à Hong Kong et est dans le *who's who* ce qui la rend très fière. Un troisième frère médecin, exilé à Taipei, est mort il y a deux ans. À 70 ans, elle semble enfin s'apaiser. Mais les soucis ne sont pas finis. Sa fille vient d'avoir un deuxième fils. Aidée de toute la famille qui a payé la pénalité, elle a pu s'opposer, non sans difficulté, à l'avortement. Elle se penche vers moi et me confie : « Le seul point positif de la Révolution culturelle, c'est qu'on a pu savoir qui étaient les vrais amis, ceux sur qui on pouvait compter ».

J'ai bien d'autres histoires tragiques sur le « mouvement des cent fleurs » et la Révolution culturelle, évènements encore très proches pour les gens de la génération de mes parents. Jim, un autre enseignant de l'Institut, s'est marié à une femme dont la famille liée au Guomindang, d'abord exilée à Taiwan après 1949, est rentrée en Chine avant la Révolution culturelle. Après avoir été accueillis comme des héros choisissant la mère patrie plutôt que celle des renégats nationalistes, les membres de sa famille ont tous été envoyés dans des camps pour être rééduqués et devenir de bons communistes. Jim est, lui, réintégré dans une école à Shanghai en tant qu'instituteur puis atterrit à Kunming, alors que sa femme et sa fille sont encore à la campagne. Il ne peut bénéficier d'aucune promotion, son salaire reste bas, il végète. Son seul espoir est de partir aux États-Unis. Mais des membres de sa belle-famille résident à Taiwan et il m'avoue n'avoir aucune chance. Les Chinois qui me livrent ces lourds secrets deviennent évidemment des intimes, comme si la confidence nous unissait d'une façon irréversible. Je ne peux malheureusement pas faire grand-chose pour eux, à part les écouter avec intérêt et empathie, partager leur peine et leur offrir mon amitié[143].

Samedi 26 juin

Un E*nglish evening* officiel est organisé pour le départ de Sydney et Eugene qui rentrent aux États-Unis après leur première année. L'assistant du département Fred ose affirmer que c'est la première fois que l'on s'amuse autant après vingt ans de révolution et de nombreux étudiants et professeurs avaient un peu trop bu. Je fais la connaissance du Professeur d'anglais Yang[144] qui a travaillé dans les mines d'étain pendant les dix ans de la Révolution culturelle et qui écrit des poèmes au tableau dans une calligraphie admirable. Il me parle gentiment en chinois sachant que je m'intéresse à la poésie et à la calligraphie. Ayant beaucoup souffert et de peur d'être critiqué de nouveau, il est resté toute l'année très discret, ne nous adressant jamais la parole si ce n'est pour des questions de travail. Personnage très sensible et d'une finesse extrême, je regrette amèrement de ne pas l'avoir davantage fréquenté, mais comprends sa prudence.

Mercredi 30 juin

À l'aéroport, le jeune douanier, qui apprend le français, vient trois fois me demander de l'aider à prononcer des mots de bienvenue et dans l'agitation, mes parents oublient de déclarer leurs alliances, considérées comme possessions précieuses qui

---

143 Avec le recul, en relatant leurs histoires, je me sens responsable de témoigner pour que les générations suivantes n'oublient pas ce que leurs anciens ont subi. Ce livre en est la preuve.

144 Le nom a été changé.

doivent être listées à l'entrée en Chine puis vérifiées à la sortie. Ce n'est qu'une heure après leur atterrissage que nous nous retrouvons avec émotion dans la jeep de l'Institut. Pour la première soirée "chez moi" j'ai invité à dîner ma meilleure amie qui apporte bananes et *yuèbǐng* gâteau en forme de lune. Nous lui offrons une bible en anglais, comme elle me l'avait demandée et d'autres cadeaux pour elle et sa fille. Elle goûte aussi avec délice les douceurs françaises sorties des bagages de mes parents. Une première pour elle. Mon père se met à nettoyer le jardin en y enlevant les mauvaises herbes, surtout les ambroisies très allergisantes. Touchant. Comme je sais que mes parents adorent aller dans les bibliothèques, je les emmène à celle du Yunnan où je suis une des rares emprunteuses. Ils choisissent de Cordier, *La province du Yunnan*, publié à Hanoi en 1928 et, en prévision de notre voyage, Legendre, *Deux années au Setchouan*, édité à Paris, chez Plon en 1905. Après un voyage fatigant, l'altitude, l'environnement déroutant et la chaleur imposent un repos bien mérité dans les chambres vides de mes amis américains.

Jeudi 1er juillet : cérémonie de départ

Accueillis sous des applaudissements, nous sommes réunis dans le bureau d'accueil du Département de Français et démarrons une rude journée de cérémonies officielles en l'honneur du « Professeur Laferrère », que j'imagine organisées pour mon père, le seul dans la famille qui peut répondre au titre de Professeur. Mais la salle est décorée d'une grande bannière « En souvenir du départ du Professeur Laferrère » et les discours célèbrent mon enseignement et me remercient de ce que j'ai fait pour le département de français de l'Institut. Le

Professeur You, le Vice-Doyen Chang, les assistants Wang et Zhang, chacun à leur tour, prononcent un discours que je traduis pour mes parents, tout en essayant de contrôler mon émotion. Il se dégage une forte odeur de poisson séché qu'ils ont acheté pour l'occasion, symbole de richesse et de prospérité. Ils ont même préparé du café, outrageusement sucré qui est servi accompagné de bonbons au jambon doux du Yunnan. Mes parents goûtent tout poliment avec étonnement parfois et mon père, que je n'ai jamais vu fumer de sa vie, accepte une cigarette, ne sachant pas encore refuser à la chinoise. Je fais l'interprète pour sa conférence sur l'histoire de Lyon, ville industrielle et sur la région Rhône-Alpes, agrémentée de diapositives très appréciées. Puis c'est la séance de photos en grignotant des petits snacks. Ma mère est happée par l'assistante Zhang et une étudiante, qui a un peu trop bu et qui porte des toasts à qui mieux mieux. Mes étudiants apprentis ingénieurs et géologues encore présents sur le campus sont émus. L'un a réussi un examen pour faire de la recherche, deux autres vont bientôt entrer dans la vie active et sont nostalgiques de leurs années d'études. Au cours de ces mois ensemble et étant de la même génération, je me suis vraiment attachée à eux et mon cœur se serre de savoir que nos chemins se séparent.

Ces célébrations du matin finies, nous déjeunons entre nous, profitant d'un court moment de tranquillité. La section de français a décidé d'organiser un goûter pour me dire au revoir. J'ai anticipé et préparé des petits cadeaux pour chacun : Cognac, livres sur Lyon écrits par mon père et cravate en soie pour le Professeur You, qui avait vu les siennes ramenées de France découpées en morceaux lors d'une visite des Gardes Rouges chez lui, livres pour Wang et Chang, alcools et chocolats pour le Vice-Doyen. Les étudiants ont voulu pratiquer leur français avec mes parents qui les ont bien encouragés et complimentés pour les efforts fournis à apprendre une langue si difficile. Un employé de l'Institut interroge mon père sur la composition de notre famille et quand mon père lui répond qu'il a cinq filles et un garçon, lui exprime ses condoléances « *hěn kělián*, ah, mon pauvre» ! Je traduis fidèlement ses propos, qu'au contraire il se considère très privilégié d'avoir toutes ces filles qui s'occupent si bien de lui et que sans l'une d'elles il n'aurait pas la joie d'être ici, ce qui déclenche des fous rires. Après les formalités au bureau de sécurité pour les permis de voyage, nous nous promenons aux alentours de l'ancienne gare du train Kunming-Hanoi pour admirer les maisons françaises aux persiennes délabrées le long de la rivière Banlong, l'hôpital Calmette, tout ce quartier charmant au petit air colonial désuet. Beaucoup de slogans et de posters pour encourager la population à se faire recenser dans des bureaux de fortune installés dans les rues. Mes parents découvrent l'usage des latrines publiques, calvaire éprouvant. Puis nous visitons le quartier musulman avec les mosquées, le marché libre et le musée de la ville.

Vendredi 2 juillet

Invités chez les Di pour un dîner, Zouqi, l'ami peintre est présent avec sa femme Lingling et son fils Tengteng. Il réalise deux esquisses de mes parents. Nous distribuons tous les cadeaux français dont des cravates et foulards en soie lyonnaise, des livres de photos, un sur Paris, animé et joliment décoré pour Tengteng. Nous nous intéressons à la collection familiale de timbres et la complétons par des timbres français. En partant nous oublions un pull et les nouilles de vermicelles qu'ils m'ont offertes. Une occasion pour mon père de se débrouiller tout seul le lendemain pour aller les chercher en vélo. Il m'avouera que, malgré son excellent sens de l'orientation, ce fut un grand stress pour lui, ne pouvant déchiffrer aucune direction. Comme le veut la tradition chinoise de remise de présents, je continue mes visites d'au revoir et de remerciements à tous mes amis chinois avec force cadeaux apportés de France. Grande émotion chez Lao Yang à qui je remets en douce de bonnes bouteilles d'alcool français.

Dimanche 4 juillet, lundi 5 juillet : sources d'eau chaude à Anning

Nous partons passer deux jours à Anning pour profiter des sources d'eau chaude. Il pleut quand nous quittons la gare routière de Kunming et la camarade contrôleur du bus nous prête une clef anglaise pour relever la vitre défectueuse par laquelle la pluie s'engouffre. Par contre, le hublot du toit est bloqué en position ouverte et l'eau s'écoule sur les passagers qui ont la malchance d'être assis en dessous. Nous dormons dans le même hôtel où j'avais déjà logé avec Sydney et l'état général n'a pas évolué. Dans notre dortoir, une fenêtre est cassée sans moustiquaire, il y des cafards par terre et des crottes de rat dans les couettes. C'est mieux qu'un rat mort sous le lit, lors de mon dernier passage. Mais c'est l'unique hôtel pour profiter des sources chaudes à Anning en 1982, on ne peut donc pas en changer. Peu importe, l'environnement avoisinant d'un temple voisin lors d'une promenade suivie d'un bain divin dans les bassins alimentés par l'eau chaude sulfureuse fait oublier les petits désagréments à mes parents qui ne sont pas du tout difficiles, question confort, tellement émerveillés par tout ce qu'ils découvrent. Nous n'osons éclairer le dortoir de peur d'attirer les moustiques et nous nous couchons trop tôt.

Jeudi 8 juillet

Lors de notre escapade à Shilin, la Forêt de pierres ou à Xishan la montagne de l'Ouest, mon père, qui s'intéresse à l'industrie, me demande de noter toutes les usines sur le trajet et elles sont nombreuses, expliquant l'air pollué respiré à Kunming. S'il savait qu'il s'agit d'un secret d'État et qu'il pourrait passer pour un espion !

Je suis fière d'arpenter ma ville et de montrer tous mes endroits préférés. Dans la ruelle de l'herboristerie, nous achetons des médicaments chinois à base de plantes pour les migraines à répétition de mon beau-frère. Quand le ciel est clément, je les emmène en haut du 14e étage de l'hôtel de Kunming pour faire des photos des toits de la ville. Il n'y a pas de 13e étage dans les buildings chinois, le nombre maudit porte malheur.

Vendredi 9 juillet

De retour à Kunming, nous sommes invités chez les Liu pour un banquet au menu somptueux. Les Liu m'ont toujours ouvert leur porte et considérée presque comme leur fille. Ils ont toutes les qualités des Chinois, tels que je les apprécie, généreux, fins, intelligents, sachant prendre avec humour le cours de l'histoire de leur pays, restant toujours très subtils, jamais en porte à faux avec les autorités, mais pas dupes pour autant, sans aucune amertume, sauf peut-être pour leurs fils qui n'ont pas pu faire les études auxquelles ils étaient destinés. Leur attachement à la France et la reconnaissance du Dr. Liu pour tout ce qu'il a appris lors de sa bourse à l'IFCL sont touchants. La gentillesse, l'intérêt qu'ils portent aux membres de ma famille qu'ils reçoivent princièrement, émeuvent mes parents. Je réalise ce jour-là que leur présence a considérablement amélioré mes conditions de vie à Kunming. Mes parents leur remettent des cadeaux et s'empressent de leur dire que si l'occasion se présente, ils seront heureux de les recevoir à Lyon. Ce soir-là il y a malheureusement un match de la coupe du monde de foot à la télévision et Liu est un passionné, alors que mon père n'a aucun intérêt pour les compétitions sportives et aurait préféré poser les mille questions qui lui brûlent les lèvres. Ici, la télévision est la marque d'un certain statut social. Comme il n'y a en a jamais eu chez nous, le bruit de fond et la distraction qu'il suscite chez les convives ne nous sont pas habituels.

Avant notre grand départ, j'invite mes amis les Professeurs You et Houang avec leurs épouses à dîner, en refaisant le même menu sur mon petit *diànlú* réchaud électrique : pâté de soja à la coriandre, vermicelles aux champignons et aux œufs, soupe de courge et d'épinard, fèves et échalotes et pour franciser un peu le repas, saucisson de Lyon et les fromages apportés par mes parents. Les Houang m'offrent un tableau d'un paysage du Xishuangbanna en plumes de paon qui ira agrémenter les collections de mon petit musée, car il sera impossible de le ramener dans mes bagages déjà trop chargés. Les conversations dans un français châtié ont enchanté mes parents. Quelle finesse, quelle intelligence, chez ces deux Chinois d'un certain âge, ayant vécu en France il y a pourtant bien longtemps et adorant notre pays. Une confiance s'installe instinctivement, l'émotion est prégnante. On se serait presque imaginés à Lyon lors d'une conversation entre universitaires qui se retrouvaient comme au bon vieux temps.

Samedi 10 juillet : revenez vous êtes les bienvenus

Le jour de notre départ, alors que nous nous apprêtons à partir pour la gare, le Professeur Houang arrive à 6h30 du matin pour dire au revoir. Puis à 6h50, Meihua, une étudiante, apporte des gâteaux et des prunes et à 7h c'est toute ma classe de débutants qui, ayant loué un minibus, souhaite nous accompagner à la gare. Mudan, une autre étudiante, offre encore deux paquets de thé noir que nous essayons de caser dans nos bagages déjà bien pleins. Un étudiant géologue apporte même pour mon père une boite de cailloux soigneusement étiquetés pour le remercier de son vif intérêt à la géologie. Ma mère étouffe un rire et il faudra trimbaler la boite à la main, ne trouvant plus aucun espace de libre. Que d'émotions, nous remercions, prenons la pose pour des photos souvenirs, tout en pressant un peu le rythme du départ pour ne pas rater le train, mais peut être qu'en ce jour exceptionnel, il nous aurait attendu ! Les étudiants veulent absolument porter nos bagages. Michel, l'un d'entre eux, tout fier de porter le même prénom que mon père, s'active pour que nous soyons bien installés dans la salle d'attente pour étrangers. Je laisse faire, ils sont tellement touchants et attentionnés. Il prend même l'initiative d'aller dire à l'employé du train affecté à notre wagon de bien s'occuper de nous, au point que ce jeune camarade va pousser le zèle jusqu'à empêcher mon père de filmer ou prendre des photos et nous aura à l'œil pendant tout le trajet !

Huānyíng zàilái Revenez, Vous êtes les bienvenus !

Seconde partie
1982 : voyages inédits relatés dans mon journal

15/01- 15/02 - Vacances d'hiver pour le nouvel an chinois Xishuangbanna, Sud-Ouest du Yunnan

L'avion pour Simao a une journée de retard. On est presque dans les temps pour les avions chinois, aux horaires aléatoires. La seule injustice, l'avion du 15 janvier part avant celui du 14. Du hublot, le paysage est un enchantement. Le coloris ocre des montagnes contraste avec le vert tendre des rizières, qui forment avec les parcelles d'autres cultures une mosaïque parfaite. Un ciel sans nuage permet de voir le Yuan Jiang, aux eaux limoneuses d'un brun rougeâtre d'où son nom occidental de Fleuve Rouge.

À Simao, les joies du voyage en indépendant commencent et la chanson *mote*, « y'a pas » nous accompagne. A l'hôtel, pas de chambre, à la gare routière, pas de billet de bus pour Jinghong, le bus est plein. Après avoir insisté, l'employé me dit de revenir à 15h, qu'un bus pourrait être ajouté. Simao est le seul aéroport du Xishuangbanna[145] à l'époque et nous nous sommes retrouvés assez nombreux à avoir le même projet de vacances dans cette magnifique région du Yunnan. On se concerte entre « grands nez ». Il y a avec nous dans la même galère, six Américains experts à Changsha et Taoyuan, forts sympathiques, qui font tous plus d'1,90m, un couple de Chongqing dont la femme est de la minorité Daï, majoritaire ici et un couple de journalistes, elle Japonaise, lui Australien. Un homme, coiffé d'une casquette à étoile rouge mais sans badge d'unité de travail, nous prend en charge. Il copie

[145] Le Xishuangbanna est la préfecture autonome des Daï au Sud du Yunnan. Un tiers de sa population est de la minorité Daï, les autres ethnies présentes sont les Aini, Bulang, Lahu, Yao, Wa, Miao, Jinuo, Yi. Cette région subtropicale est très fertile : riz, thé, canne à sucre, café, caoutchouc, chanvre et magnifiques forêts.

consciencieusement trois fois nos permis de voyage et après plusieurs allers retours à la gare routière, nous annonce qu'un bus sera rajouté demain matin à 7h30.

En attendant, il faut caser tous les étrangers à l'hôtel. Je n'ose évoquer l'état de la literie il faudra s'en contenter. Deux chinoises curieuses partagent notre chambrée et dorment dans le même lit, tête bêche. Au dîner dans le restaurant de l'hôtel, sans doute pour éviter que nous nous dispersions dans Simao by night, on nous offre des tickets pour aller tous ensemble dans un cinéma qui se révèle introuvable après avoir pourtant arpenté les ruelles au coucher du soleil. La réceptionniste de l'hôtel, en surpoids, ce qui est plutôt rare en Chine, nous prend sous sa houlette et nous emmène d'autorité au fameux cinéma. Après quelques minutes d'un film violent avec effusion de sang et des infirmières et des policiers qui vocifèrent, Bill, un des Américains nous propose de quitter la salle, au grand soulagement du Chinois assis sur le rang derrière lui, et d'aller à un match de basket où il va faire sensation. Sa haute taille est déjà un sujet qui alimente les conversations de tout Wuhan où il enseigne l'anglais. Il raconte avec malice qu'un petit garçon aurait pris sa jambe pour un tronc d'arbre et s'y serait soulagé.

7h30 du matin. Nous montons dans le bus déjà bondé de Simao à Jinghong. Les places sont des banquettes pour trois personnes où en Occident deux personnes plutôt minces pourraient s'asseoir. Les Américains essayent de trouver des places bordant l'allée centrale pour poser une demi-fesse sur le bout de la banquette et caser leurs échasses dans l'allée. Le voyage est long. Vers 9h le bus fait une halte pour le petit déjeuner. J'en profite pour me dégourdir les jambes et échanger avec une passagère chinoise venue ici pour enseigner l'anglais à l'école secondaire et retrouver son mari qui a un poste dans l'administration. Sans même que je lui demande elle m'annonce qu'elle gagne 50¥ par mois et son mari 70, qu'elle a eu une fille après deux avortements et arrive à économiser son salaire, car logement, eau et électricité sont fournis gratuitement par son unité de travail, mais elle se plaint de l'insalubrité et du manque d'intimité. Elle se livre à moi en toute sincérité alors que nous nous connaissons juste depuis quelques minutes.

Au détour d'un tournant, une grue ramasse les débris d'un camion qui est sorti de la route et tombé dans le ravin. Transportait-il des paysans se rendant à leur champ ? On s'enfonce dans le Xishuangbanna, le paysage est luxuriant et me rappelle celui des montagnes de la Thaïlande du nord mais aussi la route de Hualien à Taichong, pour atteindre le sud de Taiwan. La terre est rouge, les rizières, tels les larges gradins d'un théâtre à flanc de montagne, miroitent au soleil et déclinent toutes les nuances du vert amande, jade, céladon, au vert fluo du riz en cours de repiquage. Des champs de théiers qui produisent l'excellent *Pu'erh*, sont d'un vert plus sombre. L'élégance des cannes à sucre agitées par le vent donne une touche finale à ce tableau qu'on dirait du Douanier Rousseau. Parfois c'est une explosion de couleurs avec les bougainvillées, les hibiscus ou jacarandas, le magnifique flamboyant étonnamment bleu. Sur les marchés, au bord de la route, toutes sortes de fruits, ananas, papayes, mangues dont des bananes bien disposées dans des corbeilles. Au loin s'étendent des forêts, repères des fameux éléphants d'Asie, de singes et même des tigres du Bengale. Le bus longe des plantations de petits hévéas, saignés pour le latex, exploités de façon encore artisanale à l'époque. On croise des minorités Dong, Buyi, Wa, aux vêtements noirs mais tellement brodés de couleurs que, même sous la chaleur déjà sensible de janvier, ils paraissent seyants et agréables à porter; des Akhas, la tête couverte d'une sorte de casque recouvert de médailles d'argent. D'autres femmes sont en bleu clair, comme les Hani et les Lisu. Quel changement que ces foules bigarrées après l'uniformité des foules de Kunming. Après plus de 7h serrés dans ce bus, nous atteignons Jinghong. L'hôtel où nous logeons n'a que des chambres dortoirs sans salle de bains, uniquement une cuvette et un thermos, et ne propose que des WC au fond d'un jardin mal entretenu. L'un des Américains craint déjà la nuit avec la tourista qu'il a attrapée en se laissant tenter par des jus de fruits frais aux arrêts du bus.

Les maisons sont construites sur pilotis, en raison des moussons et de la boue omniprésente car très peu de voies sont goudronnées. Elles sont proprettes et entourées de palissades en bambous. Des femmes Daï, aux courbes parfaites, enveloppées d'un sarong long, coiffées d'un petit chignon à l'arrière de la nuque, arborent de magnifiques boucles d'oreilles. J'ai perdu l'habitude de voir des vêtements féminins seyants, moulant les fines silhouettes dans de beaux tissus, des accessoires décoratifs, des couleurs, le tout porté avec goût et qui donnent aux femmes ici une prestance que les Hans, engoncées dans leur tailleur pantalon de couleurs fades, envient secrètement. Je n'ai plus aucun sens de la coquetterie et j'ai même honte de mon pantalon trop lâche et ma veste traditionnelle chinoise d'un bleu déjà passé.

Le niveau d'éducation, malgré la propagande Han, n'est pas le même qu'à Kunming. Dans le bus, une femme ne savait pas écrire son nom en caractères. À l'hôtel, le préposé aux affaires étrangères n'arrivait pas à lire les autorisations officielles et nous a dérangés plusieurs fois, même la nuit pour vérifier nos permis de voyage. À la douane en arrivant à Simao, les policiers semblaient avoir du mal à décrypter nos documents en idéogrammes. Chaque minorité a sa propre langue et son système d'écriture. Les Daï ont une langue qui se rapproche du birman et du laotien. La langue nationale imposée et enseignée à l'école, est la langue de la radio et la TV mais est loin d'être maîtrisée dans ces contrées reculées. La parler et l'écrire est indispensable pour avoir un travail dans l'administration. À Jinhong les gens sont plus souriants, plus détendus. Au restaurant, une jolie Daï essuie la table que nous avons choisie et nous apporte de la soupe non commandée. Ce n'est pas très bon mais l'intention est aimable. Je photographie le coiffeur dans la rue, il me demande le cliché tout de suite, habitué peut être aux voyageurs avec un polaroid.

Le lendemain, tentative pour aller prendre un bateau pour traverser la partie chinoise du Mékong qui s'appelle ici Lancang, «le fleuve turbulent». À la gare routière, l'employée Han nous rabroue et exige que nous allions au *wàibàn* pour acheter nos billets. Elle a certainement eu des consignes de ne rien vendre aux étrangers. La pluie tombe fort et nous nous abritons dans un *xiǎo chī,* paillote au bord de la route, pour prendre un bol de nouilles avec David, Bill et Philip les Américains de Wuhan. Nous décidons de faire du stop pour nous approcher du fleuve et de là prendre un bac. Un camion nous fait monter à l'arrière dans son espace de chargement qui a contenu du charbon de bois et qui n'est pas recouvert d'une bâche. Il pleut, vente et la température a bien baissé. Nous parcourons plus de 50km secoués comme des pruniers. Les mains gelées, agrippées au bord, ont bien du mal à nous faire garder l'équilibre et nous essayons de nous protéger de la pluie avec des sacs en plastique. Brusquement le chauffeur s'arrête pour aider un de ses collègues en panne et dont il remorque le camion par solidarité. Je ne peux m'empêcher de penser à l'épave aperçue sur la route de Simao à Jinhong.

Le camion s'arrête dans un village dont j'ai oublié le nom et on en profite pour avaler une bonne soupe chaude. Dans la rue principale se tient un marché où se mêlent des minorités Daï et des Akhas aux jambes recouvertes de guêtres en coton. Nous y achetons pour trois *jiăo* une mangue, filandreuse et pas mûre et un ananas, mais ce n'est pas encore vraiment la saison. Seules les bananes sont excellentes. Il y avait dû avoir un arrivage de serviettes éponges au bazar local, car toutes les femmes Daï en portaient une sur la tête en guise de coiffe. Une petite marche nous conduit dans un village Daï où un thé nous est offert dans une des maisons. Un des membres de la famille parle le *guóyŭ* et explique qu'ils vivent sur deux *mus* de riz[146]. Ils doivent donner 40% de la production à la commune populaire et peuvent garder le reste qu'ils vendent au marché libre pour acheter de la viande et d'autres denrées. Pendant la Révolution culturelle, qui fut très violente ici malgré l'éloignement géographique, ce Daï a déménagé chez une partie de sa famille encore plus retirée dans la campagne car «son esprit n'était pas clair sur les raisons de la révolution». Il vient donc d'emménager dans cette maisonnette en pisé recouverte d'un toit de chaume, avec ses trois enfants à qui il distribue des pétards pour les faire tenir tranquilles.

Aucun camion ne passe pour continuer notre périple vers le fleuve Lancang. Miracle, un bus plein s'arrête et le conducteur accepte de nous prendre et même pousse le comble de la gentillesse, à notre grande honte, à faire lever des passagers

146 Le mu est une unité de mesure de surface qui correspond à environ 1/15 ha, soit environ 660 m².

pour qu'on puisse s'asseoir trois par banquettes. Des moines en toge orange et en file indienne, marchent le long de la route et égayent la palette de couleurs déjà vives. Des moinillons d'une dizaine d'années font les polissons et ferment la marche, à la traîne. Au loin, des temples couverts d'échafaudages en bambou, ont dû être saccagés pendant la Révo. cul., les gardes rouges n'ayant pas hésité à venir jusqu'aux confins de cet immense pays pour détruire tous signes religieux contre-révolutionnaires.

Arrivés au bord du Lancang, et après avoir avalé un bol de *mǐgan*, nouilles à base de riz parfumé, un des Américains, naïvement, avise un commandant de bord pour négocier la traversée du fleuve. Le commandant, ayant sans doute eu les mêmes consignes que tous les employés des gares routières, décrète qu'il observe les règlements de son pays et qu'il ne nous fera pas passer. La police arrive sur ces entrefaites et reste inflexible à nos arguments. Je commence à regretter d'être avec ces Américains, certes gentils, mais qui ne passent pas inaperçus vu leur taille et leur façon de toujours demander la permission. Ma sœur et moi, brunes, très typées et de petites tailles, nous aurions pu passer sans problème. A cette époque en Chine, il vaut mieux être seul pour contourner les interdictions si nombreuses sans trop se faire remarquer. Je décide donc de laisser les Américains et de partir avec ma sœur à pied pour essayer de traverser le fleuve à un autre endroit. Le batelier avec qui j'échange en chinois, nous prend pour des Hans exilées à Jinghong. J'ai dit à ma sœur de ne pas ouvrir la bouche. La traversée se fait sur une sorte de pirogue que le passeur fait avancer en tirant sur un câble tendu entre les deux rives. À peine arrivées sur l'autre rive, nous filons pour rejoindre une piste dans la montagne que j'avais repérée du bateau.

Nous traversons de jolis hameaux Daïs, où nous sommes sans doute les premières étrangères à s'aventurer depuis longtemps, car l'accueil y est chaleureux et empreint d'une curiosité bienveillante. Beaucoup de chiens, assez malingres, couchés aux pieds des pilotis des maisons. Assises par terre, sur une natte en feuilles de bananier, nous dégustons un thé *Pu Erh* parfumé. En bas, un homme fait rôtir à la broche un des chiens malchanceux. Après ces heures de marche et de dénivelé la faim nous tiraille mais nous n'osons pas demander quelque chose à manger. Nous débouchons sur un village construit en briques et non en pisé où des micros hurlent ce que je reconnais comme du *guóyŭ*. C'est une communauté de 200 Hans, arrivés ici du Hunan en 1960. Là, je prie une femme de bien vouloir nous préparer un repas. La maison est assaillie par une quarantaine de gamins, sales, pieds nus, au nez coulant qui se demandent d'où on vient. Quand ma sœur sort un mouchoir en tissu, les gosses se tordent de rire, étonnés qu'elle ne se mouche pas dans ses doigts. Une vieille me mitraille de questions d'une voix très forte : quel pays, quel âge, sœurs ou jumelles ? Combien de frères et sœurs ? Quel salaire ? Quelle est ton unité de travail en Chine ? Où as-tu appris le chinois ? Le riz arrive avec une sorte de soupe au *dòufu* et gras de porc. On avale tout avec force compliments pour la cuisinière, mais en laissant tout de même le gras indigeste. Je lui donne 2¥ et pour la remercier, la prend en photo avec sa fille qui arrive à écrire leurs nom et adresse pour que je leur envoie le cliché.

Deux minorités Hani passent. Les Hans les dévisagent et semblent se moquer. Hans et minorités ne se mélangent pas, même si la propagande officielle évoque une province où toutes les diverses nationalités vivent en harmonie. Les Hans ont leurs propres écoles et sont là pour surveiller la région et les frontières avec la Birmanie et le Laos qui ne sont qu'à seulement 80 km. En dehors des hameaux traversés, il n'est pas rare de voir des temples qui ont dû être superbes, mais totalement en ruines. Dans le village de Chenghong[147] il y a une microscopique église française, transformée en dortoirs et bureaux. D'après un des habitants, il n'y a plus de chrétiens dans la région, or j'avais lu dans le livre les Missions Catholiques en Chine en 1846[148], trouvé dans la bibliothèque à Kunming, que de nombreux missionnaires avaient été envoyés dans cette partie du Yunnan.

Le retour à Jinghong se fait à moitié à pied et à moitié en camion stop. Un chauffeur musulman nous épargne les derniers kilomètres. Nous sommes ravies de notre évasion, malgré une saine fatigue due à plus de vingt kilomètres parcourus et un bon dénivelé. À l'hôtel, nous retrouvons les Américains experts à Changsha qui ont pu se rendre dans un village han pratiquant la culture de l'hévéa. Mais le chef du village et du Parti, après avoir vérifié leurs permis de voyages, les en a chassés, apeuré par leur taille : « Ces Américains vont démolir les plantations d'arbres à caoutchouc édifiés par le peuple travailleur ». D'ailleurs le *wàibàn* est en alerte et il y a peu d'espoir de pouvoir aller à Damenglong, à 60 km vers le Sud, admirer la fameuse pagode blanche ou ce qu'il en reste. Après un petit déjeuner de beignets frits et de *Yúndàn*, lait de soja sucré, assez écœurant, c'est donc à pied que nous nous dirigeons en direction du jardin botanique de Jinghong, alternative à celui très célèbre de Menglun, plus à l'Est. J'ai

[147] Je ne retrouve pas cette localité, peut-être que je n'ai écrite dans mon journal qu'en transcription, sans doute mauvaise ?

[148] J.B. Biolet SJ *Les missions catholiques au XIXème siècle, Chine et Japon,* éd. Armand Colin 1903 *et* Joseph Gabet *Mission catholique en 1846,* éd. Valmonde.

toujours aimé visiter les jardins botaniques, ayant eu la chance de grandir dans une propriété plantée d'espèces rares et variées. Nous faisons une quinzaine de kilomètres sur une piste pour découvrir de charmants villages Daïs avec des temples et monastères où jouent et courent de très jeunes bonzes en toge orange avec calot assorti. La salle d'études et de prières est recouverte de nattes et de couettes. Un autel croule sous les offrandes principalement de fruits. Des bannières brodées pendent du plafond, une odeur d'encens prend à la gorge. Il semblerait qu'il n'y ait plus assez de bonzes adultes éduqués, sans doute disparus pendant la Révolution culturelle, pour former la génération suivante et qu'il faut parfois faire appel à la Birmanie ou la Thaïlande voisines.

Un chauffeur de camion s'arrête et nous conduit deux kilomètres plus loin à un carrefour. À droite une commune populaire, à gauche un panneau indique Damenglong l'inaccessible à encore 50 km. Au bord de la route, une petite paillote propose des bols de nouilles très pimentées. Rassasiées, nous faisons encore 3 km à pied pour atteindre un autre village de la minorité Daï où une nuée de gosses sortis de nulle part nous haranguent et nous suivent partout. Des vieilles cardent du coton, d'autres tissent un genre de chanvre ou de fibre pour faire les nattes sur lesquelles elles sont assises à même le sol. Personne ne semble parler le *guóyŭ* sauf un homme qui s'approche et m'adresse un franc « salut camarade ». Il y a 200 habitants, tous paysans qui cultivent principalement du riz. D'ailleurs le village est entouré de rizières très bien entretenues, carrés parfaitement emboités et encerclés d'un petit muret où la silhouette d'un buffle se détache. Le village est niché dans une grande plaine très fertile, entourée de montagnes couvertes de forêts. Sur la place centrale, s'élève un stupa blanc, vestige d'un temple où sur de gigantesques bambous flottent des bannières. Fort heureusement, c'est encore grâce à un camion-stop que nous pouvons rentrer à l'hôtel, car nous sommes fatiguées et ma sœur tousse et souffre d'une bronchite due au climat tropical qui l'obligera à rester couchée.

Le lendemain, je pars donc seule pour un village Hani-Akha. Je reprends la même route en direction du batelier conciliant pour traverser le Lancang. J'ai la chance de rencontrer un Hani qui m'indique le chemin et me donne le nom de son frère qui, me dit-il, sera heureux de m'accueillir au village. Le sentier grimpe assez fortement dans une végétation luxuriante. Mes pas dérangent de superbes oiseaux rouges et jaunes qui prennent leur envol à mon arrivée. Puis le sentier traverse une forêt de bambous que des Hanis coupent, les liant en des fagots énormes qu'ils charrient sur les dos des femmes. Une impression de liberté, de solitude, de beauté extrême, de bien-être m'envahit pour une des rares fois depuis que j'ai mis les pieds en Chine. Un jeune Hani, mâchant du bétel, m'indique la direction du village. En y pénétrant sous le porche de bambou qui marque l'entrée, je me revois en 1978 dans un village de la même ethnie, du nord de la Thaïlande, à l'époque où le tourisme était rare dans ces contrées reculées. Les femmes, de petite taille, minces et aux traits fins, apeurées par ma présence inattendue, crient à leurs enfants de rentrer. Ceux-ci, pour la plupart nus ou vêtus seulement d'une chemise déchirée, ont de drôles de chapeaux noirs à pompons et plumes, dont le sommet est percé pour y faire passer la seule touffe de cheveux qui leur reste. Ils sont en effet rasés dès leur plus jeune âge, en laissant une houppe sur le crâne, pour pouvoir éventuellement rattraper celui qui serait emmené par les mauvais esprits. Des gosses accrochés dans le dos de leurs grands frères me regardent avec leurs yeux étonnés. Une femme portant guêtres et tunique noires brodées, arbore fièrement plusieurs rangs de bijoux à son cou.

Je trouve Gesha, le frère du Hani rencontré sur le sentier qui me fait visiter son village et me fait remarquer fièrement qu'il est électrifié et que l'eau d'une source abreuve les foyers. Les maisons n'ont qu'une seule pièce, séparée par de petites cloisons en bambous ; le sol est recouvert de nattes. Presque aucun meuble, juste l'essentiel. Un espace pour le feu qui brûle en permanence. Pas de radio, ni de TV ni de hauts parleurs ; pour moi, un vrai soulagement. Gesha m'invite à boire un thé à l'ombre des pilotis de sa maison. Je suis entourée d'une flopée de gamins qu'il éloigne gentiment d'un geste de la main. J'évoque avec lui les ressemblances et différences entre les habitants de cette même ethnie vivant à cheval entre la Chine et la Thaïlande. Gesha se sent chinois et bénit le gouvernement communiste qui selon lui a apporté le développement de l'hygiène, les soins médicaux gratuits et l'éducation. Il ne porte pas le costume Haini, une veste noire fermée avec des pièces d'argent et sa fille n'a pas de guêtres brodées non plus. Par rapport aux autres villages traversés, la pauvreté y est moins sensible. Les maladies, comme goitres, handicaps variés, dépigmentations de la peau, cheveux blonds ou albinos semblent éradiquées. Les femmes ne fument pas, ni les enfants, spectacle pourtant commun au Nord de la Thaïlande. Il insiste pour me préparer un repas et fait cuire le *nuomi,* une omelette parfumée qu'il sale en brisant une énorme pierre à sel. Il fait fondre de la graisse de porc et jette dans la poêle quelques branches d'épinard. Nous nous installons sur une petite table en rotin où deux feuilles de bananier font office de nappe. Bols et baguettes ont été essuyés avec une lavette qui a dû être d'une autre couleur. Le repas est excellent, un des meilleurs que j'ai mangés en Chine. J'essaye discrètement de lui remettre mon obole pour ce festin, mais il m'oppose un refus catégorique, trop fier. Finalement je lui offre un Bic à plusieurs couleurs et le prends en photo promettant de lui envoyer un tirage.

L'odyssée des sœurs d'un sommet Bouddhique aux gorges du Yangzi

À la gare de Kunming, l'impression d'une très forte densité sur les quais bondés nous étreint. Une jeune employée retire nos billets et nous remet une contremarque en plastique. Nous nous installons en couches dures[149] dans le wagon N°9. Le wagon chinois est un monde clos, pris en charge par une armée d'employés en casquette et veste blanches, hommes et femmes vêtus de la même manière. Leur rôle est de veiller sur l'itinéraire de chaque voyageur dont il ou elle détient le titre de transport, de passer constamment une sorte de balai serpillère sur les sols en linoléum et de distribuer de l'eau bouillante dans des thermos aux couleurs vives qui trônent sur la tablette de chaque compartiment. À cet effet une chaudière de dimension impressionnante chauffée au charbon occupe l'une des extrémités d'un certain nombre de wagons.

Les six couchettes du compartiment, qui ne sont pas relevées -la hauteur de celle du milieu permettant de s'asseoir confortablement sur la plus basse-, donnent sur un couloir qui joue un rôle de circulation évident mais aussi de prolongement de l'espace couchage, grâce à une petite banquette devant

[149] Il y a trois classes, sièges durs, couches dures avec six couchettes par compartiment ouvert sur un couloir, couches molles avec quatre couchettes fermées dans un compartiment privé.

chaque fenêtre avec deux strapontins. J'ai pris l'habitude de réserver les couchettes du haut pour davantage d'intimité et parce que celles du bas sont constamment occupées par les passagers des autres couchettes qui y mangent, fument, jouent et changent leurs bambins aux culottes fendues. L'enfant unique, surtout le petit garçon, a tous les droits et c'est presque un honneur d'être arrosé par le petit empereur. Il est normal de tout mettre par terre, coquilles d'œuf de cent ans, papiers gras, mégots de cigarettes, puisqu'une des tâches de la responsable du wagon, pour laquelle elle est notée, est de nettoyer. Dans la journée, les passagers qui ont les couchettes du haut peuvent occuper les strapontins, qui près des fenêtres permettent de faire des photos en surveillant que l'employée trop zélée ne vous en empêche, sans raison apparente, à part l'idée de contrôler les étrangers pour qu'ils ne livrent pas des secrets aux puissances ennemies.

À l'extrémité avant du wagon se trouvent le local des employés et une latrine, à l'arrière, un lavabo avec un miroir. La literie est composée d'une natte, d'un drap propre, d'une couverture et d'un oreiller couvert d'un linge éponge. Des employées passent avec d'énormes bouilloires pour remplir d'eau bouillante les hautes tasses à thé en porcelaine avec couvercle dont chaque voyageur est muni. Le couvercle a une double fonction, garder le thé au chaud mais il permet aussi de ne pas avaler les feuilles de thé qui infusent en entrouvrant le couvercle juste ce qu'il faut pour faire passer le liquide. Des petites serviettes individuelles sont suspendues sur une tringle qui fait toute la longueur du couloir. Elles sont indispensables pour s'essuyer le visage et les mains de la poussière qui s'infiltrent par les fenêtres. L'équipement essentiel pour un voyage en train se compose au minimum d'un thermos personnel, un gobelet, des baguettes et une cuillère pour ne pas avoir à utiliser les ustensiles du wagon restaurant souvent douteux. Pour s'alimenter, il faut être agile et sauter rapidement sur le quai lors des nombreuses haltes en gare pour acheter les spécialités locales proposées dans des corbeilles par des petites vieilles ou les produits vendus par des plus jeunes qui s'égosillent en patois local pour vanter leurs mérites. Les colocataires des couchettes nous exhortent à tout goûter, et, politesse chinoise oblige, veulent partager tout ce qu'ils ont amené ou ce qu'ils achètent. Les Chinois adorent manger, parler de la nourriture, découvrir les spécialités des endroits qu'ils traversent. Ils nous interrogent sur ce qu'on mange en France.

Prendre le train pour eux est souvent cher et compliqué voire rare. C'est une occasion de sociabiliser, renforcée par la présence d'étrangers avec qui on peut échanger sans suspicion, puisqu'on partage le même compartiment et le plaisir de déguster la gastronomie locale. Même dans des conditions difficiles, chaleur, lenteur, poussière, bruit, retard, responsable du wagon peu aimable, je n'ai jamais rencontré un voyageur chinois qui se plaignait. Des hauts parleurs diffusent des informations sur les arrêts, les horaires des correspondances et de la musique. Les couchettes doivent être rangées à 6h le matin et l'extinction des feux est à 22h. Avant le départ du train, les employés, gantés de blanc, sont au garde à vous devant leur wagon attendant qu'une musique militaire indique le démarrage du train.

Chacun s'installe le plus confortablement possible, car les trajets sont longs et il n'est pas rare de passer deux nuits et plus d'une journée dans le train. La voie ferrée Kunming-Chengdu s'étend sur plus de mille kilomètres dont 1/3 de tunnels, 1/3 de viaducs et 1/3 de ballast. Après avoir quitté les hautes platitudes de Kunming, la locomotive s'élève dans les monts de Liang Shan, la région autonome des Yi. À l'arrêt en gare de Puxiong, on peut voir des hommes portant de grands ponchos noirs et des turbans, des femmes aux jupes à volants colorés, châles croisés sur la poitrine, d'où émerge parfois la tête d'un bébé au crâne rasé ou portant un petit bonnet couvert de breloques en jade, pierre considérée comme bienfaisante[150]. Les femmes passent leurs nattes épaisses par-dessus leurs coiffes noires de forme carrée, d'une façon très élégante. On m'avait raconté, lors d'une visite officielle de commune populaire, que cette minorité Yi, « très arriérée avant la Libération » d'après le chef de brigade, avait apporté du foin pour nourrir le premier tracteur arrivé en grande pompe dans un village ! À Tiexi, le Fer de l'Ouest, il y a un cimetière d'une centaine de tombes des camarades héroïques qui ont travaillé à la gloire de la révolution en construisant la voie ferrée de Chengdu. Mais des pierres roulent sur les tombes depuis une carrière au-dessus compromettant sa longévité. Le train est tellement long qu'il est amusant, en se penchant par la fenêtre, de voir serpenter les wagons rentrant dans le tunnel que l'on vient de quitter ou traversant un vertigineux viaduc. Nous traversons le Yangzi vers 6h du matin et nous rentrons vraiment dans le Sichuan, une des provinces où la densité de population est la plus élevée de Chine et où la campagne est un véritable jardin méticuleusement cultivé et produisant sans doute une agriculture des plus prolifiques. On peut voir du train des maisons traditionnelles en torchis blanchi à la chaux avec parfois un très simple colombage et des toits de chaume qui semblent plus nombreux qu'au Yunnan.

---

150 Lorsque ma première fille naîtra en 1988, sa marraine, Danielle Li, ma professeure devenue amie, offrira du jade pour protéger le nourrisson.

L'ascension du Mont Emei dans la glace et la neige

Notre programme prévoit de nous rendre dès l'arrivée à Chengdu, au pied du mont Emei pour une ascension de deux jours. Le mont Emei fait partie des quatre montagnes bouddhistes que tout bon Chinois est censé avoir gravi avant de quitter ce monde. Un autre train nous conduit de Chengdu à la gare de Boguoshi, où l'on apprend que le bus pour se rendre au pied du sentier ne partira que le lendemain. C'est là également qu'il faut louer des crampons indispensables en cette saison pour grimper au sommet. Mais il n'y en a plus une seule paire car un groupe de *huáqiáo* Chinois d'Outremer est annoncé pour l'ascension au même moment que nous. Leurs pesants bagages sont distribués dans de grandes hottes en jonc, fixées sur le dos des porteurs, par une large lanière sur leur front. Le salaire d'un porteur de 190¥ mensuels est plutôt élevé. Nous qui pensions admirer tranquillement, seules, la lumière du Bouddha[151] sur le sommet au lever du soleil, cela semble compromis[152].

Je décide de louer deux places dans une jeep qui s'avère être une camionnette et nous conduit à 3 km de *Wàn Nián táng*, le Temple des Dix Mille Années[153] première étape où l'on doit passer la nuit. Nous grimpons à vive allure pour atteindre le temple avant la tombée du jour. Un moinillon rondouillard après avoir galéjé d'un manque de place dans le temple, foi de

[151] Une tradition devenue attraction touristique sur les sommets des monts sacrés en Chine.

[152] Mais ce privilège de goûter à la solitude et au silence relève du miracle en Chine et je ne le connaîtrais que très rarement pendant mon séjour et seulement dans des régions inaccessibles, interdites, où je me suis rendue seule, à pied ou en camion stop, sans les autorisations.

[153] 10 000 est l'unité de mesure en Chine et serait l'équivalent de 1 en Occident. Cela permet de relativiser quand on cite des chiffres en Chine ! C'est aussi le synonyme de longévité. On voit sur les murs les slogans : Dix mille années de vie à Mao Zedong.

bouddha, nous trouve tout de même deux lits dans une aile du temple et nous prépare un petit dîner pris au réfectoire. Nous décidons de nous délester de choses inutiles et lourdes que nous récupérerons au retour. Départ à 7h du matin, mais trop chaudement habillées pour la marche, nous enlevons collants et sous-vêtements qui permettent en Chine d'utiliser les mêmes pantalons l'hiver et l'été. Nous n'avons pas le bon équipement pour marcher en montagne, le sac à dos où nous fourrons ce surplus de vêtements est très inconfortable et sans armature. Tout ce qui peut être porté autour de la taille l'est. Les *huáqiáo* que nous croisons sur le sentier sont bien harnachés avec anoraks et chaussures de marche, alors que les Hans et les porteurs grimpent avec des chaussures légères, pas du tout adaptées à la glace, ni même aux hautes marches. Les sentiers sur ces montagnes sacrées sont en fait d'immenses escaliers bordés d'azalées et de rhododendrons de la taille d'arbustes qui semblent très vigoureux. Ils ne sont pas en fleur, le printemps est encore loin.

Arrivées à Xiangxishi, nous trouvons des crampons à louer, qui s'attachent approximativement avec des ficelles et versons les 4¥ de consigne. Vers 2 000 m d'altitude, neige et glace nous forcent à les mettre non sans mal et nous progressons dans une ambiance devenue hivernale. À 2 700 m nous quittons enfin le brouillard dans lequel nous avons marché depuis le début et sommes presque aveuglées par le soleil. Nous atteignons le sommet dans l'après-midi et y croisons un groupe de Tibétains, vêtus d'épais manteaux de laine de yacks dont la coutume veut qu'une seule manche soit enfilée, laissant une marge de manœuvre possible avec l'autre bras. Leurs visages sont burinés par le soleil et l'altitude. Le temple qui sert de refuge est bien aménagé. La nonne réceptionniste, affable et bavarde, nous installe dans une chambre pour nous deux et nous invite à un repas bien apprécié à 3 100 m ! D'après des calculs très approximatifs, on aurait grimpé près de 2 000 m de dénivelé, presque tout en marches d'escaliers en huit heures. L'imprécision des documents accessibles, l'absence de carte précise et mon expérience d'alpiniste m'en font tout de même douter. Au sommet, des piquets en bois sont décorés de nattes de cheveux, de tissus avec inscriptions en sanscrit, l'alphabet utilisé pour le tibétain. Des pierres ramassées sur le chemin, comme nos cairns, parfois peintes ou décorées de caractères calligraphiés, sont offertes à Bouddha. Des nuages mordorés enlacent les cimes. On croirait entendre La voix du poète Li Bai murmurer : « Hommes libres, superbes, aux rêves sans limites. Ah ! Monter jusqu'au firmament, caresser soleil et lune »[154].

Le temps est relativement doux et la végétation inattendue pour l'altitude extrême. Après un court repos, nous nous rendons à la falaise des *Wàn Fó,* Dix Mille Bouddhas. Un moine nous indique la direction à 4 km car ici même en montagne les distances de parcours sont en kilomètres et non en dénivelé ou en temps de marche. Une heure de déambulation à travers des bambous enneigés et c'est l'enchantement. Le spectacle est grandiose. Une mer de nuages s'étend en dessous de nous, avec ça et là des sommets aux couleurs changeantes qui percent la couverture de brume. Nous verrons même, ce qui d'habitude ne se voit qu'au lever du soleil, le *Fó guāng,* la lumière du Bouddha, phénomène de réfraction qui se produit rarement sur les nuages, tel un arc en ciel ou plutôt l'aurore boréale. Il paraît que dans le passé de nombreux pèlerins se seraient jetés dans le vide

---

[154] Li Bo extrait de *Au pavillon de Sieh T'iao* in F. Cheng, L'écriture poétique chinoise, Edition du Seuil, 1977, p. 214.

à sa vue, croyant être appelés par le Bouddha dans son royaume. Quelle émotion de se savoir à un jet de pierres de l'inaccessible Tibet ! Je savoure ce moment de contemplation, de méditation, de bien-être, me rendant compte que depuis sept mois que je suis en Chine, cet état dans lequel je plane est unique.

Nous dormons sous deux couettes, habillées de toutes les épaisseurs de vêtements apportés, d'un lourd sommeil malgré les *huáqiáo* qui ont fait un raffut infernal jusqu'à une heure avancée de la nuit. La tradition veut que l'on gravisse le mont Emei pour admirer la lumière du Bouddha au lever du soleil à 6h. Réveillées par le son du gong et de l'instrument en forme de haricot, frappé par une baguette de bois, pour l'office matinal des moines, nous nous rendons sur l'esplanade jouxtant le temple, pour admirer le lever du soleil. Tous assis en tailleur nous l'attendons impatiemment en grelottant. Malheureusement le brouillard stagne. Un faible halo de lumière se forme telle une auréole sur un sommet qui émerge enfin de la ouate qui nous entoure. Les *huáqiáo* se mettent à crier alors que le spectacle n'est pas ce qu'il devrait être. Nous nous réjouissons de l'avoir aperçu hier, surtout dans le silence d'un sommet qui, à ce moment-là, nous appartenait.

Ces jeunes Chinois d'Outremer[155] sont bruyants, mal élevés, se font remarquer en exhibant leurs vêtements scintillants, leurs équipements introuvables en Chine, allant jusqu'à confier leurs volumineux lecteurs de cassettes à des porteurs mal chaussés. Le soir, sans respecter le calme des temples, ils mettent la

---

[155] Il convient de remettre ces réflexions sur les Chinois d'Outre-mer, le plus souvent originaires de Hong Kong dans le contexte de l'époque, avant le retour de Hong Kong dans la RPC.

musique au plus fort, fument, rient, se sentant chez eux. Les Hans les regardent avec un mélange d'envie et de méfiance. Personnellement je les trouve odieux et essaye de les fuir. Ils n'ont pas connu la même histoire révolutionnaire que leurs homologues de Chine populaire, mais leur façon de vivre, dans le temple du consumérisme qu'est devenu Hong Kong, les rend tout aussi ignorants des valeurs traditionnelles chinoises. Triste constat[156].

Après un petit déjeuner succinct d'eau chaude saupoudrée de lait en poudre, nous amorçons la descente dans un épais brouillard. Dès la sortie du temple, même armées de crampons très mal aiguisés, je fais une belle chute tellement la glace est vive sur les marches du sentier taillées dans la pierre. Une boue verglacée ralentit la descente. Ça glisse affreusement, la glace est omniprésente, les chutes nombreuses, mais le moral est au beau fixe et l'on rit de bon cœur surtout quand on croise ces magnifiques Tibétains aux regards presque insolents et dragueurs, qui semblent de connivence, comme si ces drôles de filles faisaient partie d'une des nombreuses minorités de cet immense empire chinois. J'avoue avoir un faible pour ces hommes à l'allure de Seigneur de guerre, aux beaux visages hâlés et aux regards ravageurs. Je ressens une sorte de désinvolture, qui me permet de soutenir sans gêne leur regard, leur sourire, sachant qu'ici, à mille lieues de mes chaperons, des contraintes de bonne tenue, je peux me relâcher et être moi-

[156] Par la suite et lors de mes nombreuses rencontres avec ces « autres Chinois» , je comprendrai mieux leur attitude. Ils sont pour la plupart les descendants directs d'une génération âgée de 40 à 50 ans, qui a réussi à fuir la Chine pendant les périodes très troublées et violentes du «Grand Bond en avant» et des purges de la Révolution culturelle pour se réfugier à Hong Kong, parfois dans des conditions dramatiques et au péril de leur vie. Partis de rien, prêts à tout, déterminés à vivre libres et à s'enrichir, ces réfugiés sont arrivés à force d'un labeur incessant à atteindre un niveau de vie inégalable ici en Chine communiste et peuvent offrir à leurs enfants ce sentiment de fierté et de supériorité d'être hongkongais.

même, Guimei et non *Fĕi lăoshī.* Je suis dans mon élément, la montagne et une sensation de liberté, telle une légère ivresse, m'envahit. Nous atteignons l'avant-dernier temple pour y déjeuner d'un très bon repas, qui s'avèrera être le seul de la journée, servi efficacement par un petit moine charmant. Nous arrivons fourbues au temple des Dix Mille Années dans la vallée après cinq heures de descente et nos articulations, surtout nos genoux, nous font très mal. Notre chambre se trouve à l'arrière du temple où il ne reste seulement que quatre vieux moines. Pas de dîner, nous nous effondrons sur nos bannettes.

Le train du retour pour Chengdu est cocasse. Nous montons dans un wagon genre fourgon à bestiaux, rempli à craquer. On s'y entasse pêle-mêle avec des Tibétains dont deux femmes d'une quarantaine d'années, superbement coiffées, aux robes de plusieurs épaisseurs très colorées, enveloppées dans des vestes en mouton qui dégagent une forte odeur. Dans leurs oreilles percées, d'énormes turquoises leur donnent une noble allure. Des bracelets d'argent couvert de pierreries cliquètent quand elles remuent leur bras. Deux hommes de leurs âges, aux visages de dieux grecs, sont engoncés dans leurs épais manteaux fourrés. Leurs bottes en peau de yacks et leurs toques en fourrures de renard ou de lynx complètent leur majestueuse apparence. Une vieille au visage strié de rides, toute de noir vêtue, avec de superbes turquoises aux doigts et aux oreilles, fume une longue pipe en bambou. Un couple de jeunes habillés à la chinoise se terrent dans un coin. Un vieux Tibétain sort de sa poche une théière puis une petite gourde à pipette qu'il fait boire autour de lui et qui sent fort l'alcool fermenté. Il chausse des lunettes dont il est très fier et, assis en tailleur avec ses bottes brodées, offre un spectacle hypnotisant. Tout le monde crache, mange des graines de pastèques et des cacahuètes dont les coques et les gousses recouvrent le plancher du wagon. Ma sœur, qui a quelques ennuis intestinaux, se fait indiquer les toilettes par une employée aperçue lors d'une halte du train. Il faut descendre à une station pour grimper dans le wagon d'à côté, où il y a un vulgaire trou dans le sol derrière un paravent. Elle nous rejoint une station plus loin, visiblement plus détendue. Nos derrières sont talés après cinq heures de voyage dans ce fourgon à ciel ouvert, assises sur nos sacs. Nous trouvons un hôtel où la chambre inclut une bonne douche chaude. Je file faire la queue à la gare pour réserver les places pour Chongqing demain.

Chengdu est sans doute ma ville préférée après Kunming. Ancienne capitale du royaume de Shu en 221 ap. J.-C., c'est la ville des Récits du Bord de l'Eau[157], grande saga de la littérature chinoise dont ont été tirés quelques opéras. C'est aussi la ville des plus grands poètes, surtout Tu Fu et Li Bai[158], mais aussi les nombreux poètes aveugles, anonymes, qui chantent des vers dans les nombreuses maisons de thé, spécialités de la ville depuis les dynasties des Tang et des Song. Dans ces maisons, on peut acheter pour quelques *fēn*, des feuilles de thé qui infusent dans une tasse haute avec couvercle en porcelaine. Et pour le même prix, la tasse est remplie à nouveau dès qu'elle est vide, ce qui permet aux feuilles d'infuser plusieurs fois, jusqu'à ne boire que de l'eau chaude avant de s'en aller, charmé par les nombreux poètes et musiciens qui quêtent quelques piécettes. Beaucoup de vieux y passent leur journée en fumant les pipes qui varient de taille d'une région à l'autre. La pièce principale est meublée de tables basses et de chaises ou fauteuils en rotin et

---

[157] Un des grands romans classiques : le Shuihuzhuan écrit au 14ème siècle voir note page 47.

[158] Li Bai, sans doute le plus grand poète chinois dit le poète divin taoïste, Tu Fu le poète confucéen, le sage et Wang Wei le poète-peintre bouddhiste.

ouvre sur la rue. Le spectacle est permanent. Dans les rues, de nombreux vélos circulent, les enfants se tenant adroitement debout sur le porte bagage, attachés par une sangle et non pas dans les petits sièges fixés sur le guidon comme on peut les voir à Kunming. Pas d'animaux pour le transport des marchandises, mais des hommes, attelés à des charges énormes. Quand on les voit suant, soufflant devant l'immense statue de Mao sur la place principale, on ne peut s'empêcher de penser que le passage de l'état de coolie, 苦力 *kŭlì*, force amère, à celui de 同志 *tōng zhī,* camarade, littéralement « même ambition », n'a pas changé grand-chose à leur train de vie.

Les draps de l'hôtel de Chengdu étaient propres et cela vaut d'être mentionné, car c'est la première fois depuis le début de notre voyage. L'hygiène dans ces hôtels chinois de seconde classe est limitée et je regrette un drap sac pour m'isoler des literies aléatoires. Chengdu est une capitale gastronomique et même si notre budget alimentation n'est pas très élevé, je me souviens du délicieux canard au camphre, de la potée de bœuf pimentée et d'une purée de noix sucrée, excellente qui nous a rendues malades à force de s'en goinfrer.

De Chengdu, on peut se rendre à Dujiangyan[159] où se trouve un des plus anciens systèmes d'irrigation au monde. Conçu par Lin Bing en 256 av. J.-C., ce système aurait permis de contrôler les fréquentes inondations en détournant les eaux de de la rivière Min par un canal percé dans la montagne avec les moyens techniques de l'époque ce qui a donné à Lin Bing le statut d'un dieu puisque le système fonctionne encore aujourd'hui. Deux temples lui sont dédiés où les visiteurs

[159] Dujiangyan est la ville la plus proche de l'épicentre du séisme meurtrier survenu le 12 mai 2008.

brûlent de l'encens et s'inclinent comme devant un Bouddha. De l'un des temples que l'on atteint par un pont suspendu, une plateforme permet d'avoir une vue sur les barrages et la rivière. Des attelages de bœufs traversent un de ses bras en faisant gicler cette eau limoneuse de couleur grise en gerbes ainsi que des hommes, pantalons relevés, portant sur le dos leurs vélos ou des hottes d'herbes.

Dans les ruelles marchandes de Dujiangyan, les maisons en bois sont recouvertes d'un toit de chaume. Des vendeurs à la sauvette proposent des chaussettes en jacquard appelées ici les chaussettes tibétaines et des vanneries en tous genres. Pour faire la démonstration de la solidité de ces paniers, le vendeur n'hésite pas à monter dessus pour mettre sa marchandise à l'épreuve. On peut déguster un bol de *hún tún*, raviolis, des galettes de blé noir délicieuses et des oranges sanguines à prix modéré, ce qui me change de Kunming. Lasses de prendre des bus toujours bondés, nous nous rendons à pied en une heure de la gare de Chengdu au mausolée impressionnant de Wang Tian, l'empereur du royaume de Shu. Ma passion pour les *míngqì,* statuettes funéraires, est récompensée par la découverte de bas-reliefs représentant vingt-deux musiciennes jouant toutes d'instruments différents ainsi que des danseuses aux élégants effets de manches.

Dans le *Rénmín gōnguán*, Parc du Peuple, nous croisons une dizaine de Tibétains, nattés, portant des pelisses de velours doublées de peaux de mouton, bottés de peaux de yack, poignards à la ceinture, qui pourraient aisément être pris pour des brigands de grand chemin. Je m'enhardis à demander l'autorisation d'en prendre un en photo. L'heureux élu s'installe pour prendre la pose. Il sort d'une besace une fourrure qui se révèle être un renard intégral qu'il enroule sur son chef et prend un air noble, malgré une chute malencontreuse dans sa précipitation à jouer la star. On se mord les lèvres pour ne pas rire. Mais entre-temps, une cinquantaine de badauds Hans flânant dans le parc, m'entourent, s'étonnant de mon intérêt pour ce groupe malodorant, aux visages terrifiants. Je fais abstraction de cette foule et demande à la star son adresse pour lui envoyer la photo. Il ne sait ni lire ni écrire et interroge un de ses collègues qui sert d'interprète.

Le musée d'histoire de Chengdu comprend deux parties égales, comme tous les musées à l'époque, la partie archéologie regorgeant de poteries, de bronze, de statues des dynasties Han, Tang et Song, de magnifiques *míngqì,* danseuses déhanchées à la silhouette souple, des bouddhas grimaçants et des animaux imaginaires, une belle collection de lithographies de chevaux, acrobates, paysans qui font la moisson, des céramiques, le tout provenant de fouilles locales. Nous traversons rapidement la deuxième partie du musée, réservée à la Révolution avec de grandes vitrines presque vides à part quelques exemplaires du *Rénmín Rìbào,* Le Journal du Peuple, des tableaux de communistes locaux célèbres et des affiches de camarades exaltés, portant des bannières rouges.

Chongqing - La ville-montagne

Chongqing est une ville noire et sale pourtant située dans un site géographique exceptionnel, à la confluence du fleuve Yangzi et de la rivière Jianling, mais tellement polluée qu'à peine arrivé, on a envie de repartir. La ville est adossée à la montagne d'où son surnom *Shānchéng*, la ville-montagne. L'ambiance est chargée de souvenirs belliqueux, puisqu'elle fut la capitale provisoire du gouvernement nationaliste et que pendant la guerre sino-japonaise plus de 5 000 bombardements ont fait des dizaines de milliers de morts parmi les civils. Toutes les rues et ruelles semblent accrochées à des pentes si raides que c'est une des rares villes de Chine exempte de vélos. Les bus, crachant du noir, sont donc toujours pleins à craquer et progressent très lentement. La bataille pour s'y engouffrer est plus que pénible et il n'est pas rare de s'en sortir avec bosses au front et pieds écrasés. Les habitants sont pâles, sales, la pauvreté visible. L'amabilité n'est pas courante. Ils parlent très vite et ne répondent pas aux questions. Les rues sont très encombrées, les échoppes et les gargotes pour manger sur le pouce sont bondées. Pourtant la nourriture servie semble bonne mais faire la queue pour un bol de nouilles, aussi goûteux soit-il et trouver une table libre est trop laborieux.

Après avoir acheté les billets pour visiter les grottes de Dazu, à environ 160 km à l'ouest de Chongqing, nous profitons d'une chambre d'hôtel - hors de prix pour notre budget[160]-pour nous laver et faire une sieste. Pour se rendre aux grottes, le voyage s'effectue dans un bus brinquebalant, aux sièges défoncés. Un ressort rebelle me heurte la fesse gauche. Secouées, serrées, vessies prêtes à exploser car, contrairement aux autres trajets effectués en bus, celui-ci ne s'arrête que deux fois, le voyage est éprouvant. Heureusement le paysage d'une campagne cultivée de façon artistique fait diversion. Nous traversons de très belles vallées où s'étendent à perte de vue des cultures en terrasses de rizières, blé, cannes à sucre mais aussi des agrumes et les fameux poivriers. Tout est exploité à la main, parcelles soigneusement sarclées, jusqu'au sommet des montagnes par

[160] En 1982, budget habituel pour une chambre double dans des *zhaodaisuo*, hébergements bon marché : 4 ¥, à Chongqing 26 ¥ !

des paysans jardiniers, sans l'aide d'animaux, totalement absents du tableau. Un autre bus nous conduit à Baoshan Ting[161]. Des rochers aux formes évocatrices se détachent à l'horizon. Le site de falaises creusées et sculptées est spectaculaire. Par miracle, il n'a pas été saccagé par la Révolution culturelle et a même fait l'objet de restaurations en 1961. Il y aurait 74 grottes contenant près de 50 000 statues bouddhiques qui coexistent avec d'autres confucianistes et taoïstes révélant le travail d'artistes de dynasties différentes des Tang aux Song, du VIIe au XIIIe siècle. Certaines statues en bois, malheureusement mal entretenues, ont les têtes et pieds moisis. Je tombe en admiration devant de très beaux *luóhàn*, les disciples du Bouddha et deux guerriers en bois superbes. Les rochers sont habilement gravés de calligraphies d'un style cursif élégant. Certaines statues, aux couleurs passées, ont été jadis peintes en bleu, rose ou ocre. Tout est bien aménagé et il est défendu de photographier mais des cartes postales sont disponibles à la vente. Des femmes, plutôt âgées, s'inclinent devant les statues et parfois brûlent des offrandes de papier, des petites statues en paille. Elles forcent leurs petits enfants à courber la tête comme on ferait une génuflexion dans une église, en leur disant : *zuò bàibài*, l'équivalent français de « penche le buste en avant, les mains jointes sur la poitrine et agite des bâtonnets d'encens ». Nous descendons une vallée longeant des falaises entièrement creusées de grottes remplies de bouddhas, dont un immense bouddha couché. L'histoire de *Shakyamuni* et de l'enfer bouddhiste défilent sous nos yeux. Des bodhisattvas à géhenne avec des tortues, sur des piloris, ou des roues crantées, dans des marmites bouillantes, telles les reproductions de l'enfer d'après la Divine Comédie de Dante. Des gamins, venus de nulle part,

---

161 À l'époque seules les grottes du site Baoshan Ting sont ouvertes à la visite. La totalité des grottes des cinq sites ne sont inscrites au patrimoine de l'humanité qu'en 1999.

alors que l'entrée est payante même si le billet ne coûte qu'un *jiao*, nous collent comme des mouches. Cracher semble une habitude ou plutôt une façon de réagir à certaines situations qui les mettent mal à l'aise. On nous crache dessus, ils expectorent sur un bus ou bien lancent des pierres. On a même vu un chauffeur de bus cracher sur un gosse qui ne s'est pas poussé assez vite pour faire place à d'autres voyageurs. Le dernier bus pour Dazu est à 17h, nous ne devons pas le rater.

Le voyage retour de Dazu à Chongqing est animé. Le chauffeur est un gai luron qui conduit à vive allure, accélérant en franchissant les nids de poules et s'arrête tout le temps pour faire monter des passagers alors que le bus est bondé. Un gars assis à côté de nous est malade et semble vouloir vomir. Du sang dégouline sur la veste fourrée d'une passagère, provenant d'une fissure dans le toit où a été entreposée une carcasse de porc sanguinolente. En fait, le chauffeur a chargé trois palanches de viandes saignantes sur sa galerie. Certains passagers rongent des morceaux de canne à sucre, en aspirent le jus bruyamment et recrachent les fibres par terre. À l'arrêt pause déjeuner et dans la cohue pour obtenir un bol de nouilles, je me fais voler pour la deuxième fois mon porte-monnaie, heureusement vide si ce n'est de timbres, des *fànpiào,* ticket céréales et de quelques pièces. Une jeune mendiante tient un papier sale où est écrit : « Mon grand frère est paysan, mes petits frères sont à l'armée, ma mère est malade, j'ai besoin d'argent ». Nous croisons un cortège de mariage en chaises à porteurs, des charrettes croulant sous les meubles peints en rouge, couleur du bonheur et décorés d'oriflammes. Un groupe de musiciens suit en frappant des sortes de tambourins et des gongs. Il n'est pas rare non plus de voir des tombes, au milieu d'un champ, au bord de la route, sur lesquelles des membres de la famille brûlent des offrandes en papier de la forme des biens matériels dont le mort ainsi ne manquera pas. Après le cortège heureux, en voici un funèbre. Sur un camion, une douzaine de personnes de blanc vêtu, couleur du deuil, disparaissent derrière des montagnes de fleurs et de couronnes blanches, au son du gong et d'une trompette, ressemblant à la bombarde bretonne.

Descente glaciale et embrumée du Fleuve Bleu, le Yangzi

Avant cette croisière, je ne connaissais le Yangzi que par les nombreux poètes qui s'en sont inspirés pour laisser des vers magnifiques, parfois dramatiques, certains ayant navigué sur les eaux du fleuve lors d'un exil politique, comme Li Bai, ou pour y finir leurs jours, comme Tu Fu. J'ai aussi en tête un rouleau d'une peinture au lavis représentant le cours du Yangzi à travers les gorges, qui s'étalait sur un mur de plus de 15 m de long dans une des nombreuses salles du musée d'art de Taipei sur la colline de Yangminshan à Taïwan. C'est donc la tête pleine d'images artistiques et irréelles que je monte sur un bateau peu confortable, de taille moyenne, à trois ponts, par un temps d'hiver glacial et morose.

Le bateau assure les dessertes de plusieurs villes au bord du Yangzi de Chongqing jusqu'à Wuhan en quatre jours. Il fait très froid en ce mois de février 1982 et il n'y a aucun chauffage sur le bateau. Nous sommes en 3ème classe, sur les cinq proposées et nous partageons une cabine avec une Anglaise, malade et peu aimable, alors que son interprète est une charmante chinoise aux petits soins pour elle. Quelques Chinois de Hong-Kong sont sur le pont supérieur, tous bien équipés de chauds anoraks et avec leurs sempiternelles radiocassettes. Quel contraste avec la cohue des locaux qui sont en 5ème classe, sur le pont inférieur, allongés par terre, assis au milieu de leurs nombreux paniers, palanches, corbeilles remplies de légumes, pâtés de soja, sachets de cacahuètes ou de graines en tous genres. De la viande sèche sur une cordelette tendue à l'une des cloisons. Dans une cage en osier, des canards enfermés s'agitent dans un bruissement de plumes. Des oranges débordant d'une hotte tressée donnent à ce tableau une luminosité particulière. Il y a sur le bateau une cantine bon marché où la nourriture est assez bonne. Lors des premières journées, le soleil joue avec les nuages nuançant la couleur des eaux. Les berges abruptes sont cultivées en terrasses de façon acrobatique sur la partie basse et couvertes d'arbustes et de landes sur les parties plus en altitude.

Les villages semblent de loin assez délabrés et pauvres. Après les haltes à Fuling et Fengdu, le bateau atteint Wan Xian[162]. C'est la ville du travail ingénieux du rotin et de l'osier. Vanneries et paniers de toutes formes et couleurs, nattes et meubles sont exposés presque jusqu'à la rive du fleuve. L'étape est populaire et nous débarquons avec de nombreux passagers sur une plage. Pour rejoindre la ville accrochée à la berge escarpée, il faut gravir un immense escalier en pierre au sommet duquel nous sommes prises d'assaut par des petits vendeurs de vanneries dont l'artisanat est remarquable et nous nous laissons séduire par ces paniers avec couvercle, très esthétiques mais qui se révèleront encombrants pour la suite du voyage. Des ruelles empierrées serpentent à flanc. Comme à Chongqing, l'usage du vélo est impossible. Quelques maisons aux façades Renaissance, avec linteaux décorés au-dessus des fenêtres, de très belles portes en bois ouvragés et une église catholique témoignent de la présence d'Occidentaux et de missionnaires. La légende dit

[162] Wan Xian où un pont est construit en 1997 pour désenclaver les villages de l'autre rive.

qu'un vieux Père Blanc officiait ici et parlait cinq langues dont le latin évidemment.

Le lendemain, dès 8h nous entamons la traversée des premières gorges et restons subjuguées par la vision de cet écrin étroit bordé de sommets enneigés.

Haut fleuve, gorge étroite : éclair et tonnerre se combattent
Arbres verts, grises lianes : soleil et lune s'éclipsent…[163]

Des rochers vertigineux enserrent les berges du Yangzi où la navigation devient plus délicate. Lucien Bodard dans *Le Fils du consul* cite les noms insolites de ces gorges : celles du « Chat Jaune, Foie de bœuf, Poumons de cheval, Lumière de la lampe, Code militaire, Montagne des sorcières, Abime long et mystérieux »[164]. Le fleuve traverse des endroits érodés de pics aux formes fantastiques, où une végétation courageuse s'accroche aux rochers. Dans le cours moyen du Yangzi, au lieu-dit la Falaise rouge, -comme le sang ?- des poèmes épiques gravés en caractères immenses dans la roche surplombant le fleuve rappellent les exploits de généraux et des seigneurs de guerre qui ont sévi sous les Hans. Impressionnée par le paysage, je réalise que je n'ai pris que très peu de photos. Comme Li Bai, envoyé en exil au Sichuan, qui, apprenant son amnistie sur un bateau alors qu'il remonte le fleuve, est tellement plongé dans ses pensées qu'il n'a pas vu défiler les gorges. À 15h nous atteignons la troisième et dernière gorge, avant que le fleuve ne s'élargisse. Le passage de l'écluse de Yi Jiang s'éternise, le niveau de l'eau baisse de 20m. Le paysage, tout blanc suite à une chute

---

163 F. Cheng,L'écriture poétique chinoise, op. cit. p189 Poème de Tu Fu, Pai Ti, ville dominant les gorges du Yangzi.

164 Lucien Bodard, *Le Fils du Consul*, op.cit. p. 270.

de neige, devient plus monotone et industriel. Dès la porte de l'écluse refermée, un train à vapeur l'a traversée. Le fleuve s'élargit, le bateau émerge des gorges sous une pluie de grêlons et un froid polaire.

Les brumes hivernales bien présentes rappellent la notion centrale de vide dans la manière dont les Chinois conçoivent l'univers et qui se retrouve dans tous les arts même dans l'art culinaire et la musique. Zouqi, l'ami peintre, m'a expliqué que le vide est toujours habité par le fameux *qi,* le souffle, représenté souvent par un nuage, de la vapeur d'eau produite par une cascade ou une fumée s'échappant d'un toit d'une maison. Les peintres, poètes, calligraphes ont tous été animés par ces principes taoïstes de vide et de plein, de yin et de yang. Je pense alors à mes partitions de piano et au symbole soupir, pendant lequel aucun son ne doit être joué et qui porte bien son nom quand on pense au *qì* chinois. J'expire du souffle en soupirant. Je note d'en parler à Zouqi à mon retour à Kunming. C'est le genre de réflexion qu'on peut avoir sur un bateau, n'ayant pas grand-chose d'autre à faire qu'admirer le paysage et songer. Je n'ai jamais ressenti aussi fortement qu'au cours de cette croisière, la puissance graphique de l'écriture, la peinture et la poésie chinoises, toutes les trois issues du même art du trait. J'ai eu largement le temps de me remémorer mes lectures poétiques, mes visites dans les musées asiatiques parisiens, admirant les multiples détails des peintures sur rouleaux, qui, dans la sphère privée, ne sont montrés qu'à ceux capables de les apprécier.

La peinture se regarde souvent à plat, en déroulant horizontalement le rouleau, permettant une lecture lente de l'œuvre, soit seul, soit en présence de connaisseurs privilégiés. Les deux idéogrammes choisis pour exprimer un site pittoresque sont 山水 *Shān-shuǐ*, montagne et eau, mis ensemble[165]. Sur le fleuve encerclé de montagnes, le choix des mots est approprié. Appuyée sur le bastingage du bateau, j'ai l'impression d'évoluer dans un rouleau d'une peinture de Shitao. Y suis-je rentrée comme Wu Daozi, peintre des Tang qui, d'après la légende, avait réalisé une longue peinture sur rouleau pour l'empereur représentant une vallée bordée d'une luxuriante végétation et au flanc d'une montagne, une porte, qu'il ouvrit, puis entra dans la peinture et disparu à jamais.

Arrivée à Wuhan en fin d'après-midi, le fleuve s'élargit comme une mer intérieure, visible sur n'importe quelle carte de Chine. Après quatre jours sur le bateau, joie de se dégourdir les jambes en allant au temple de Guiyanshen. L'ambiance est plus détendue ici et les gens aimables sont prêts à nous aider à trouver ce temple, aucun plan de la ville n'étant accessible. Epargné par la Révolution culturelle, on peut y admirer des statues du Bouddha de Birmanie et Thaïlande, d'autres plus anciennes des Tang qui sont encore bien conservées. Dans la bibliothèque une exposition de peintures représentant des troupeaux de chevaux, crinières au vent, semblant voler, montés de cavaliers coiffés de turbans rouges, seule note de couleur sur un rouleau peint au lavis à l'encre noire. Le temple est gardé par des bonzes dont certains torses nus résistent au froid ambiant.

L'envie de marcher nous porte à une colline où se trouve le monument à l'héroïne communiste et féministe Xiang Mao, exécutée à 23 ans par le Guomindang. De la hauteur de la colline, on aperçoit le pont sur le Yangzi et l'immense concentration de voies ferrées où roulent encore quelques trains

---

[165] La langue chinoise associe la plupart du temps deux idéogrammes pour former un mot, un concept, il y a peu de mots monosyllabiques.

à vapeur, repérables par le tourbillon de fumée qui s'élève dans le ciel. Avant de rejoindre notre hôtel, nous dînons d'un plat de raviolis et j'acquiers pour ma collection un poster de propagande pour l'enfant unique. Dans le train pour Xi'an, une jeune mère avec son bébé de trois mois partagent notre compartiment. Elle a 30 ans et son premier et unique enfant est un fils dont elle est fière. Toutes les femmes du wagon viennent le voir, le tripoter, voulant aider la mère. Avec ses culottes fendues, il se soulage partout. C'est certes très commode pour lui mais la mère est trempée, la couchette et le sol aussi. Je tiens le petit un moment pour que la mère puisse manger tranquillement, mais elle m'a donné un coussin épais en prévention d'une éventuelle fuite.

8 février : fêtes des lanternes à Xi'an

Balayée par les vents qui n'ont aucun relief pour les arrêter, Xi'an, la ville des empereurs, est recouverte de poussière de lœss. C'est aussi le terminus d'une des routes de la soie. Et bien qu'il y fasse un froid pénétrant, nous sommes excitées de séjourner dans cette ville qui a tant compté dans l'histoire de la Chine. D'après mon fidèle guide Nagel[166] Xi'an possède quatorze mosquées, dont la plus ancienne, en plein quartier Hui, daterait des Tang. La végétation s'est emparée du toit chaud et humide de la mosquée aux tuiles bleues. L'endroit est calme dans une ruelle où déambulent des hommes coiffés du calot blanc parfois ajouré de dentelles et où les portes des maisons sont décorées des cinq doigts. Le porche d'entrée comprend cinq portes en bois, avec des sourates du Coran

---

[166] Troisième édition revue et corrigée de 1978, bien utile puisque les plans des villes sont très rares à trouver et souvent très succinct pour que les étrangers n'aillent pas partout. Le guide mentionne le patrimoine culturel et religieux chinois d'avant la Révo. cul.

gravées sur le fronton en alphabet arabe dont une est ouverte. Des hommes font leur prière dans la grande salle, mais l'un d'entre eux est fier de nous inviter à y entrer et n'émet aucune réticence à faire visiter la mosquée à deux femmes. Il nous montre le plafond à caissons en bois sculptés ornés de calligraphies arabes, toutes différentes. Sur un mur, une peinture ancienne représente le plan de la Mecque. La visite comprend aussi le minaret de style chinois et un pavillon avec cloche et tambour comme on peut voir dans les temples. C'est sans doute un des plus beaux bâtiments que nous ayons vus depuis notre départ. L'emprise de l'islam semble plus importante ici que le catholicisme, en tous cas plus apparente. Notre guide évoque la question de l'interdiction de manger du porc, qui est la viande la moins chère et la base de la nourriture chinoise, la seule souvent accessible sur les étals des marchés. Ils peuvent heureusement acheter du poulet à un prix raisonnable. Les Ouïghours musulmans du Xinjiang n'ont, eux, aucun problème pour avoir accès à la viande de mouton provenant des élevages d'ovins courants dans leur région. Les Hui, les Hans musulmans, semblent bénéficier au même titre que les autres religions d'une légère ouverture pour la pratique du culte[167].

Conseillé par un étudiant originaire de Xi'an, nous allons tester le restaurant Wu Yi Fandian, le « Cinq et Un » où il faut faire trois queues, la première pour obtenir un ticket de réservation, la deuxième pour récupérer le plat commandé et enfin la troisième pour trouver une place, l'endroit très populaire étant toujours plein. Dans ce quartier propret règne une ambiance détendue. Au musée de la ville, les collections d'objets en bronze, un ensemble de stèles et une vaste

---

[167] Il convient de replacer ces réflexions dans le contexte de l'époque avant la répression violente contre les Ouïghours dès 2021.

exposition d'objets funéraires plongent le visiteur dans l'histoire des routes de la soie, dont celle qui se termine à Xi'an. Les *míngqì*[168] en forme de dromadaires chargés de ballots de soie, de cavaliers, de musiciens aux instruments divers, de joueuses de polo évoquent l'univers des caravanes et les influences parfois étrangères parvenues par cette route mythique.

Xi'an[169] a conservé son vieux quartier chinois et, comme le Nouvel an est passé, les portes des maisons en bois sont encadrées des toutes nouvelles bandes de papier rouge où sont calligraphiées, en caractères dorés, des phrases pour protéger les maisons des mauvais esprits et y apporter fortune et chance. D'ailleurs ici, la fête des lanternes qui clôt les festivités du nouvel an a commencé. Les rues sont remplies de vendeurs de lanternes en papier de toutes les formes et de toutes les couleurs. Il est difficile de se frayer un chemin dans la foule qui choisit, négocie les lanternes qui seront pendues devant les habitations et qui seront portées par les familles dans les rues à la nuit tombée. Les enfants crient de joie devant des lanternes en forme de jouets, de dragons, de pagodes à sept ou neuf étages et de héros mythologiques. Mais au milieu de ces foules joyeuses, de nombreux mendiants grelottent de froid. Au musée d'histoire, nous cherchons à grand peine dans une forêt de stèles, celle commémorative relatant l'arrivée d'un prêtre nestorien et la fondation d'une chapelle chrétienne en 781, gravée en chinois et syriaque avec une croix à son sommet, témoin d'une très ancienne christianisation.

[168] *Míngqì* statuettes funéraires.

[169] J'aimais tant me perdre dans les ruelles des quartiers anciens qui vont malheureusement disparaître quelques années après mon retour en France, remplacés par des hauts buildings, des résidences de standing, une modernisation trop rapide, excessive, faisant fi du passé. À Beijing, après avoir détruit tous les hutongs, quelques-uns ont été reconstruits, tel un quartier-musée pour le tourisme.

Ma sœur adore les *guo pei,* sorte de raviolis frits, farcis de viande et de légumes parfumés à la coriandre et qui feront nos repas pris sur le pouce. Des curieux ne cessent de nous poser mille questions sur notre origine. Peu connaissent la France, certains même nous demandent si c'est une région de Chine, quelle langue on y parle, quels vêtements on porte, qu'est-ce qu'on y mange ? Avec des baguettes ? Le magasin de l'amitié est mieux achalandé de fourrures, bijoux, lithographies que celui de Kunming, la population d'étrangers étant, il semblerait, plus importante. Mais les vitrines sont occultées de grands rideaux pour que les Chinois, qui ne peuvent pas y faire leurs emplettes, ne soient pas tentés. Tout se paye en *wài bì* bien entendu. Nous ne sommes rentrées que pour jeter un œil, notre bourse s'amenuisant en fin de voyage.

On ne peut se rendre à Xi'an sans visiter le tombeau de l'empereur Qin protégé par la célèbre armée de terre cuite, statues grandeur nature de guerriers imposants, qui seraient toutes différentes les unes des autres. Le tombeau est accessible après un voyage de plus d'une heure en bus. La dépouille de l'empereur était protégée par un système sophistiqué d'arbalètes empêchant quiconque de creuser le tumulus, sinon au péril de sa vie. Pour quelques fens, on peut voir, sans faire la queue et presque seules, les centaines de statues exposées et la reconstitution d'un char. Les fouilles, toujours en cours, laissent imaginer les trésors encore enfouis[170]. La campagne du Shanxi semble moins bien soignée que dans le Sichuan. Mais, le temps a changé en une grisaille qui plombe le paysage, le froid ambiant et la perspective de la fin du voyage affectent notre moral.

---

[170] À cette époque, pour quelques fens, on peut voir ce qui a déjà été excavé, sans touristes et sans faire la queue.

Nous nous rendons à la Pagode de la Grande Oie en grimpant dans un bus bondé où un paysan arrive à hisser par une fenêtre sa palanche portant deux seaux remplis à ras bord de choux. Pour régler sa place, il faut faire passer la monnaie à l'employée, assise dans une guérite au milieu du bus et qui crie à chaque arrêt, *maï piào maï piào*, achetez vos billets. Les billets crasseux passent de mains en mains jusqu'à la préposée à qui j'ai préalablement fait un signe en levant deux doigts pour indiquer que je paye deux places. Les tickets et l'éventuelle monnaie font le trajet inverse. Les resquilleurs sont rares. Après la foule du bus, c'est la bousculade à la Pagode. Des centaines de Chinois s'y pressent, se marchent sur les pieds, en se raclant la gorge, un vrai calvaire pour y monter. Après les efforts réalisés pour arriver jusqu'ici, nous tentons l'ascension. Il est toujours intéressant de voir une ville en prenant un peu de hauteur. Mais le temps maussade ne laisse que peu de visibilité et une photo prise d'en haut ne montre que l'avenue de la Pagode noire de monde. Mon seul souvenir est olfactif, la foule dégageant une très forte odeur âcre de transpiration et de saleté. Exaspération, lassitude, envie de retrouver le calme de mon refuge à Kumning. Si le voyage permet d'échapper à la routine, il est bon qu'il se termine pour ne pas perdre la capacité de s'émerveiller.

C'est la fin des congés du nouvel an, chacun s'en retourne dans son unité de travail, remplissant les trains et bus où il devient encore plus difficile de faire des réservations. Nous devons rentrer à Kunming. Au guichet, je suis par malheur dans la queue derrière une quinzaine de Chinois d'Outre-mer qui prend les dernières couchettes dures. Après tergiversation, l'employée nous en trouve encore deux libres pour demain. Dernière nuit à Xi'an au son des pétards en l'honneur de la fête des lanternes.

3/10 avril - Le voyage organisé par les affaires étrangères

Les autorités du *wàibàn* ont bien compris l'avantage financier et organisationnel d'un voyage regroupant tous les étrangers et proposent une semaine aux confins du Yunnan pour 250¥ par personne, soit près de la moitié de mon salaire mensuel et la totalité de celui de Sydney et Eugene. Les accompagnateurs - interprètes - rapporteurs ont été sélectionnés selon des critères bien définis et, pour l'Institut, c'est Madame Jin, qui officiellement ne parle pas le français. Après une petite enquête, je découvre qu'elle a fait ses études secondaires chez des missionnaires catholiques français à Beijing et que c'est elle qui lit mes lettres à la censure. Elle a une capacité extraordinaire à faire croire qu'elle ne comprend ni l'anglais ni le français et s'attache les services plus que limités d'un interprète qui cherche ses mots et ne sait absolument pas traduire les chiffres ou les dates, ce qui donne parfois des anachronismes comiques. Chaque institut de formation a délégué un chaperon, trié sur le volet, membre du PCC et pouvant déchiffrer les conversations en anglais. Pour nous à l'Institut, c'est Bao Zhang à qui nous avons donné le surnom de Sticky Zhang. Eugene, Sydney et moi sommes en froid avec elle. Moi je ne lui adresse la parole qu'en chinois et quand elle me parle en anglais je ne réponds pas. Pour Eugene, c'est physique, il ne la supporte pas. Seule Sydney, gentille, fait des efforts pour lui être aimable.

C'est une première pour moi, qui n'ai jamais voyagé en groupe de ma vie, mais je me fais malgré tout une joie d'explorer cette région inaccessible encore fermée aux étrangers et d'aller à Dali et à Lijiang, villes évoquées dans plusieurs de mes lectures, et qui fut le point de départ de l'expédition d'Alexandra David Néel pour Lhassa.

Notre petite communauté d'experts n'est pas homogène. Les jeunes célibataires ont envie d'aventure, de longues marches en montagne, de découvertes hors des sentiers battus. Les Américains plus âgés, dont le couple avec enfant, veulent du confort, sont obsédés par la sécurité et une nourriture saine. Le rendez-vous du départ est fixé à l'Hôtel du Lac Vert à 7h du matin. Un gros minibus- *miànbāochē*, la voiture en forme de miche de pain- de marque japonaise a été affrété pour parcourir près de 1 500 km sur l'ancienne route qui rejoint la frontière Birmane, à l'Ouest en passant par Anning et ses fameuses sources d'eau chaude, puis longeant la vallée de la rivière Longchuan avant d'atteindre Chuxiong. Sur les sept jours d'aventure, presque la moitié sera consacrée au voyage, tellement les routes à cette époque sont mal entretenues.

Les villages traversés sont d'architecture différente, avec parfois de très belles maisons bourgeoises, ressemblant à des petits palais superbement situés sur des collines, propriétés de riches commerçants de Birmanie, d'après nos guides. Beaucoup de tombes sont érigées dans les champs et sur les versants des montagnes. Comme c'est bientôt *Qīng míng*, la fête des morts, des familles nettoient leur tombe, y brûlent de l'encens et les décorent avec des bougies. Depuis le début d'une décollectivisation partielle des terres, les paysans ont agrandi leur lopin privé, encerclant parfois leurs champs de murs de pierres. Ériger un mur, c'est se protéger des voleurs, des animaux, mais c'est surtout faire état de sa propriété privée, même si le paysan n'a pas encore assez d'argent pour se construire une maison. La route grimpe beaucoup et me rappelle celle entre Simao et Jinhong au Xishuangbanna. Puis elle redescend sur une superbe plaine, mosaïque de cultures aux couleurs variées. Le moteur gronde dans les montées et garde un silence inquiétant dans les descentes, les chauffeurs ayant l'habitude de débrayer au risque de faire gémir les freins qui émettent une odeur de soufre. Les montagnes pelées et érodées semblent creusées par des sentiers qui serpentent sur leurs flancs. Des pans entiers de roches et de terre sont arrachés, résultat d'une déforestation massive, malgré l'interdiction de couper les arbres et la récente campagne accompagnée du slogan «Je plante un arbre, je participe aux quatre modernisations» que nous avons suivie scrupuleusement dans notre jardinet sur le campus. Les toitures des maisons sont recouvertes de belles tuiles grises. De nombreux troupeaux de chèvres, de buffles, de vaches, occupés à brouter, des chevaux à moitié sauvages qui galopent, crinière au vent. La route s'élève sur de hauts plateaux immenses où l'on descend vertigineusement dans de larges vallées où, à cause du printemps plus tardif à cette altitude, les pommiers et poiriers sont encore en fleurs.

Le voyage est long. Partis aux aurores, une pause déjeuner est proposée à Chuxiong à mi-chemin entre Kunming et Dali. Le repas est organisé par le *wàibàn* local dont ce doit être l'occupation majeure vu qu'il n'y a aucun étranger à Chuxiong, centre administratif de la zone autonome de l'ethnie Yi. C'est une jolie ville chinoise aux ruelles bordées de maisons de bois et d'énormes baraquements militaires où sont encore lisibles les slogans à la gloire de Mao et de la Révolution. Nous croisons beaucoup de camions de militaires entre Kunming et Xiaguan que nous atteignons le soir. La ville neuve, sans charme, est principalement une place de commerce avec la Birmanie toute proche. L'hôtel Fu Tai est tout à fait correct en tous cas pour mon standard de voyageuse, mais ce n'est pas l'avis de certains Américains : Pas de salle de bains et dortoirs à cinq lits. Après le repas, quelques-uns d'entre nous, bravant la fatigue, vont se promener. P. qui a laissé son journal intime sur sa table chez elle à Kunming, veut envoyer un télégramme à un expert américain qui ne fait pas partie de notre troupe pour qu'il le récupère et qu'il ne soit pas lu par la femme de ménage censeur. Mais devant les difficultés à réaliser cette action pourtant simple, elle y renonce. Des marchands de bière locale et de paquets de cigarettes de marque étrangère, proposent devant leur boutique ces produits introuvables ailleurs. Des *xiăo chī* vendent des barbecues de viande de chien calorique.

Émotions à Lijiang
la ville d'où Alexandra David Néel partit pour Lhassa

Le lendemain, le départ est prévu à 8h30 pour Lijiang mais le bus ne partira qu'après une séance de Taïchi sous l'œil amusé des accompagnateurs. La route qui longe le lac Erhai est splendide. Des sommets recouverts parfois d'une mince couche de neige brillent au soleil alors que des nuages entourent le lac et lui donnent un air mystérieux. Les grands troupeaux de moutons et les maisons en pierre taillée me font penser aux hauts plateaux du Mercantour. Parfois des habitations à toits de chaume, sont peintes en noir sur une des façades et décorées de motifs floraux. Je m'amuse à noter les slogans sur les murs des maisons : « Les paysans doivent étudier l'exemple de Tachai »[171]. Toute religion a besoin de mythologie, de légendes, de saints, le maoïsme comme les autres. Autre slogan, écrit en idéogrammes rouges : «Préparons-nous à livrer un combat sans merci, l'ennemi se cache parmi vous, nous l'anéantirons». Sur les

[171] Tachai était une commune populaire modèle dont la production agricole devint légendaire et fut élevée au rang des héros du panthéon communiste tout comme l'ouvrier Leifeng.

ruines d'un temple : « Combattons les esprits mauvais, coupons les mauvaises herbes, détruisons le serpent qui se cache dans ces diables de moines. Il faut tuer l'ennemi. On ne peut plus supporter la vue de ces diables; ils nous font vomir ». Dans ces villages traversés vivent principalement des minorités aux écritures soit hiéroglyphiques, soit non existantes, où le taux d'illettrés est élevé et pour qui ces slogans incompréhensibles doivent rappeler une période violente et destructrice.

Je suis frappée par le nombre de temples en ruines, servant de granges ou d'espaces pour des fresques murales à la gloire du socialisme, représentant des paysans musclés, des paysannes souriantes, des soldats bienfaisants tenant le bras à des petites vieilles aux pieds déformés. Même dans ce Far West Chinois, loin de tout, les gardes rouges ont sévi et la Révolution culturelle, arrivée plus tardivement, s'est achevée par des règlements de compte terribles entre Hans et minorités, soulevant une ethnie contre une autre pour mieux les diviser. L'entrée de la ville de Dali se fait par un superbe porche en demi-cercle dans la muraille d'enceinte de couleur ocre. Dans les ruelles, des minorités en costumes se mêlent à des paysans vêtus d'un pantalon en velours côtelé, d'une veste bleue fermée par des cordons passementés, la tête couverte d'une casquette Mao. Les enfants aux vêtements rapiécés vont nu-pieds. Des femmes avec des coiffes brodées à plusieurs étages, des tabliers blancs sur des chemisiers de même couleur, ceintures brodées, s'affairent devant de tous petits étalages fabriqués de leur panier renversé ou de larges corbeilles, dont certaines font plus d'un mètre de diamètre, où sont déposés des œufs, des tomates, des feuilles ressemblant à de l'oseille. Toutes sortes d'ethnies se croisent dans ce qui semble un marché gigantesque qui s'étend dans les rues de la ville. Des hordes de paysans portent des corbeilles sur le dos, les maintenant par une large lanière-bandeau sur le front. Elles sont parfois remplies de bois de chauffage. D'autres tirent des charrettes remplies de vanneries de toutes sortes. Les hommes et les femmes couvrent leurs épaules de peaux de mouton entières, les protégeant du froid ambiant, la ville étant à près de 2 500 m d'altitude. Un groupe de cavaliers tibétains, coiffés de toques de renard et portant des bottes fourrées, montés sur des petits chevaux harnachés avec élégance, arrivent du Tibet voisin pour la course de chevaux et la grande foire qui aura lieu à Dali dans trois jours et où, miracle, nous pourrons nous rendre. Cette course et la foire attenante, interdites pendant près de vingt ans, sont autorisées à se tenir pour la première fois en ce printemps 1982. Pour loger toutes les ethnies qui y participent, des tentes ont été dressées dans un terrain vague.

Que de visages incroyables, de costumes en tous genres ! Des grands-mères aux dos courbés sous le poids d'un bébé coiffé du petit chapeau porte bonheur percé au sommet du crâne, d'où s'échappe une houppette de cheveux. Ce sont principalement des Baizu dont la peau de chèvre qui leur bat les épaules et recouvre le dos est attachée par une rondelle de jade. Les Zangzu eux ont de grands chapeaux carrés et les Naxi des turbans noirs ou blancs. Une ambiance chaleureuse, un désordre sympathique, des bruits de toutes sortes, des grognements de porcelets, des étalages de légumes aux couleurs vives, des pyramides de pommes, des corbeilles d'œufs empilés avec audace, des éventaires de perles ou fils à broder multicolores, l'odeur alléchante des pâtés de soja et des boulettes de riz gluant. Une symphonie fantastique éveillant les cinq sens.

Comme c'est dimanche, tous les villages entre Dali et Lijiang sont encombrés par les marchés. Traversant l'un d'entre eux, dans Niujie la Rue de la Vache, notre minibus est carrément à l'arrêt, coincé dans une foule compacte. La rue est envahie d'étalages disposés devant des femmes emmitouflées de plusieurs couches de vêtements, d'hommes parfois pieds nus, malgré la température, à la démarche chaloupée sous une palanche dont les deux paniers sont remplis de légumes, de fillettes en larges jupes à volants chamarrées et coiffes sophistiquées tenues par leurs nattes croisées sur le dessus de leur tête, leur front orné d'un énorme bijou en argent. À notre plus grande joie, ouvrant les fenêtres du bus nous avons tout loisir de prendre des photos. J'ose même parler avec les marchands pour connaître le prix des légumes, ou faire un compliment à une vieille sur le bébé qu'elle me brandit avec un large sourire édenté. Un bain de foule inattendu et tellement chatoyant. Excédés par le retard pris sur le programme à cause de l'embouteillage, nos chaperons descendent du bus, se frayent un passage dans la foule, tapant à droite à gauche, injuriant les paysans, poussant les vieilles qui titubent sous leurs charges, renversant les étalages pour faire avancer le minibus. Il fallait voir Sticky Zhang, déverser toute une vieille haine accumulée depuis ses années forcées à la campagne, se venger sur ces pauvres villageois. Le bus redémarre en frôlant les paniers, les étals de fortune au risque d'en faire tomber leur garniture en fragile équilibre. Un terrible sentiment de honte m'envahit, j'aurais voulu disparaître sous mon siège. Quelle image donnée des étrangers, bien contre leur gré !

La route vertigineuse serpente et prend de l'altitude. Peu de véhicules, à part le service de bus régulier de Xiaguan à Lijiang et quelques camions d'essence ou de marchandises. Arrêt pique-nique à un col d'où la vue s'étend sur des vallées cultivées minutieusement, dont une de poiriers en fleurs, blancs comme neige et de colza jaune d'or. La route débouche sur un vaste plateau bordé côté Tibet de sommets très élevés, couverts de neige. Ce paysage aux dimensions gigantesques, tel qu'on ne peut le voir en Europe, rappellerait plutôt le parc national du grand Teton aux États-Unis. Grandiose !

Le guide Nagel évoque une région de passage pour les pèlerins bouddhistes se rendant à Lhassa. Il y avait des temples partout que l'on peut repérer par des îlots de verdure et de très beaux arbres restés debout, dont l'ombre devait protéger ce qui aujourd'hui ne sont plus que des ruines si abîmées qu'il est difficile d'imaginer la structure du temple. Le bus amorce la descente sur Lijiang, lovée dans la vallée du Yangzi. La ville s'étend dans une boucle formée par la rivière Jinsha au pied de Yulong Xue shan, la Chaîne du Dragon Enneigé. La vieille ville est charmante. Les maisons en rondins de bois bordent des ruelles dallées de pierres luisantes d'humidité et inégales pour les roues des charrettes. Elle est traversée par de petits canaux d'une eau pure, qu'enjambent des ponts en pierre. Des échoppes vendent des chaudrons en cuivre, des serrures sophistiquées, des jeux de bois pour enfants, des peaux de chèvre et des gilets de laines et beaucoup d'écheveaux de soies de toutes les couleurs que l'on retrouve dans les broderies sophistiquées des costumes. Dans les gargotes sont proposées des galettes en farine de maïs avec quelques herbes aromatiques, goûteuses et caloriques, adaptées au climat. Des femmes âgées, mais de bonne constitution, sont assises devant leur maison où quelques vieux fument leur longue pipe étroite assis sur des rondins. On peut se faire faire une chevalière avec son sceau gravé des idéogrammes de son nom dans un petit atelier de bijouterie et certains d'entre nous n'y résistent pas. Dans une ruelle, s'élève incongrument la mélodie au piano de Richard Clayderman la «Balade à Adeline». Des Tibétains, venus faire du troc et échanger des peaux de renards contre du thé, du sucre et des cigarettes, se font repérer dans la foule, par leur stature et leurs chapeaux de feutre à large bords de couleur vert bouteille. Les femmes ont des coiffes carrées et de grandes jupes à volants. Certains visages sont très bruns, ronds mais aux nez proéminents bien différents des Chinois du Sud. On peut aisément imaginer au siècle dernier les caravanes de mules aux bâts chargés de thé en provenance du Sud du Yunnan, traversant ces marchés avant de gravir des pistes escarpées jusqu'au Tibet voisin pour y échanger leurs marchandises avec du cuir, du musc, des produits médicinaux et ramener les célèbres petits chevaux solides et rapides habitués des steppes tibétaines.

Fascinants Naxi

La population est agréable mais plutôt discrète. On n'entend pas *wàiguórén* ou *dàbízi*[172]. Le dîner à l'hôtel est succulent. Le personnel, qui n'a pas trop l'habitude des étrangers encore peu nombreux, car à cette époque la région vient de s'ouvrir, est charmant et nous sert simplement avec le sourire, ce qui est suffisamment rare pour que je le note dans mon journal. Ce sont pour la plupart des Naxi, une ethnie matriarcale dont la société et les mœurs sont ou plutôt étaient très différentes de celles des Hans avant d'être sinisés comme la plupart des minorités. Une nouvelle ville, jouxtant l'ancienne et peuplée principalement de Hans a été construite il y a trente ans. Après

[172] Appellation pour les étrangers, grands nez.

le dîner, nous y assistons à un meeting avec le gouverneur local qui se révèle mauvais orateur, ponctuant toutes ses phrases de *na gue, na gue*, l'équivalent de heu heu et qui s'emmêle un peu dans les chiffres des minorités de son comité[173], malgré un discours bien entendu très politiquement correct que l'interprète du *wàibàn* avait du mal à traduire. Il se lance dans l'explication de la société matriarcale des *Mossu.* Je remarque qu'il utilise le terme *mossu*, qui vient de *Mosha*, les ancêtres des *Naxi*, terme qui veut dire barbare et qu'en 1958 le gouvernement de la Chine populaire a remplacé par *zu,* minorités nationales ou ethnies. Les Naxi utilisaient, avant d'être hanisés, une écriture pictographique non stylisée, très descriptive. Déjà au début du XXe siècle, leur culture fondée sur la religion *Dōngbā*, du nom de leur prêtre, semblait vouée à disparaître. Joseph Rock[174], linguiste et botaniste d'origine autrichienne, qui vécut dans la région entre 1922 et 1949 travaillant pour le National Geographic, contribua à la sauver en rédigeant le premier dictionnaire naxi-anglais. D'ailleurs, le gouvernement local est installé dans un ancien temple où aurait été trouvé un livre de légendes écrites en hiéroglyphes *Nàxī.* Dans une pièce latérale, des experts traduisent des textes anciens à l'aide du fameux dictionnaire de Rock[175].

Cette ethnie est non seulement unique au monde par son système d'écriture hiéroglyphique, et par sa société entièrement

[173] Des 22 minorités du Yunnan, 21 sont représentées dans cette région autonome Naxi. En 1982, 190 000 Naxi, 133 000 Yi, 90 000 Lisu, 33 000 Bai, 11 000 Pumi.

[174] Joseph F. Rock, *The ancient Na-khi Kingdom of southwest China*, Cambridge, Mass., Harvard University Press. La lecture de *Forgotten Kingdom de* Peter Goullart (John Murray, 1955) donne également une description très intéressante de la société Naxi.

[175] Un effort est réalisé pour sauver de l'extinction cette langue classée patrimoine de l'humanité et en 2003, l'UNESCO inscrit les anciens manuscrits *dongba* au Registre mémoire du monde.

matriarcale. La mère est le chef de famille, la filiation se fait par elle. Tous les enfants, hommes et femmes vivent dans la maison de la mère jusqu'à leur mort. Le mariage n'existe pas, ni le mot père. La pratique sexuelle est libre entre adultes non consanguins et les partenaires sont multiples, choisis librement par les hommes et par les femmes. Les enfants ne connaissent pas forcément leur géniteur et sont élevés par les habitants de la maison sous la houlette des femmes. Mais "heureusement, déclare le gouverneur, ces coutumes primitives ont été chassées à la libération". Le message principal de son discours délivré sans pincette pourrait être résumé ainsi : « La population locale subissait féodalisme et tortures avant la libération mais maintenant la situation s'améliore et surtout la production agricole bat des records ». Lors des visites officielles dans la région, nos accompagnateurs des minorités Bai et Nàxī seront toujours chapeautés par un Han qui ne se gênera pas pour évoquer devant eux le côté arriéré des coutumes des minorités. À la fin de sa longue allocution, le gouverneur se fait volontairement modeste : « Bien sûr nous avons quelques défauts, mais nos chers amis experts étrangers vont nous aider à les surmonter ! ». À notre demande de nous rendre aux gorges du Yangzi, il répond :

— Nous sommes désolés, c'est impossible. Il faudrait 18 jours à pied.

— Mais nous avons le minibus pour parcourir les 90 kilomètres d'ici aux gorges.

— Selon le proverbe Yi, « un pas plus au Nord, un œuf d'altitude plus haut ». Il va peut-être neiger quand nous serons sur la route qui pourrait être bloquée et puis il y a des animaux sauvages, des serpents et des tigres !

Alors, si la neige fait sortir les tigres de leurs tanières et si l'on doit marcher sur des œufs…. Nous lui sourions, compréhensifs, mais déçus.

C'est un supplice d'entendre les interprètes officiels déformer complètement ce qui vient d'être dit, se tromper sur les chiffres mélangeant milliers ou millions, sur des dates, incapables de les retranscrire en anglais, jonglant avec les siècles. Ils ne connaissent rien de la religion bouddhiste, de la géographie, des cultures de plantes, des fleurs. Personne n'ose rien dire. Quand je veux m'approcher du gouverneur pour lui parler directement et poser quelques questions, Bao Zhang me fusille du regard et trouve le moyen de m'éloigner avec sommation de remonter dans le bus immédiatement au risque de faire perdre le temps à tout le monde !

Le monastère de *Yu Feng* se trouve à quelques kilomètres au nord de Lijiang sur un haut plateau dominé par le Mont du Dragon Enneigé. La piste est assez mauvaise pour s'y rendre et nous oblige parfois à descendre du minibus. Dans ce monastère où ne vivent plus que trois lamas de la secte des bonnets rouges[176] se trouve un camélia géant vieux de 500 ans, le camélia aux dix mille fleurs, *shíwànshānchábuā*, camélia se traduisant par « la fleur de la montagne au thé ». Un véritable enchantement. Nous buvons du thé assis autour des lamas de la minorité *Naxi*, dont l'un d'entre eux parle le mandarin. Malgré la présence du

[176] Deux écoles bouddhistes, dont les appellations viennent des coiffes portées par les lamas. Les bonnets jaunes les Ge-lugs-pa «modèle de vertu» en tibétain, est la secte dont sont issus le dalaï-lama et le panchen-lama. Les bonnets rouges font partie d'une école plus ancienne, orientée vers le tantrisme.

leader du *wàibàn* et de son interprète qui ne sont pas favorables à une discussion, ils nous racontent qu'ils sont allés à Lhassa et à Tike, à pied en trois mois. Au retour vers LiJiang, le Nagel mentionne une dizaine de temples de l'ancien royaume Nan Zhao décorés de fresques magnifiques. Nous nous arrêtons pour en visiter deux, Ta Baoji dian et Liuli dian, malheureusement ravagés par les gardes rouges qui ont collé des posters et écrit des slogans sur les murs. Les fresques ont dû être d'une grande beauté, au vu des couleurs noires, ocres, dorées, que l'on peut encore distinguer. Evidemment, quand les organisateurs se rendent compte de l'état de ces temples, on ne s'y attarde pas. Je m'étonne qu'ils n'aient pas été prévenus.

Un matin je me suis levée à 6h pour échapper au groupe qui commence à être pesant et faire une petite marche sur une colline arrondie qui porte bien son nom, Xiang Shan, le Mont Éléphant et prendre en photo le lever du soleil. Du haut de Xiang Shan, la vue sur la ville de Lijiang et sur la Montagne du Dragon Enneigé est émouvante, la frontière avec le Tibet, inaccessible pour moi, n'est qu'à 200 km. Au détour du chemin, je découvre un cimetière où les tombes sont de très petites tailles. Je me souviens alors des récits de massacres de musulmans, dont des enfants, dans cette région dans le livre *Forgotten Kingdom* de Peter Goullart[177], autre aventurier qui vécut chez les Naxis pendant près de dix ans dans les années 1940[178]. Le soir, une fois les membres du groupe retirés dans leurs chambres, je m'éclipse pour arpenter la ville de nuit. Des gens

---

177 *Forgotten Kingdom*, Peter Goullart John Murray Publisher Ltd, London 1955 op .cit.

178 J'avais dévoré son livre à l'époque où je m'intéressais particulièrement à ces contrées et mes livres de chevet étaient «Norbu, Tibet patrie perdue», raconté par Heinrich Harrer, ou «Cimes et Lamas» de Marco Pallis. J'avais même hésité à me lancer dans l'apprentissage du tibétain en vue d'un voyage utopique au Tibet.

font du patin à roulettes autour de la statue de Mao ou dansent au son des flûtes ou des chants dans cette langue qui sonne agréablement à mes oreilles. Le bonheur d'être ici, dans ce coin magnifique et si exotique du Yunnan compense largement les vexations et contraintes du voyage en groupe.

Course de chevaux & foire de Dali

À Dali, le lac Erhai est alimenté par plus de dix-huit rivières qui descendent des montagnes environnantes. Nous sommes logés à l'Erhai Hôtel, cela va de soi, propre mais avec guérite à l'entrée pour surveiller les allées et venues. Comme il est à 20 km du centre-ville, mes escapades à Dali by night seront impossibles. Une des serveuses est diplômée du département de mathématiques de l'Université du Yunnan et essaye discrètement de communiquer avec nous.

La grande foire de Dali débute traditionnellement par une course de chevaux où participent une dizaine de minorités, des Baïs, Yi, Hui et les fameux Khampas de l'ancien pays de Kham, au Sud Est du Tibet, dont quelques femmes, qui montent à cru sur des petits chevaux nerveux. L'Armée Populaire de Libération est concurrente et monte des chevaux qui font deux fois la taille des chevaux des minorités. Comme pour la cérémonie d'ouverture des Jeux Olympiques, chaque groupe de concurrents défile en faisant un tour complet avant de se regrouper au centre de l'arène. Les minorités avancent en dansant sur la musique de leur propre orchestre et les cavaliers-soldats de l'armée marchent au pas d'une musique militaire. Les hauts parleurs diffusent ensuite l'hymne national chinois, *« Qǐlai »*, que je commence à connaître par cœur pour l'entendre tous les matins au réveil sur le campus. Alors que les soldats sont au garde à vous, les minorités et surtout le groupe de Khampas tibétains, connus pour leur goût d'indépendance et de contestation, tripotent leurs coiffes en peaux de renard, fument, parlent à leurs chevaux, se déplacent sans formalité aucune. Après quelques discours par les autorités organisatrices fières d'expliquer que cette course est de nouveau autorisée après vingt ans d'interdiction, entre autres à cause évidemment de la Bande des Quatre, la course commence. Nous sommes malheureusement assis sur des gradins devant la sono qui passe en boucle un unique disque de musique militaire. Deux Américains venus faire un documentaire TV sont refoulés, avec interdiction de filmer. Auraient-ils fait l'erreur de venir sans permis ? Je ne les reverrai pas pour le leur demander.

Au coup d'envoi par un tir de pistolet, les chevaux tibétains s'élancent comme des flèches autour de la piste. Les soldats de l'APL ont du mal à faire partir leurs chevaux dans la bonne direction. Ils s'affolent, ruent, des soldats tombent. Dans les gradins, les spectateurs sont en majorité des soldats en poste dans ces régions frontalières stratégiques venus encourager leurs collègues. Les chevaux de l'APL non entraînés à la course préfèrent aller brouter l'herbe et s'aventurer parfois dans les gradins. Si par hasard, des chevaux tibétains sortent de la piste, les cavaliers les remettent très vite sur le droit chemin. Certains Yi ou Bai restent coincés dans les angles de la piste. D'autres font parfois des tours en trop. La course féminine devenue trop scabreuse par la présence de gêneurs qui se tiennent au milieu de la piste, est annulée. Quelques blouses blanches s'activent avec des brancards. On pourrait se croire dans un film de Jacques Tati. C'est la débandade des chevaux de l'armée. Les Tibétains sur leurs modestes montures agitent parfois leurs toques de fourrure en renard argenté quand ils passent devant les gradins pour nous saluer. Ils raflent évidemment toutes les premières places. Les soldats, les Chinois du *wàibàn* et nos chaperons encouragent l'armée en criant alors que les experts étrangers misent sur les Tibétains et les autres minorités.

Les Baïs ne savent pas très bien monter. Quelques Huis se démènent non sans mal, sans selle eux aussi, dont un petit de 14 ans. La dernière course achevée, tout le monde, minorités, soldats, spectateurs, au rythme des tambours, se précipitent à la foire à travers les champs non sans abimer quelques plantations, malgré les gesticulations et hurlements des paysans.

La foire de Dali, qui se tient sur un terrain vague à l'extérieur de la ville, est un immense rassemblement de toutes les ethnies du Yunnan et certaines, comme les Jingbo et Baishan, venues de la Birmanie toute proche. Les hommes sont fièrement coiffés des turbans blancs et portent des ceintures couvertes de coquillages-grains de café et des guêtres boutonnées de nacre. Deux Birmans, ceints d'une épée dans un fourreau couvert de coquillages, achètent du coton à broder pour leurs épouses. Des femmes Lisu en veste bleue, chaussées de pantoufles à pompons et arborant des tabliers aux raies de couleurs horizontales sur leurs pantalons, vendent des produits de pharmacopée à base de plantes. Des Jingpos sont habillées de jupes tissées rouges et jaunes, la poitrine corsetée d'un haut noir décoré de médailles d'argent. Sur les étals sont disposés des vêtements, des chaussures brodées, des tapis et des couvertures en poils de chevaux. Mais aussi beaucoup d'objets difficiles à trouver dans les villages reculés, comme des théières en cuivre, des masques d'opéra et jouets en bois, des chapeaux de pailles aux formes coniques, du jade sculpté, des instruments de musique ethniques, des fils de coton et de la laine de toutes les couleurs. Il y a aussi profusion de toutes sortes de nourriture et de médicaments, de remèdes de bonne femme contre l'infertilité, l'impuissance, la vieillesse comme de la corne en poudre, des animaux séchés, des cancrelats dans des pots de verres alignés sur les comptoirs. Des Hani vendent du miel, d'autres du poisson séché du lac voisin. On peut manger de la canne à sucre et des pommes séchées. C'est la diversité du Yunnan dans toute sa splendeur devant nos yeux. J'achète quelques jouets en bois pour mes neveux ce qui intrigue le leader du *wàibàn* vu que je ne suis pas mariée et n'ai pas d'enfant. Devant mon explication, il se met à rire, soupape à l'incompréhension et la curiosité. Dans chaque ville ou bourgade traversée ou visitée, je me précipite dans les librairies pensant trouver des livres de contes des ethnies locales, des dictionnaires ou livres dans les langues des minorités, mais en vain. Ce sont les mêmes livres que l'on trouve à Kunming, Beijing, Xi'an. L'uniformisation des librairies et magasins d'état est étonnante dans des régions aux besoins si différents.

Il y a eu finalement peu d'accrochages dans notre groupe aux personnalités tellement disparates, entre les 17 experts américains, australiens, néozélandais et moi l'unique Européenne, -l'autre Française n'ayant pas souhaité participer. Mais, avec deux enfants gâtés et capricieux, des Américains maniaques de la propreté, des forts tempéraments et notre trio de l'Institut, qui cherchait à s'échapper du groupe, je reconnais que cela n'a pas été simple à gérer pour nos chaperons. Dès que l'hôtel où nous étions logés était à une distance raisonnable à pied, je filais pour voir des spectacles de marionnettes de rue, écouter des orchestres d'instruments locaux accompagnant des opéras. J'ai raconté dans mon journal un opéra en particulier de la minorité Bai, d'une qualité exceptionnelle. La pièce évoquait une histoire d'amour sans intérêt majeur mais les costumes étaient magnifiques et surtout l'orchestre d'un excellent niveau. Installé en mezzanine, il comprenait non seulement des instruments locaux mais aussi plusieurs instruments occidentaux, comme un basson, un violoncelle, un hautbois et une clarinette, totalement inattendus dans ce coin perdu du Yunnan. Une douzaine de musiciens, dont un *suŏnà*, sorte de cor qui fait parfois penser à la bombarde, un *pípa* - sorte de luth, deux èr hú -violon à deux cordes admirables, un dízi, flûte traversière, un *húlúsī,* fait d'une calebasse et de trois tubes en bambou et de très bons percussionnistes ; une jolie joueuse de *gŭ zhēng,* sorte de cithare ou dulcimer, tout ce petit monde sous la baguette d'un chef d'orchestre jeune et beau, ce qui ne gâchait rien. Les partitions étaient notées à l'occidentale avec des portées et non des chiffres, comme le sont d'habitude celles de piano à quatre mains que nous jouons Yuxi et moi. Tous les instrumentistes étaient de la minorité Bai ainsi que les comédiens. J'ai été émue par la voix puissante et mélodieuse d'une soprane d'une minceur extrême, accompagnée subtilement par le *gŭ zhēng*. Elle a interprété un excellent solo exigeant un difficile contrôle de la respiration. Je crois pouvoir dire que ce fut la meilleure musique que j'ai entendue pendant mon séjour en Chine.

Quelque temps après cette escapade, j'ai appris par radio-campus-commérages que Bao Zhang a été félicitée pour son rôle de chaperon et son excellent rapport qui renforce le soupçon que je suis une espionne envoyée par le gouvernement. Elle y critique mon attitude indépendante, le malin plaisir que je prends à parler la langue, à avoir des contacts avec les gens dans la rue, à prendre en photos des foules, des minorités, des endroits laids comme les graffitis des gardes rouges sur les temples et le slogan « *Máo Zédōng wàn suì*, Dix mille années de vie à Mao Zedong » écrit en rouge sur un mur d'un vieux temple de Confucius.

11 au 30 juillet - Regards neufs sur la Chine

Kunming-Chengdu 1 090 kilomètres en couches dures

Mes parents, qui adorent les voyages en train, s'installent sur leurs couches dures, ravis d'apprendre que le voyage d'environ deux jours, sera long. Le paysage est un des plus beaux que l'on peut voir d'un train en Chine : gorges du fleuve Bleu, rivière Tade, barrages, montagnes escarpées aux versants raides dont les sommets flirtent avec les nuages. Trois voyageuses chinoises hongkongaises, logées sur les couchettes en face des nôtres sont de connivence pour nous prévenir quand le préposé passe afin de vite ranger l'appareil photo et faire comme si nous admirions le paysage en rêvant. Elles font un peu vieilles filles, faisant sécher leurs petites culottes et mangeant leurs crackers. Avant l'arrivée à Chengdu prévue le soir, les employées du train se lavent les cheveux. A la gare, il est impossible de trouver un taxi pour aller à l'hôtel et nous hélons trois pousse-pousse que nous partageons avec les Hongkongaises. Le service de l'hôtel laisse à désirer. Heureux sont les employés qui regardent la TV installée pourtant pour la clientèle, profitent des douches pour se laver, font sécher leur linge dans les parties communes et parfois même sont couchés sur les lits des clients. Nous avons dû tambouriner à la porte de notre chambre pour que l'employé qui y faisait sa sieste vienne nous ouvrir et nous laisse nous y installer! J'utilise pour la première fois les services de la *Lǚxíngshè* de l'hôtel, l'agence de voyage nationale, pour réserver trois couches dures pour Xi'an en espérant qu'ils seront plus efficaces pour les obtenir que moi et que je serai déchargée de cette corvée de réservation.

Nous déambulons paresseusement dans le vieux quartier de Chengdu, à l'Est de la statue de Mao, point de repère dans la ville et visitons la maison de Tufu, où se tient une exposition en l'honneur du poète engagé, témoin des difficiles conditions de travail des paysans et des horreurs de la guerre, décrites dans ses lamentations poétiques. Vu la chaleur, nous flemmardons une heure dans une maison de thé, où quatre petits vieux installés à la table d'à côté, sirotent du vin jaune dans de minuscules coupelles en porcelaine. Pour le dîner, j'ai suivi les conseils d'un de mes étudiants Sichuanais pour déguster la spécialité locale, le canard camphré, qui consiste en un canard mariné puis fumé sur des feuilles de thé et des brindilles de camphre. Ce dimanche soir, sur la grande place centrale, les marches qui mènent à la statue de Mao sont remplies d'une foule bon enfant qui prend le frais. Grâce à de puissants projecteurs qui ne fonctionnent que le dimanche, c'est un spectacle son et lumière gratuit qui contraste avec le reste de la ville mal éclairé. L'ambiance de la ville l'été est bien différente de celle que j'ai connue lors de mon passage en hiver à notre retour du Mont Emei.

Désagréables surprises en quittant l'hôtel. Alors que la préposée, collée devant la TV m'a plusieurs fois répété : *« Bùyòng dānxīn »*, ne te fais pas de souci, le taxi que j'ai réservé et payé n'arrive pas. Arrivés à la gare in extremis, après avoir couru avec nos bagages, -trajet exténuant pour mes parents-, je m'aperçois que les tickets réservés par la *Lǚxíngshè*, sont des sièges durs et non des couches dures. Je les troque non sans peine pour des couches molles. Première et dernière fois que j'utilise les services de l'agence officielle de voyage !

Luxe des couches molles pour Xi'an : Chengdu-Xi'an 840 kms

Pour moi c'est une première, je n'ai encore jamais voyagé en couches molles. L'employée nous surveille, mais nous arrivons tout de même à baisser la vitre et la moustiquaire pour que mon père, juché sur trois oreillers puisse filmer. J'arrive à faire éteindre le haut-parleur proche de nos couchettes pour plus de tranquillité. La nuit, l'électricité est coupée dans le train et la campagne est d'un noir total, éclairée uniquement par les étoiles, quand le ciel est dégagé.

Mon père remplit son carnet de notes, scrutant les paysages de son œil de géographe. En partant de la géographie physique, des couches géologiques, il explique la géographie humaine, les formes d'habitat, l'agriculture, la géographie industrielle avec les fabriques s'installant près des cours d'eau ou des sources d'énergie, et de là comme une évidence l'économie, la démographie et la politique. Il lit le paysage comme un livre. Fin connaisseur des plantes et arbres, il distingue sans peine les cultures différentes selon les sols et leurs expositions, avoine, blé, haricots, courges et cite le nom des rares arbres qui ont résisté à la déforestation, peupliers, ginkgo, cyprès-dragon, catalpa, ou sterculier. J'admire mes parents qui s'adaptent si bien à ce voyage épique, d'un confort relatif et qui sont si curieux, s'intéressant intelligemment à tout malgré la barrière de la langue, si reconnaissants que je leur serve de guide et d'interprète. Un voyage exceptionnel, sans agence de tourisme, sans gardien sur le dos ! Une expérience absolument unique à cette époque-là avec en contrepartie pour moi, une logistique compliquée et le souci dès l'arrivée dans une ville de m'enquérir pour acheter les billets de train pour l'étape suivante. On ne peut rien réserver à l'avance, les billets sont mis en vente un ou deux jours avant le départ et ce délai varie selon les régions. Les guichets sont obstinément clos une fois que toutes les places ont été vendues. Reste le marché noir, il faut repérer dans la queue un client, jeune en général, qui achète un nombre considérable de places et marchander avec lui.

Il fait très chaud, la température dépasse très souvent les 30°. De la plaine de Chengdu industrielle et industrieuse, bordée de montagnes, le train s'élève dans des montagnes striées de cultures en terrasses qui malheureusement accélèrent l'érosion et rendent leurs flancs totalement déboisés. Le train ralentit très souvent car la voie a été abîmée par les inondations de l'été 1981 de la rivière Jialing, affluent du Yangzi. Des pans entiers de montagne ont été arrachés, des villages en ruines, des morceaux de voie ferrée sous l'eau, des poutrelles rompues, des poteaux électriques qui émergent tels des bras désespérés tendus vers le ciel. De gigantesques travaux sont en cours pour refaire des digues et des murs, surélever des routes, contre l'érosion meurtrière. Des chantiers grouillent d'hommes et de femmes, titubant sous de lourdes palanches. D'autres cassent des cailloux puis les charrient dans des carrioles à bras. Une armée de petits transporteurs apportent pierres, sable ou poutrelles de bétons. Pas un seul animal pour les seconder. Seul engin motorisé, un rouleau compresseur. Ils construisent, réparent inlassablement sous un soleil de plomb. La lenteur du train permet d'apprécier les moindres détails du spectacle.

Nous traversons des gorges, longeant la rivière Jianling. Les versants sont cultivés de parcelles de maïs, avoine, blé, choux et pommes de terre. On devine des maisons troglodytiques dans le flanc des montagnes de lœss. À l'horizon, la haute silhouette d'un four à briques, aux murs en boue séchée, se détache du paysage par sa couleur chocolat au lait. C'est l'époque, pour les communes populaires avoisinant la voie ferrée, des livraisons de leurs récoltes de blé. De nombreux tracteurs et remorques déchargent sur les quais de gares des sacs gonflés de taille impressionnante. La brume de chaleur se dissipe pour un rayon de soleil sur le Shanxi. Le train, déjà ralenti par les travaux, s'arrête pour laisser passer le rapide Beijing-Chongqing. Mais nous sommes ravis que le plaisir dure, surtout en couches molles. La locomotive est diesel de Kunming à Chengdu puis électrique de fabrication française, Alstom, de Chengdu à Baoqi, puis à vapeur de Baoqi à Xi'an roulant à 20km à l'heure, avec double avertisseur, celui d'une sirène de bateau et celui des trains des Westerns, à la grande joie de mon père, passionné de chemins de fer.

À Xi'an, le soir, petite virée en *sānlúnchē,* tricycle taxi à moteur jusqu'à la porte de la cloche. La foule est encore dense mais la pénombre, l'absence de hauts parleurs et la fraîcheur relative, rendent la soirée agréable. Des vieux prennent le frais en promenant leurs oiseaux, d'innombrables vendeurs proposent sur des étals à même le trottoir toutes sortes de marchandises. Nous achetons des œufs durs, cuits dans du thé, dont le blanc, strié de zébrures marrons, révèle un gout un peu fumé, délicieux. La ville semble moins polluée que Kunming, le charbon utilisé dans les foyers, composé d'anthracite est de meilleure qualité que le lignite du Yunnan. Après la visite incontournable du tombeau de l'empereur *Qin Shi Huáng dì,* nous atteignons en bus local le tumulus de Zhao Ling qui possède les célèbres bas-reliefs de chevaux magnifiques et une riche collection de figurines de terre cuite et de terre émaillée, de très gracieuses statuettes *míngqì* représentant des cavaliers, musiciens et chameaux.

Cheval de Ferghana, barbare
Souple ossature aux angles tranchants
Oreilles dressées en bambous taillés
Pattes légères que soulève la brise[179]…

Pour nous rendre au tombeau de Qian Ling, nous empruntons une route qui longe des vergers de plaqueminiers, grenadiers et même noyers. Les uniques reliefs de cette plaine de lœss poussiéreuse sont les tumulus, dont seuls quelques-uns ont été excavés. Le lœss s'érode en d'étranges formes fantasmagoriques. L'imposante allée de statues de Sages et d'animaux mène au tombeau. Par chance il y a très peu de monde ce jour-là! Nous descendons vingt mètres sous terre sur un plan incliné. Les pans de murs sont recouverts de fresques qui malheureusement mal protégées et exposées aux intempéries, suintent d'humidité et commencent à s'abîmer depuis leur découverte. Mes parents remarquent une certaine analogie avec les tombeaux des pharaons en Égypte, et les tumulus leur font penser à des sites mexicains.

Le retour à Xi'an est épique, le bus avance au klaxon dans un embouteillage de tracteurs, de *sānlúnchē,* de vélos, de camions. Il n'y a qu'une place libre pour ma mère, nous restons mon père et moi debout pendant une heure et demie. Autour de Xi'an, beaucoup de palais ont été construits pour jouir des sources

---

179 In F. Cheng, L'écriture poétique chinoise, op.cit p184 Poème de Tu Fu.

chaudes du volcan Li shan, tel celui de la résidence d'été de l'empereur Tang Tai zong. Nous nous y rendons pour tester ces eaux sulfureuses. Chacun se voit attribuer une petite cabine individuelle comprenant une baignoire remplie par un jet violent. Il n'est pas prévu de serviette mais vu la chaleur extérieure, on sèche en un rien de temps. En cette saison, les marchés proposent toutes sortes de légumes et de fruits dont les délicieux *tiánguā*, melon doux, pastèques, pêches et prunes vertes.

Luoyang, le four de la Chine

Du train de Xi'an à Luoyang, le paysage est très animé. D'innombrables charrettes à deux roues, attelées d'hommes ou parfois de chèvres ou de petites mules, acheminent charbon, briques, poutres de béton, engrais humains. Quelques tracteurs, crachotant une fumée noire, remorquent des attelages surchargés. Sur les routes se croisent des porteurs de palanches, des vélos tellement chargés qu'ils doivent être poussés pour avancer et plus rarement des side-cars transportant jusqu'à six personnes. Impression d'une fourmilière dans laquelle on aurait donné un coup de pied, provoquant des allées et venues dans tous les sens de porteurs de toutes sortes de marchandises, qui avancent sans répit. Seule la tombée de la nuit et le manque d'éclairage forcent cette intense activité humaine à s'arrêter. Partis après 20h de Xi'an, nous arrivons à 3h et demi du matin à Luoyang. La gare est remplie de gens qui dorment par terre. Pas de taxi disponible, mais des cyclopousses à moteurs qui après avoir marchandé nous emmènent à l'hôtel, complètement clos. Après avoir frappé, tambouriné un bon moment à la porte, un gardien de nuit aux yeux gonflés de sommeil nous ouvre une chambre à trois lits, avec air conditionné, et toujours cette odeur de naphtaline, particulière à tous les hôtels de Chine. Nous le gratifions de sourires reconnaissants et sombrons dans un sommeil profond.

Le lendemain, nous attendons plus d'une heure le bus pour les grottes de Longmen, dans une chaleur écrasante, sans abri ni banc. Les grottes, creusées dans le site calcaire de la rivière Yi, sont décevantes, la plupart des têtes des bouddhas ont été mutilées, vendues, arrachées par les antiquaires depuis longtemps et aussi par les vandales de la Révolution culturelle. L'ensemble est d'une saleté repoussante. Le sol est jonché de peaux de pastèques, de mégots, d'écorces de cacahuètes. Des jeunes sans gêne, s'amusent sur le fond d'une musique bruyante, fument et nous jettent des regards insolents. Avec un taux de chômage si élevé, un poste de gardien de grottes serait le bienvenu. Heureusement quatre grottes d'une grande beauté aux statues surprenantes ont été épargnées. Le site est au demeurant magnifique, au bord d'une rivière fraîche où se baignent des petits garçons. Sur le bord, les filles en meurent d'envie mais n'osent se joindre à eux.

À travers les vitres du bus, la campagne pour aller au temple du Cheval Blanc est désespérément sèche. Tout ce qui n'est pas irrigué souffre sous ce soleil de plomb. Le temple, dissimulé par quelques peupliers, semble presque une oasis. Nous sommes sous le charme des magnifiques *Luóhàn*, qui n'ont pas été repeints de façon criarde et qui ont gardé leurs couleurs d'origine un peu passées, marron, beige et ocre. Les nuances des toits aux tuiles vernissées, aux coins desquels pendent des clochettes et celles des portes en bois ont perdu de leur éclat mais sont joliment patinées. Les moines, avec qui nous échangeons, sont attristés par le manque de pratique religieuse.

La vieille ville de Luoyang a pratiquement disparu. Après avoir essayé d'avaler une soupe de bœuf très poivrée aux larges nouilles, peu appétissante vue la chaleur ambiante, nous nous rendons au musée qui n'ouvre selon l'horaire d'été qu'à 18h. En attendant, assis sur un banc, nous échangeons avec des passants très intrigués par la chaîne qui retient les lunettes de ma mère. On entend l'inévitable marchand de glaces, accompagné de sa petite fille qui crie *Dōuxiāngbīnggāo* - bâtonnets glacés !

Direction Qufu, la patrie de Confucius

À la gare de Luoyang, la salle d'attente pour étrangers n'est pas signalée mais nous la trouvons et finalement apprécions de nous reposer des foules omniprésentes et d'échapper quelques instants aux regards des curieux. Dans le train, un jeune employé va gentiment s'occuper de nous car je suis allée «pleurer» pour changer les sièges durs en couches dures. Heureux dénouement. La chaleur est intenable, la sueur dégouline dans tous les replis du corps, la nuit est étouffante. Une gamine tombe de la couchette supérieure et hurle. S'en suivent des palabres pour réorganiser les couchages. La nuit s'éternise.

Le paysage se répète sur d'immenses espaces, parfaitement entretenus, des parcelles de sorgho et maïs irriguées par l'eau du grand canal qui relie le Fleuve Bleu au Fleuve Jaune. Ce canal est, comme la plupart des réalisations en Chine, à l'échelle du pays, c'est-à-dire le plus grand canal ancien du monde. Démarré au Ve siècle, il sera l'artère principale entre le Nord et le Sud pendant des siècles et est mentionné entre autres dans les récits de Marco Polo et de Matteo Ricci. Au-delà des champs de cultures variées, apparaît une ligne de montagnes pelées. Je traduis une conversation entre mon père, un professeur de philosophie shanghaien qui voyage à nos côtés et enseigne à l'Université de Xi'an et une jeune étudiante de l'Institut Médical du Shandong à Jinan. Les deux universitaires s'intéressent au système d'éducation si différent entre les deux pays. Le Shanghaien reste assez vague sur le contenu de ses cours, sur les débouchés pour ses étudiants diplômés de philosophie. Il dit que la plupart rentre dans l'administration ou l'armée, ce qui étonne mon père mais, poliment, il n'en laisse rien paraître. Comme plusieurs autres voyageurs écoutent les échanges, le professeur de philosophie reste discret et se contente de poser mille questions à mon père. La jeune étudiante en médecine de 27 ans, intervient dans la conversation, à mon grand soulagement, car je commence à être fatiguée de faire l'interprète, et nous raconte qu'elle est la seule de sa famille à faire des études. Tous les autres sont ouvriers. Elle est très fière et nous la félicitons chaleureusement et comme j'ai eu des contacts avec l'université de médecine et l'hôpital de Kunming, je peux vanter le système d'études et de soins en Chine. Le petit groupe qui s'est constitué autour de nous opine du bonnet et tout le monde est rassuré de voir que ces étrangers sont bienveillants par rapport à leur mère patrie.

Arrivés à Yanzhou, nous descendons au milieu d'une foule dense, curieuse, mais plutôt souriante. Des mendiants en guenilles ramassent par terre des graines de pastèques et des mégots. A la gare routière pour acheter les billets pour Qufu, un attroupement impressionnant de badauds encercle un type un peu fou, qui fait des acrobaties, des grimaces et harangue la foule dont l'attention est fort heureusement détournée de mes parents qui commencent à être fatigués d'être dévisagés et parfois perdent un peu patience. L'attente du bus, en plein soleil, est longue et il n'y a toujours rien pour s'asseoir à l'arrêt. Les Chinois ont l'habitude de s'accroupir, les pieds à plat sur le sol, les jambes légèrement écartées pour attendre le bus. Cette position, qui demande une certaine souplesse, est excellente pour détendre le bas du dos. Peu d'Occidentaux arrivent à tenir la pose longtemps !

Le bus roule pendant une vingtaine de kilomètres sur une route presque rectiligne. Arrivés à Qufu, des vélos-pousses nous emmènent à l'hôtel dans l'enceinte du temple. La chambre qui nous est attribuée, au décor désuet et charmant, est très agréable et calme, ce qui suffit à nous réconforter. Mes parents éreintés s'affalent sur leur lit après un bain froid pour tenter de se rafraichir. Je fais une petite reconnaissance des lieux. Le temple est gracieusement défraichi, discret, niché dans un îlot d'arbres anciens. Il a pour particularité d'être une exception au code de construction confucéen, les colonnes de dragons sculptés, symboles de l'empereur, sont normalement réservées aux palais impériaux. Nous nous amusons à nous perdre dans le dédale des courettes, des pavillons et des galeries. La déambulation ménage des vues sur des espaces clos toujours renouvelés soit par la dimension, soit par l'architecture du toit soit par des motifs décoratifs, des motifs décoratifs. Dans le jardin, plutôt mal entretenu et un peu décevant, se trouvent des stèles en pierres gravées et d'énormes chaudrons de bronze. Le jardin est mal entretenu et un peu décevant. Le musée attenant au temple, aux collections surannées, est rempli de meubles en acajou et d'un nombre étonnant d'horloges. En novembre 1966, des groupes de Gardes Rouges venus de

Beijing et de Qufu ont détruit une partie du cimetière et la statue du temple de Confucius. Durant leurs vingt-neuf jours de présence, 100 000 volumes de textes classiques ont été brûlés, plus de 6 000 objets détruits ou endommagés et six tombes ouvertes. Nous remémorant ce drame culturel, nous sommes tout émus d'admirer ce que les Gardes Rouges ont épargné. A 2km de là, se trouve la tombe du maître, que l'on atteint en parcourant une belle allée de thuyas. La demeure de Confucius dans la friche n'est pas encore rénovée et des grues cendrées y ont élu domicile.

Le chauffeur de taxi qui nous emmène à la gare de Yanzhou, s'est mis en tête de battre un record de gymkhana en se faufilant à travers les vélos et les charrettes à main sur une route plus qu'encombrée. Dans les petites gares comme celle de Yanzhou, on ne peut acheter en avance que des sièges durs que l'on négocie ensuite en couches dures ou molles dans le train. Une préposée, charmante et toute intriguée d'avoir des étrangers, nous déniche des couches molles jusqu'à Beijing.

Retrouvailles pékinoises

Arrivés à Beijing aux aurores, j'attends une heure décente pour téléphoner à A. et J. B. qui ont très gentiment proposé de loger mes parents, pendant que j'irai dormir chez Patrice, à quelques mètres de là. J.B, auditeur à la cour des comptes, est détaché à l'ambassade. Petit tour au *yǒuyí shāngdiàn,* le magasin de l'amitié, où nous dégustons un délicieux yaourt frais, introuvable dans le Sud. Les sandwiches sont également excellents. Après un envoi de courrier en France, nous arpentons, dans une chaleur torride et moite, les innombrables cours de la cité impériale aux barrières de marbre. Dans un pavillon, une exposition sur les minorités est fort intéressante. Mais la foule de touristes chinois et étrangers qui prend des photos en s'interpellant, nous fatigue. Nous nous offrons un bon dîner dans un restaurant recommandé par les B., où nous retrouvons experts ou diplomates en poste, connaisseurs de bonnes adresses. Réflexion entendue à une table voisine : « D'après les Chinois si les étrangers sont si larges d'esprit c'est à cause du taux de chômage dans leur pays, qui les force à s'intéresser à tous les sujets, en cas de changement de travail ».

Rendez-vous pris avec l'Américain Bill expert au collège médical de Changsha -et rencontré au Xishuangbanna l'hiver dernier- et ses deux amies chinoises pour dîner d'un canard laqué. Le Musée d'Histoire, sur la place Tian An Men, est à cette époque peu rempli. Les salles immenses de la partie contemporaine sont presque vides : une vitrine où trônent la brosse à dent de Mao, ses carnets de notes et sa cantine en fer utilisée pendant la Longue Marche. Au Temple des Lamas, très bien restauré, nous admirons toute la collection de tankas tibétains qui a dû être cachée pendant la Révolution culturelle et une très imposante statue du Bouddha debout en bois. Les visiteurs chinois regardent avec méfiance des statuettes hindouistes de Shiva et Krishna en plein acte sexuel. Sur une des statues on a mis une petite jupette pour cacher les parties intimes. Cette pruderie me rappelle ma grand-mère qui, ayant vécu à Madagascar, avait ramené une petite statuette en bois d'un jeune éphèbe nu et lui avait tricoté une culotte. Le temple de Confucius a été transformé en musée historique et révolutionnaire, mise à part une forêt de stèles anciennes. Rien à voir avec celui de Qufu.

Datong, le paradis des passionnés de locomotives à vapeur

La voie ferrée Beijing-Datong emprunte la ligne mongole du Transsibérien. La ville de Datong a gardé une certaine couleur locale qui semble avoir disparu à Beijing, comme le montre l'abondance des petits vendeurs de beignets et de fruits, mais aussi la curiosité intense autour du moindre Occidental. La ville, très industrielle, est célèbre pour son usine de construction de locomotives à vapeur, ouverte en 1953 pendant le premier plan quinquennal et qui en produisit des milliers pendant des dizaines d'années. Avec ses ruelles étroites, ses maisons en briques et en bois aux toits recouverts de gazon, le centre-ville a un certain charme, malgré la grisaille ambiante. Selon le guide Nagel, la ville est bouddhique depuis la dynastie des Wei en 386 et nous y avons visité le plus grand temple bouddhique de Chine. Dans l'artère principale, des vieilles maisons boutiquières adaptées à la présentation des marchandises avec volets de bois rappellent Kumming mais dans un style différent. En milieu d'après-midi, les rues sont pleines de cyclistes. Par un dédale de ruelles et de cours encombrées, on atteint une belle mosquée, en pleine activité.

Pour se rendre aux grottes bouddhiques de Yungang, on traverse un paysage urbain et industriel très pollué. Sur la route les charrettes tirées par des chevaux et les camions avec remorques sont chargés principalement de charbon. Le bus longe la vallée d'une rivière aux eaux rougeâtres, bordée de mines en rive droite et de plusieurs cités ouvrières en pisé. Les grottes, situées en face d'une autre mine de charbon, sont très intéressantes, certains bas-reliefs étant d'influence grecque et byzantine. Elles semblent bien mieux conservées et entretenues que celles de Long Men près de Luoyang, malgré leur situation dans des falaises de grès fouettées par le vent qui vient de Mongolie et qu'aucun relief ne peut atténuer. Pour aller à la gare prendre un train de nuit pour Beijing, aucun taxi ou bus ne fonctionne à cette heure tardive et pour nous éviter le trajet à pied, un *gànbù*[180] en uniforme nous prend en stop dans sa jeep.

Au revoir Beijing, à chacun sa route

Journée de rangement et nettoyage des appartements prêtés et bouclage des valises, avant la séparation. Mes parents partent de leur côté, un peu stressés de se retrouver seuls sans parler un mot de chinois pour prendre le train de Beijing à Canton et rejoindre l'aéroport de Hong Kong. Je leur ai rassemblé moult documents en bilingue expliquant leur trajet et surtout leur correspondance à Canton où une de mes étudiantes, en vacances dans sa famille, s'est gentiment proposée d'aller les attendre sur le quai de la gare et de les assister à prendre un ferry pour Hong Kong. Quand le contact est établi, la générosité et la gentillesse des Chinois sont remarquables.

Quant à moi, je démarre mon périple vers le Grand Ouest sur la route de la soie. Démarches à la *Lǚxíngshè* l'agence de voyage, pour mon permis et les réservations de train. Après un moment de panique en voyant le visage de l'employé se crisper devant mes papiers d'identification de Kunming, j'obtiens les sésames pour le Xinjiang et le Qinghai. J'erre de nouveau dans la Cité interdite et le Temple du Ciel, juste pour le plaisir de n'y rien faire et de jouir du calme à l'abri des murs d'enceinte. Accompagnée d'un ami, je retourne à la Grande Muraille et au tombeau des Ming sous une pluie battante qui rend les lieux

[180] Ganbu : fonctionnaire, cadre du Parti.

dramatiques et plus mystérieux. En ce dernier jour de juillet, je retrouve des anciens des Langues'O pour une soirée sympathique au Tingyuan *fàndiàn,* un restaurant qui a la cote.

30 juillet-30 août-Voyage aux confins de la Chine, Xinjiang, Qinghai[181]

Faux départ. La ligne Pékin-Urumqi via Xi'an est bloquée par des inondations. Je fais une heure de queue au soleil pour avoir le remboursement de mon billet. Arrivée en cinquième position au guichet, le camarade ferme la minuscule vitre et va manger. On ne plaisante pas avec l'heure des repas en Chine. 45mn d'attente. Par miracle j'obtiens une couche dure pour Baotou le soir même. Je laisse mes bagages à la consigne pour un petit tour dans le quartier de Dashilan près de Qian Men où je rencontre David, expert américain de Changsha, que j'avais lui aussi croisé au Xishuangbanna l'hiver dernier et qui arrive du Xinjiang. On échange des informations pratiques par solidarité pour contourner les barrières de contrôle érigées sur tout le territoire. Il me conseille de négocier avec les autorités des petites villes qui n'ont pas trop l'habitude des étrangers voyageant seuls, sac au dos et sont plus accommodantes. On prend un thé avec Serge, un étudiant venu ici pour trois ans étudier la médecine traditionnelle. Entre étrangers en poste dans cet immense pays, le contact s'établit immédiatement avec une connivence naturelle et une empathie sympathique.

[181] Itinéraire tout en train et parfois bus : Aller : de Beijing à Ulumuqi via Baotou, Lanzhou, Dunhuang, Turpan, Tian Shan -Retour : Ulumuqi-Lanzhou-Xining-lac Koukounor, Kumbun, puis train jusqu'à Kunming.

Le paysage de Datong à Baotou est très différent de ce que j'ai pu voir lors de mes autres voyages en train. Des steppes bordées de mamelons pelés, de grands pâturages où paissent des troupeaux de moutons, des petites maisons en torchis entourées d'un mur d'enceinte en briques de terre. Parfois un champ de tournesols peint le paysage en jaune vif, puis les étendus de blé et de sorgho le colorient en une des multiples nuances du jade. Très peu d'arbres à part les nouvelles plantations de peupliers, ceinture verte pour fixer le sable, couper le vent et éviter la désertification. Vers 13h, le train fait une halte à Hohhot, capitale de la province autonome de Mongolie intérieure. Plus on approche de Baotou, plus le paysage devient désertique et j'aperçois au loin les premiers chameaux, mais aussi beaucoup d'ânes, de mules et de chevaux.

Arrivée à Baotou, le chef de gare, un mongol, m'obtient une couche dure dans le train pour Lan Zhou. Une attente de neuf heures me permet de me rendre en bus dans la vieille ville allégée de mon bagage laissé à la consigne. Les maisons en pisé bordent des rues, qui ne sont pas toujours asphaltées et le vent fréquent soulève une poussière qui recouvre tout. Des gamins me suivent, mais ils sont bien amusants et aucun ne mendie. Je suis très dévisagée mais comme Baotou est fermée aux étrangers, ils imaginent que je suis une femme du Xinjiang ou du Qinghai, avec ma peau tannée et mes deux tresses. Sur les murs les slogans sont écrits en bilingues, chinois et mongol mais les enseignes des magasins ne sont qu'en chinois et la population rencontrée dans les bus et dans les rues parlent davantage le *guóyǔ* que le mongol. Le soleil couchant ourle les montagnes arides à l'horizon et anime la ville d'une lumière magique. Retour à la gare vers 21h où après avoir avalé un melon rose agréablement parfumé, je m'assoupis sur une couchette basse d'un dortoir aménagé dans la gare, confort assez rare en Chine pour être mentionné. Cela me rappelle les longues heures dans les salles d'attente des gares indiennes, heureusement bien organisées pour les premières classes. Le train pour Lanzhou n'est qu'à 2h30 du matin, autant essayer de dormir un peu.

Même à une heure aussi matinale et dans une nuit noire, la musique militaire retentit dans les hauts parleurs pour le départ du train pile à l'horaire. J'occupe la couchette dure du bas. Un passager ronfle très fort sur la couchette intermédiaire. Le train avance lentement au début du parcours en longeant le Fleuve Jaune. Des systèmes d'irrigation acheminent l'eau du fleuve pour tenter de cultiver du blé et des pommes de terre dans cette zone plutôt aride. Par les fenêtres, à gauche du wagon, c'est la région autonome Hui du Ningxia, avec des steppes désertiques à perte de vue et à droite c'est la région autonome de la Mongolie intérieure aux paysages tout aussi secs. Le train enjambe le Houang he, Fleuve Jaune à MaTai sur un très long viaduc. Ma couche dure est juste sous un haut-parleur qui hurle la propagande et des chants révolutionnaires pour éduquer les masses, à tel point que je garde mes boules Quiès toute la journée. Je repère le bouton pour couper le son et le wagon jouit d'un peu de calme mais pour une courte durée seulement, l'employée passant avec son balai serpillère, le remet évidemment en marche. Elle applique le *guīdìng*, le règlement. Les passagers chinois de mon wagon sont habitués à ce bruit de fond et n'ont pas l'air d'être gênés. Il fait très chaud et la poussière de charbon rentre par les fenêtres ouvertes. Je suis dans un piteux état. Heureusement, comme tout bon voyageur des trains chinois, j'ai ma tasse avec couvercle pour l'eau bouillante distribuée régulièrement, une petite serviette pour m'éponger le visage et avec mes voisins nous partageons nos réserves alimentaires. Après les questions préliminaires à tout entretien, les gentils compliments sur ma maitrise du chinois, nous pouvons échanger plus librement sur les raisons de notre voyage. Le ronfleur va *zuò mǎimài,* faire du commerce. Deux autres camarades ingénieurs vont à Lanzhou travailler à un système d'irrigation. Lanzhou, au Gansu est située sur les rives du Fleuve Jaune, point de transit entre la Mongolie, le Sichuan et le Tibet et est souvent évoquée dans les récits des voyageurs comme une ville de commerce où se croisaient les caravanes de toutes sortes de marchandises, laine, soie, thé, épices.

Arrivée trop tardivement à la gare, je ne trouve qu'un billet en siège dur pour Urumqi pour le lendemain. J'achète une pastèque et trouve une chambre-dortoir dans un hôtel à deux arrêts de bus de la gare. Dans la salle de bains commune à l'étage, je prends un bon bain froid - il fait plus de 40° à l'ombre- et l'eau bistre qui s'écoule des tuyaux me rappelle la baignoire de Kunming.

Dans la salle d'attente de la gare de Lanzhou, une soixantaine de curieux, dont la moitié fume des cigarettes qui pendouillent aux commissures des lèvres, m'entourent alors que j'écris une adresse sur un aérogramme. Je leur explique que j'ai besoin de respirer et que j'apprécierais s'ils s'écartaient un peu. Le train pour Urumqi ne part que vers 11h et deux heures avant, il y a près de cinq cents personnes assises par terre qui attendent et qui elles aussi sont dans la dernière classe. Je me prépare mentalement à plus de trente heures de voyage en sièges durs. Au moins je note avec satisfaction que ma place est numérotée et donc réservée. Cela n'évitera pas les bousculades. Il faut être les premiers à monter pour pouvoir caser paquets, corbeilles, palanches avant que les moins rapides ou moins chanceux arrivent ne serait-ce qu'à s'asseoir sur un coin du siège attribué, coincé par les bagages des autres. Une fois j'en ai même vu passer sous les wagons pour gagner plus vite une place assise. À cause des inondations vers Xi'an, le périple au Xinjiang est un peu plus compliqué du point de vue des correspondances. Partie dimanche 1er août, j'arriverai sans doute le dimanche 8 crasseuse et poisseuse à destination, après 2 500 km en train, des casse-croûtes partagés, des rencontres inédites, des nuits agitées, mais envoûtée par un paysage remarquable et exotique.

En quittant Lanzhou, se dressent à l'horizon des montagnes moins pelées aux teintes verdoyantes. De part et d'autre de la voie, de grandes cultures de blé déjà mûres et en pleine moisson. Plus on s'éloigne de Lanzhou, plus la campagne semble s'appauvrir, les cultures sont moins riches à cause d'un manque d'eau évident. Le train s'élève entre le massif de Dabanshan et celui de Rulaishan puis rejoint le désert du Gansu, où troupeaux de chameaux et d'ânes, grands espaces sableux me remémorent l'épopée d'Ella Maillart et de Peter Fleming[182]. Les paysans locaux arrivent à faire pousser dans ce sol sec et aride du tournesol et quelques céréales, parfois même du riz. Les maisons de terre basses n'ont pas d'ouverture du moins visible du train, comme en Afrique du Nord. Pour ce long périple en siège dur, je suis assise à côté d'un charmant couple, elle professeur de chimie, lui technicien, tous deux Han mais dont les parents ont été exilés à Urumqi. Fins et intelligents, ils ne m'assaillent pas des habituelles questions comme le camarade du bout de la rangée qui me demande en criant si je suis mariée et quel salaire je touche. Eux s'intéressent

---

182 Peter Flemming, « *News from Tartary* », First Futura Edition 1980 et Ella Maillart, « *Oasis interdites - De Pékin au Cachemire* », Le livre du mois, Genève, 1971.

à la démographie en France, au système d'études, à l'emploi. Je partage mon casse-croûte avec eux qui me font goûter des spécialités achetées lors des haltes du train. Entre Français et Chinois on s'y connaît question gastronomie et on peut en parler des heures. Dans ce train de Lanzhou à Dunhuang, c'est la première fois que je vois des graffitis pornos dans les toilettes.

Entre neige et sable

Dans la région autonome tibétaine du Qinghai qui s'étend à l'Ouest de la voie ferrée, des gamins déguenillés et plutôt maigres gardent les chèvres et dès qu'ils voient le train arriver, se précipitent en criant *lái chī* pour quémander des bouts de galettes, des restes de *bāozi* petits pains, jetés par les fenêtres ouvertes par les voyageurs attendris. Certains ont des dartres ou des taches blanches de dépigmentation sur le visage. Les locaux qui ne peuvent s'offrir les places en sièges durs voyagent derrière les wagons citernes sur des planches, emmitouflés dans de gros manteaux militaires fourrés, car il fait relativement froid pour un mois d'août et la voie ferrée s'élève et franchit un col à 3 000m entre des sommets culminant à plus de 6 000m, couronnés de neige étincelante. On devine de belles vallées cultivées de colza, de blé, de fèves, parfois une parcelle de riz inondée. Beaucoup de troupeaux de moutons, de chevaux et d'ânes paissent l'herbe plutôt rare. Puis la verdure fait place au minéral. Celui qui imagine le désert de Gobi comme une étendue de belles dunes de sable sera déçu car c'est plutôt une immensité caillouteuse. Du train, près de Jiayuguan, on aperçoit, comme un décor d'opéra, les ultimes morceaux de la grande muraille, dont certains ont été refaits en briques.

Les villages sont en pleine moisson. Des ânes tournent autour de l'araire en tirant un rouleau de pierre qui écrase les grains de blé pour séparer la paille du grain. Des femmes secouent de grandes corbeilles plates pour séparer l'enveloppe du grain et semblent assaillies de papillons blancs virevoltant au vent. Notre train est particulièrement lent et s'arrête fréquemment pour un changement de locomotive, le remplissage du wagonnet à charbon, ou pour attendre le passage d'autres trains plus rapides. D'après mes compagnons, on devrait arriver à Liuyuan vers 17h demain. Comme l'heure est la même dans tout le territoire chinois, on gagne deux heures de soleil par rapport à Beijing. La position assise en siège dur pendant plus de trente heures sans savoir où mettre mes jambes est une expérience plutôt désagréable. Toilette matinale et minimale au point d'eau du wagon lors d'une halte. Les vendeurs de galettes, fruits et cacahuètes se mettent au garde à vous devant leurs corbeilles, alignés sur le quai derrière la cheffe de gare, lorsque le train s'ébranle au son d'une musique militaire marquant le départ toujours ponctuel. La nuit est longue et pénible, impossible de trouver une position confortable sur les sièges durs. Tout le monde est soulagé quand le jour pointe son nez. Le paysage est un étonnant contraste entre le Qinghai à l'Ouest, avec ses sommets encore couverts de neige et l'immensité rocailleuse, grise et plate du désert, qu'un vent balaye en faisant frémir les quelques touffes d'une herbe jaunie et sèche. Pas âme qui vive. Mais l'ambiance est chaleureuse dans le wagon des «pauvres» dont les jeux et les éclats de rire font oublier l'inconfort et les courbatures. Tout est transformé en sujet d'hilarité. Cette fois-ci c'est un chapelet de saucisses qui couronne la tête d'un voyageur qui rit autant de son état que le propriétaire des saucisses ayant mal fermé son sac dans le filet à bagages.

Désert et oasis

Liuyuan est une bourgade en plein désert qui permet l'accès en bus aux grottes de Mogao dans le village de Dunhuang. J'avoue être soulagée de pouvoir enfin me dégourdir les jambes après ces longues heures de sièges durs. Le bus pour se rendre aux grottes ne partant que demain matin, je trouve un hôtel avec dortoirs aux draps douteux, comme d'habitude. Qu'importe, je suis aux confins de la Chine ! Prochaine étape Turfan, 14 heures de train, rien à côté de ce que je viens de subir. L'intérêt de Liuyuan est assez limité : une grande rue avec la librairie d'État, un restaurant, l'hôtel, qui est plutôt une auberge, la gare routière et deux dentistes. Une sorte de clown attire la foule en avalant un sabre, puis en lançant une balle et la rattrapant sur sa tête. Quelques vendeurs *d'Amiguā* -le melon Ami un peu équivalent au melon charentais- et d'autres disparaissant derrière des montagnes de pastèques. La chaleur est tout à fait supportable mais une tempête de sable se lève. Pour cette étape et mon séjour au Xinjiang, j'apprécie d'avoir opté pour une tenue panjabi achetée en Inde, pantalon, tunique et turban en coton léger indien et je me voile complètement. Ma ressemblance avec les femmes locales est un atout majeur pour évoluer dans ces régions parcimonieusement ouvertes aux étrangers. Lors de ma déambulation en ville et sur la colline avoisinante, je suis suivie par deux gamines maniérées et pressantes, mais je me suis tellement habituée à n'être jamais seule, que je les intègre dans ma promenade. Le soir venu, je m'effondre sur mon lit, la tête pleine d'images insolites, emplie d'une félicité presque extatique et dors profondément.

Le bus pour Dunhuang est plein et cahote dans les ornières d'une route goudronnée qui file tout droit à travers le désert. Çà et là quelques troupeaux de moutons et de chevaux. Il a plu et la route est dangereuse. Une vitre à l'avant du bus se brise. Des Chinois de Hong-Kong en vacances éclatent de rire. Un petit môme avec une casquette à carreaux, poulbot local, me regarde d'un air sérieux. Trois heures plus tard, le bus atteint le village de Dunhuang. Après avoir posé mon sac dans le dortoir de l'unique hôtel, assez éloigné de la gare routière, je saute dans un minibus pour aller aux grottes de Mogao. Et là, c'est l'émerveillement. De toutes les grottes visitées à Chengdu, Luoyang et Datong, ce sont les mieux conservées. Il y aurait plus de 500 grottes creusées dans les falaises sur deux ou trois niveaux. C'est comme un immense livre qui révèle les multiples expressions artistiques de la Chine bouddhique sur mille ans. De magnifiques statues de l'époque des Wei[183] représentent des femmes souriantes, bien proportionnées, aux chignons sophistiqués qui les grandissent d'un tiers de leur taille. Des fresques superbes, avec un décor floral foisonnant recouvrent la totalité du mur. Les visiteurs sont rares, à part les *huáqiáo*[184], nous ne sommes que deux Français et un Chinois professeur d'art à Xining, au Qinghai qui enseigne en chinois à des Tibétains et me dit en aparté qu'il ne croit plus en la diversité des langues en Chine. Quand je l'interroge sur les réactions de ses étudiants tibétains, il me dit : « Si quelque chose de bon arrive dans leur vie, par exemple un tracteur financé par la commune populaire, c'est l'œuvre de Bouddha. Ils se fichent du socialisme. Ils économisent pour pouvoir faire des pèlerinages à pied d'un temple à un autre. C'est leur conception du bonheur ». Nous avons pu avoir accès à une quinzaine de

---

[183] La période la plus importante de création et de décoration des grottes s'étend du IVe au Xe siècle et couvre les dynasties des Wei (386-534), des Sui (581-618) et des Tang (618-907).

[184] Chinois de Hong Kong et d'outre-mer.

grottes ouvertes au public sur les quarante en jetant quelques coups d'œil à travers les grillages et les verrous des grottes fermées. Les commentaires de la guide chinoise étaient très limités, mais typiques de tout ce que j'ai pu entendre lors de visites par ces guides formés après la Révolution culturelle. Un débat courtois a lieu avec l'autre Français à propos de Paul Pelliot, chacun ayant une version différente de l'histoire. Paul Pelliot, linguiste, sinologue et tibétologue français, a-t-il en 1908 volé une partie des manuscrits de Dunhuang ou, en les achetant à un ermite taoïste pour 500 taels, les a-t-il préservés des pillages et surtout révolutions ultérieures ?[185]

Dans le bus du retour, je discute avec une douzaine de professeurs chinois en poste au Xinjiang et venus en touristes à Dunhuang. Parmi eux un Han de Xi'an arrivé avec ses parents à l'âge de six ans. Depuis que je suis entrée au Gansu, voyageant en direction de l'Ouest, je réalise les importants transferts de populations exilées dans ces provinces. Au cimetière de Liuyuan en déchiffrant les inscriptions sur les tombes, il n'y avait pas un seul défunt du Gansu, les autres venaient du Henan, Hebei et Hunan. Retour en fin d'après-midi à Dunhuang d'où je reprends un bus pour aller admirer le coucher du soleil sur le « Lac du Croissant de Lune» appelé aussi « le Miracle du Désert ». Ayant été privée de belles dunes de sable lors du voyage en train, je suis comme envoûtée et me roule dans le sable chaud puis m'affale sur le dos et me laisse caresser par la lumière du soleil déclinant. Ce serait le paradis parfait, s'il n'y avait les jacasseries

[185] Paul Pelliot (1878-1945), acquit une partie de la collection de la grotte n° 17, découverte à la fin du 19ème siècle et comprenant de nombreux manuscrits très bien conservés grâce au climat aride et la rapporta à la Bibliothèque nationale où elle fut enregistrée en 1910. Le reste est actuellement conservé dans différents musées et bibliothèques à Paris (musée Guimet), Londres, Saint- Pétersbourg, New Delhi, Pékin, Shanghai, Tianjin, ainsi qu'au Japon.

et cris des Hongkongais qui débarquent dans mon petit îlot de tranquillité avec leurs radios cassettes. Ce n'est pas encore dans le désert de Gobi que je vais trouver solitude et silence. Patience, les Monts Célestes ne sont plus très loin.

Région autonome du Xinjiang ou colonie han ?

Arrivée à 5h du matin à la gare de Turfan. Cette ville peuplée de Ouïghours turcophones est située dans une oasis qui a la particularité d'être au creux d'une dépression à 150 m sous le niveau de la mer dans le désert de Taklamakan, dont le nom voudrait dire en ouïghour « Lieu des Ruines» et est surnommé «la Mer de la Mort ». Un voyageur m'a même dit, on en parle comme "d'un endroit d'où il est difficile de sortir vivant". Excitant ! Je me rends à pied à la gare routière comme un automate, tellement j'ai pris l'habitude, une fois arrivée quelque part de m'enquérir et organiser ma prochaine étape. Sur l'esplanade en terre battue, devant le bâtiment-hangar abritant les bus, j'attends paisiblement le petit matin. Une brebis me regarde siroter un thé. Dans un coin, un couple de Ouïghours fait rôtir des têtes de moutons fichées sur des piques en bois. Progressivement, l'endroit se remplit de femmes et d'hommes à la peau blanche, aux visages plus anguleux avec de grands yeux ronds parfois d'un gris clair étincelant. La brebis avec laquelle je commençais à sympathiser est saisie par les pieds, puis égorgée, le cou tranché avec un poignard. L'apprenti boucher est très adroit. En soufflant par une incision faite à la patte, il gonfle d'abord d'air l'animal, puis en retire la peau. Elle est ensuite pendue devant la maison. Une forte odeur de ces ovins me poursuivra pendant tout mon séjour au Xinjiang et au Qinghai. Le guichet ouvre enfin et je me m'associe à un conglomérat de personnes souhaitant acquérir un billet. Je laisse passer un vieux derviche barbu au magnifique turban, vêtu d'un large pantalon d'un blanc grisâtre. Tout d'un coup, j'entends crier *billetti Urumqi.* Je bénis la langue ouïghoure d'avoir quelques mots similaires aux langues latines et me précipite vers ce type à la voix tonitruante qui me vend la place N° 67 du car pour Urumqi. Les gares routières étant toujours à l'écart des villes, je saute dans un bus pour aller visiter Turfan. La receveuse, Han, se révèle assez pénible, voulant presque m'empêcher de monter. Le bus n'est pas d'aujourd'hui et bringuebalant emprunte une route toute droite qui descend légèrement au milieu d'un paysage de caillasses noires. Puis comme par enchantement, il entre dans une belle oasis, longeant une allée verdoyante au milieu des vignes et atteint la ville. Un mirage ? Un miracle ! Une ambiance complètement différente de ce que j'ai pu connaître en Chine, comme si en quelques minutes j'étais transportée en Asie centrale. Turfan connaît les différences de température les plus extrêmes de Chine, - certains évoquent -50, l'hiver, + 50 l'été - et se révèle pourtant une bourgade à l'atmosphère détendue, estivale. La population est curieuse mais souriante et bienveillante. Je suis moi aussi complètement fascinée par tout ce qui m'entoure, des habitations, des femmes aux robes légères à fleurs mi longues sur des pantalons à la turque, foulards noués sur leurs chevelures noires et souples. Beaucoup sont enceintes et cela me frappe car les grossesses chez les femmes Hans très fluettes sont souvent invisibles. Les vieilles ont plutôt un voile blanc qui leur couvre la tête et le buste. Les hommes portent le calot musulman, souvent magnifiquement brodé. Les petits garçons ont parfois des chemises ouvragées, les filles des robes de couleurs vives. Ils sont nombreux, parfois quatre ou cinq par famille, jouant à l'ombre des pergolas, d'un figuier chargé de fruits bien mûrs ou de treilles d'où pendent des grappes de raisins appétissantes. Il n'est pas rare de voir un homme avec deux femmes sur une charrette, qui fait office de moyen de transport pour la famille. Turfan est 100% musulmane pour ce qui est de la ville traditionnelle ouïghoure. Les « colons » Hans, eux, sont dans un quartier résidentiel sécurisé, encerclé de murs de briques élevés ne laissant aucune visibilité, un peu à l'écart de la ville. Ils ne se mélangent pas à la population locale et ont leurs propres magasins, écoles et hôpitaux. Les Ouïghours ont une sympathie naturelle pour l'étranger, qu'ils considèrent plus proches d'eux que les Hans, occupant leur territoire.

Beaucoup de charrettes et de petits ânes à clochettes qui tintinnabulent pour écarter les piétons de leur passage dans les ruelles de terre battue. Au marché, il y a profusion de pastèques, de raisins, les *amiguā*, melons sucrés, tous très bon marché. Je remonte la rue principale jusqu'à la mosquée où j'achète trois petites chéchias pour mes neveux. Des gamins m'assaillent en se disant « chauffeurs de taxi » assis sur le bras de leurs charrettes attelées à des ânes qui mangent de l'orge dans des sacs attachés à leurs encolures. Au détour d'une ruelle, des femmes assises sur leur pas de porte bercent des bébés bien ligotés par des sangles dans des berceaux en bois à bascule tout en chassant les mouches de leur progéniture. Le sexe d'un petit garçon est caché dans un étui en bambou. L'une m'offre du raisin et propose que j'adopte son troisième fils. Les maisons sont grandes, bien agencées, rutilantes de propreté et protégées de la chaleur étouffante par des tonnelles fraîches où l'on se verrait bien faire la sieste ou siroter une citronnade à la menthe. Les maisons, souvent d'au moins trois pièces, sont organisées autour d'un patio intérieur, la cuisine étant à l'extérieur l'été. Les intérieurs que je visite, contrastent avec ceux de Kunming souvent encombrés et parfois rafistolés. Ici, il y a de l'espace et de la fraîcheur. On se croirait dans le Sud de l'Italie ou en Afrique du Nord, mais en plus opulent. Les enfants qui me suivent crient « bye bye » à tout bout de champ, mais semblent bien nourris et aucun ne mendie. Les petits garçons sont souvent nus car il fait chaud et se trempent dans les karez, ces astucieux petits canaux qui sillonnent la ville et passent sous les maisons, longent les rues et rafraîchissent ainsi les habitations. De charmants petits ponts les enjambent. Dans un restaurant local, je déguste un délicieux plat de mouton accompagné d'un pain plat, au goût peu éloigné du chapati indien. Il y a beaucoup de graffitis sur les murs écrits en ouïghour et que je ne peux évidemment pas déchiffrer.

Je me rends à la mosquée Imin Adat sur la charrette de deux gamins tirée par un âne. L'un est très typé mongol, l'autre plutôt typé turc avec de grands yeux presque bleus. La mosquée est construite en terre cuite avec un très beau minaret ouvragé, d'où la vue est magnifique sur le désert et au loin les Montagnes flamboyantes avec même un sommet enneigé. J'ai l'impression d'être dans un petit paradis terrestre, l'oasis aux mille merveilles. La température peut monter facilement à 48° pendant la journée, mais il y a de l'air en haut du minaret. Une briqueterie jouxte la mosquée. C'est l'heure de la prière du soir, tout est tranquille et serein. Avant de rentrer me coucher, je passe au bazar – même mot en ouïghour –, où l'ambiance est très différente des marchés chinois. Des piles de fruits, des charrettes remplies de pastèques, des cotonnades, des calots, des épices, des graines de courges striées de noir et de blanc, des galettes, des pains plats, du gras de mouton qui se déguste froid. Les femmes aux robes colorées et aux foulards assortis, les hommes barbus, la tête couverte du calot et non de la casquette Mao. Quelle émotion pour moi d'être sur la route de la soie dans une oasis où l'on parle une langue dont je ne peux comprendre que quelques mots. Ma chambre d'hôtel donne sur une courette où chants et danses accompagnés d'une flûte et d'un tambourin m'entrainent dans un rêve dépaysant.

Aucun bus ne veut ou ne peut me vendre de ticket pour me rendre aux tombes d'Astana à Gaochang. J'avise un minibus de touristes japonais qui acceptent de m'emmener avec eux pour la somme modique de 50 ¥. Avec mes quelques connaissances en japonais, j'explique que ce montant est mon budget pour un mois de voyage. Ils acceptent de réduire le prix de moitié. Dans ma vie, je n'aurai sans doute pas d'autre occasion de revenir ici et je décide de me joindre à eux, imaginant les économies futures pour compenser cette petite folie. La route en bon état file tout droit dans le désert. Gaochang aurait été un avant-poste militaire sur la route de la soie, à l'époque des Tang. Mais, selon les sources ouïghoures ou hans, les hypothèses diffèrent. Les momies, trouvées dans les tombes d'Astana font l'objet d'interprétations variées, souvent accompagnées d'arrière-pensées politiques[186]. Gaochang est avant tout un grand site archéologique funéraire, où l'on ne peut voir cet été-là qu'une tombe ouverte aux touristes où se trouvent deux cadavres momifiés âgés de 1 500 ans et parfaitement conservés grâce au climat très sec et au sol naturellement salin. Une ribambelle de gamins habitués aux touristes veut poser pour la photo. Après une halte dans un bar où les Japonais descendent bière sur

[186] En relisant cette partie de mon journal, je cherche des informations sur l'origine de ces momies. Les Ouïghours affirment que ces momies sont leurs ancêtres, traces du peuplement plurimillénaire du Xinjiang, preuve que la région ne faisait pas partie de la Chine. Affirmations soutenues par des prélèvements ADN qui ont prouvé que ces momies sont d'origine indo-européenne, venant d'Eurasie. De toute évidence, leurs arguments visent à déprécier la légitimité de l'emprise chinoise sur la zone. Le gouvernement a sciemment freiné les recherches effectuées par des archéologues étrangers sur ces momies et insiste sur la présence ancienne de Hans à Gaochang et dans la région, craignant les courants séparatistes dans le Xinjiang.

bière, la troisième étape du circuit après les ruines et les tombes sont les anciennes grottes bouddhistes de Bézéklik aux fresques malheureusement très abîmées. Le site est superbe, dans une vallée encaissée entre des falaises entourées de dunes de sable et à l'horizon les sommets enneigés des Tian Shan, les Monts Célestes. Les grottes sont en piteux état, bien pillées par les Français et les Anglais, à ma grande honte. Des pans de fresques sur torchis ont été découpés et sont sans doute exposés au Musée Guimet ou au British Museum. On me dit que des bonnes reproductions de ces fresques sont visibles au musée d'Urumqi.

Sérénité des Monts Célestes, les Tianshan

Le bus pour Urumqi est bondé. Les sacs sont chargés sur le toit par le préposé qui sue à grosses gouttes et qui parle mi ouïghour mi chinois. Je trouve un bout de banc et m'étonne que mon billet numéroté 67 ne m'ait pas du tout attribué une place assise. Mon voisin est un énorme Ouïghour. Il y a beaucoup de personnes en surpoids dans cette ethnie, surtout des femmes de 40 à 60 ans. Ma voisine de gauche a eu neuf enfants mais six sont morts. Elle bredouille un peu de chinois et nous nous comprenons avec l'aide d'un dictionnaire ouighour-chinois que j'ai acheté à Turfan, mais qui est rempli de mots pour glorifier l'installation des Hans au Xinjiang, un ramassis de vocabulaire de propagande qui ne m'aide pas du tout dans les conversations avec mes co-voyageurs, bavards, souriants et volubiles. Elle voyage avec son mari et sa petite fille qui ressemble à une petite bohémienne. Les femmes ouïghoures mettent leur argent, leurs papiers, des mouchoirs dans d'épais bas de laine. Ma voisine me demande pourquoi je vais à Urumqi et non à Kashgar. En entendant que Kashgar n'est pas ouvert aux étrangers et qu'aucun permis ne me sera délivré, elle soupire de compassion. Un vieux assis de l'autre côté de ma banquette, porte une chéchia carrée et me pose des questions en *guóyŭ* puis traduit mes réponses aux deux femmes derrière lui qui transmettent encore derrière elles, comme si on jouait au téléphone arabe et je me demande ce que les passagers du fond comprennent de notre conversation. Les voyageurs mangent, fument, boivent. Un air chaud circule à travers les fenêtres. Un gamin s'est endormi, debout, la tête sur l'énorme levier de vitesse du conducteur.

Les routes dans le désert sont toutes droites, pas un virage, n'ayant aucun obstacle à éviter. Trois heures après le départ, le paysage change un peu et les beaux sommets enneigés des Tian shan au Sud-ouest de Urumqi font leur apparition. La route se resserre, serpente le long d'un ruisseau boueux. Quelques troupeaux de chameaux, moutons et chèvres paissent une herbe éparse. Une halte est prévue pour un casse-croûte dinatoire. Des vendeurs d'œufs, de melons doux et de pastèques font leurs affaires. La fin du périple est un peu plus dure pour le dos, la route devenant caillouteuse et pleine de nids de poule. Arrivée à la gare routière, je prends un bus pour me rendre à un hébergement bon marché avec des dortoirs à 3¥ le lit, mais pas de douche. Pour se laver et se rafraîchir, il faut s'asperger d'eau dans des cuvettes, mises à disposition dans les toilettes.

Urumqi est une ville sale et très chinoise, le contraste est frappant en arrivant de Turfan. Peu de Ouïghours dans les rues, très reconnaissables à leur façon de se vêtir. Ici vivent principalement des colons Hans. Sur les murs et les panneaux d'affichage des slogans en chinois et en ouïghour. Ma prochaine étape étant le Qinghai, j'essaye de réserver un vol pour Lanzhou pour gagner un peu de temps. En vain. Ce sera le train, dont je ne me lasse pas, et de Lanzhou une correspondance pour Xining. Les marchés sont nombreux et proposent des montagnes de fruits secs, des abricots, pastèques, tomates et quelques peaux de chèvres bien odorantes. Au musée d'histoire, une salle permet d'admirer des reproductions des fresques de Bezeklik. Une autre est réservée aux momies séchées, pudiquement recouvertes d'un petit tissu sur les reins cachant les sexes. Le soir, je vais au cinéma voir «*Tian shan Jie*», film à la gloire de l'Armée de Libération en garnison dans les Tian Shan, avant-goût de mon périple de demain.

Lever aux aurores pour prendre un bus pour le lac Tianshi, lac des montagnes célestes, un coin de Suisse en Chine, dont je rêve depuis longtemps. Le parcours est superbe dès que l'on quitte la plaine de Urumuqi encombrée de brume. La montée à flanc de montagne le long d'un torrent fougueux est impressionnante. Notre conducteur met son honneur à doubler tous les autres véhicules, camions ou bus et on frôle le ravin de façon acrobatique. Le bus atteint un haut plateau et le bord d'un lac où sont regroupées quelques baraques et yourtes. C'est le territoire des ethnies Kazakh, Tadjik et Kirghize, qui sont à cheval, c'est le cas de le dire, entre la Chine et le Kirghizstan, juste de l'autre côté du massif. Peuples nomades, ils vivent principalement de l'élevage de moutons. Je loge dans une yourte, ossature en bois recouverte de peaux de chèvre dont l'odeur est prégnante. Pas d'eau, pas de toilettes, chacun se soulage tout autour de la yourte, ou dans une cabane d'une saleté repoussante. Le lac, lui, est d'une pureté extraordinaire et les cimes enneigées se reflètent dans son eau limpide. Leur reflet parfait donne le vertige avec l'impression d'avoir la tête en bas. Mais rapidement le temps se gâte, l'horizon se bouche. Le brouillard et l'altitude font descendre la température et il fait subitement froid. J'enfile tout ce que j'ai dans mon sac à dos et bénis le pull en laine angora trouvé au marché de Urumuqi. Les yourtes dortoirs et quelques baraques sont gérées par le propriétaire de l'unique auberge. Les Kazakhs qui accueillent les quelques touristes qui s'aventurent par ici, le font assez naturellement, sans curiosité, comme s'ils étaient habitués, alors que je me sens dans un des coins les plus isolés de Chine. Soirée magique et complètement insolite dans l'unique auberge où un petit groupe de Kazakhs et un Uzbek chantent et se saoulent à l'alcool. Ils sont accompagnés d'instruments locaux dont un ressemble à une balalaïka. Aux confins de l'empire han, sous la voûte céleste criblée d'étoiles, dans un silence divin à peine troublé par les ricochets que je m'amuse à faire glisser sur les eaux noires du lac, je réalise que le paradis dans l'empire chinois existe ! La nuit étoilée augure d'une amélioration de la météo.

Le petit déjeuner apporté par une Kazakh d'un âge avancé, aux yeux bleus et fichu sur la tête se compose de délicieux *yóutiáo,* beignets trempés dans du lait de jument. Un passeur accepte de me faire traverser le lac et atteindre le sentier que j'ai repéré. Malgré une bruine humide, je tente l'ascension d'un sommet pour au moins atteindre la neige, et commence par remonter la vallée d'un torrent impétueux qui se jette dans le lac. Le chemin mal tracé m'oblige à le traverser six fois dans des conditions assez aventureuses, sur des troncs humides et glissants. J'atteins deux yourtes de bergers kazakhs qui veulent m'inviter pour le thé. Mais je leur promets de m'arrêter au retour, voulant atteindre la crête avant le mauvais temps qui menace. Petit encas pour reprendre des forces, les haltes sont courtes car, bien qu'en août, il fait très froid. Après six heures de montée, l'antécime du Mont Qobgba, qui s'élève à 5 775 m est atteinte. Le sommet m'est inaccessible étant insuffisamment équipée pour marcher dans la neige. La vue est impressionnante, recouvrant à la fois le désert du Takla-Makan et la chaîne enneigée des Monts Célestes qui portent si bien leur nom. Le brouillard s'épaissit et me force à redescendre d'abord dans des pierriers puis dans de belles prairies et pâturages bien gras. En contrebas, un campement de trois yourtes émerge de la brume et leur couleur blanche se détache sur le vert intense de l'herbe alentour.

L'invitation à boire le thé, refusée à l'aller, est bienvenue. Une femme dans la cinquantaine, aux yeux gris acier et une dizaine d'enfants provenant des yourtes avoisinantes, m'accueillent. Elle prépare un thé salé au lait de jument. Ce thé kazakh, ressemblant au thé tibétain, me surprend très agréablement. Vu le froid ambiant, tout breuvage un peu chaud est apprécié. D'un torchon qu'elle déplie, elle sort des fromages de chèvres très secs, délicieux accompagnés de morceaux de galettes recouvertes de graisse de mouton qui fait office de beurre. Le fromage est dur mais très bon. Il faut le mâchouiller longtemps avant de pouvoir l'avaler. D'ailleurs, ce fromage de chèvre fait office de dentifrice ou de chewing-gum pour les enfants qui laissent voir une dentition blanche magnifique quand ils sourient. Grâce au lait de jument, boisson quotidienne et à l'altitude, la yourte est installée à plus de 3 000 mètres, ils ont de belles pommettes bien rouges d'enfants en pleine santé.

La yourte se monte en quelques heures. Transportée sur le dos des chevaux, les bergers nomades l'installent où leur troupeaux vont pouvoir paître. L'intérieur est dépouillé. Au fond sont empilées des *miánbèi*, les couettes aux motifs floraux de couleurs vives, une selle de cheval, quelques ustensiles de cuisine. Le poêle a une position centrale. La fumée s'échappe à travers un conduit en tôle par une ouverture au sommet à l'endroit où convergent les arceaux de la charpente, faite en roseau souple. Il y règne une ambiance chaleureuse. Toute la famille est là confortablement installée sur les tapis qui recouvrent le sol de la yourte dans une bonne odeur de chèvre mêlée au feu de bois. Je sors de mon sac, pruneaux, raisins et abricots secs achetés au marché de Turfan et les offre aux enfants qui ne se font pas prier. La conversation est limitée, ils ne parlent pas le *guóyǔ*. Quand les troupeaux auront épuisé l'herbe, ils repartiront, se déplaçant sans notion de frontière. Devant la yourte, une autre femme tisse une bande en laine aux couleurs vives sur un métier en bois rudimentaire, fiché dans la terre et qu'elle actionne avec son pied. Assise au milieu des enfants à la regarder tisser, elle me demande d'un regard étonné, pourquoi je ne suis pas mariée en fixant mon auriculaire sans alliance et d'un geste me met un gamin sur les genoux et me fait signe que je peux l'emmener avec moi. L'heureux élu est blond aux yeux bleus, la morve au nez, il me regarde d'un drôle d'air, ne comprenant pas, je l'espère, ce que sa mère manigance. Je regrette de ne pas avoir un polaroid pour leur donner une photo. L'intérieur des autres yourtes tout autour sont également bien rangées et très propres. Dans l'une d'entre elles, il y a cinq enfants en dessous de cinq ans. La politique de l'enfant unique ne sévit pas dans ces contrées. Des fromages de chèvre sèchent sur des claies en bois surélevées sur pilotis, à l'abri des animaux.

La descente jusqu'au lac Tianshi est très agréable. De superbes chevaux, crinières au vent, détalent en hennissant, comme pour me saluer. Le sentier traverse une forêt et après avoir franchi le torrent plusieurs fois, j'arrive malheureusement trop tard pour le bateau passeur et je dois contourner le lac pour rejoindre les baraques et la yourte hôte où j'ai laissé mes affaires. Après un bol de riz et de haricots avalé dans la yourte qui fait office de cantine, j'ai le cœur serré de quitter ce lieu paradisiaque où j'ai goûté pour la première fois depuis un an au calme, à la sérénité, communiant avec une nature sauvage mais bienfaisante, un des plus beaux endroits de la Chine que j'ai pu connaître. J'emporte avec moi cette odeur de bique, de feu de bois, le goût du thé salé et du fromage de chèvre comme un cadeau des Kazakhs rencontrés pour ne pas regretter mon petit bonhomme laissé dans sa yourte.

Le Qinghai, sur les traces d'Alexandra David Néel

En prévision du très long trajet en train d'Urumqi à Lanzhou, j'achète au bazar des galettes de blé, le pain des Ouïghours. De Lanzhou je projette de me rendre au Qinghai, le petit Tibet[187]. Gare d'Urumqi : immense queue pour le train 172 de 9h14 où une compétition est organisée pour récompenser la meilleure *fúwùyuán* employée. Toutes s'activent, lavent les wagons à l'extérieur, astiquent les fenêtres. Celle de mon wagon, le N°5, déclare vers midi : «Si vous trouvez que je travaille mal, critiquez moi pour que nous allions ensemble vers du meilleur dans l'entraide». Le soir, les résultats sont proclamés à travers les hauts parleurs et c'est la préposée du wagon 12 à qui vont toutes les félicitations mais celles des wagons 5, 6 et 8 ont bien travaillé aussi et je m'empresse de consoler notre *fúwùyuán.*

[187] Pour mieux contrôler le Tibet, les Chinois l'ont divisé en trois provinces, l'Amdo, devenu le Qinghai, le Kham l'actuel Sichuan, le U Tsang où se trouve la capitale Lhassa.

Lanzhou. 3h40 du matin. Par chance aucun problème pour avoir un billet pour Xining par le *mànchē*, le train lent. Dans la salle d'attente de la gare, quatre bonzes vêtus de toges rouge violet se sont trompés d'heure et ont cinq heures d'avance. Dans le train qui part en retard,-1ère fois que cela m'arrive en Chine-, un agent de sécurité me demande mon permis de voyage heureusement dûment tamponné. Le paysage est absolument superbe, une suite de chaînes de montagnes rouges striées de lignes grises dues à l'érosion, certaines en formes de pains de sucre. Le train suit un affluent du Fleuve Jaune. Partout s'étendent de très belles cultures aux teintes variées, du vert au jaune orangé, séparées les unes des autres par des chemins de terre ocres sans aucune friche. Les paysans sont en pleine moisson du blé. Dans les champs de blés coupés, on aperçoit le ballet des panières rondes et plates agitées à quatre mains pour séparer les grains de leurs enveloppes qui s'élèvent dans l'air telle une myriade de phalènes. La minutie des soins des paysans pour leurs cultures donne aux paysages une impression de sérénité, malgré le dur labeur agricole.

Dès mon arrivée à Xining, je me rends à l'hôtel, grande bâtisse de style soviétique à l'odeur tenace de désinfectant. Les bâtiments à l'entrée sont réservés aux Chinois et hébergent des sportifs de haut niveau qui s'entraînent ici en altitude, la ville étant à 2 300 m encore plus élevée que Kunming. Dans l'ascenseur je rencontre Daniel, un Américain de Taoyuan qui, lui, quitte Xining. Avant de partir prendre son train, il me donne quelques conseils pour déjouer les interdictions, car la ville n'est officiellement pas ouverte aux étrangers. Un petit tour dans la ville, où un mélange d'ethnies vaque à ses occupations, des Hans, parfois des Tibétains, des Tu mais surtout des Salars[188], musulmans aux femmes voilées de noirs comme des nonnes. Ella Maillart évoque[189] « une ville musulmane séparée de la ville chinoise par un mur percé d'une grande porte ». La jeune préposée du *wàibàn* local m'interpelle pour me faire faire le visa pour aller au temple Kumbum, visa qui s'avérera inutile du reste : 2¥ mais surtout 4h précieuses à Xining de perdues. A la gare routière je retiens un billet pour aller au lac de Koukou-Nor, dont j'ai lu les descriptions faites par Alexandra David Néel au tout début de son célèbre voyage à Lhassa en février 1921[190]. La gare et les alentours sont remplis de Tibétains aux beaux chapeaux de feutre vert, femmes aux multiples nattes, grandes toges en velours, fourrées de peaux de chèvre et bottes en cuir de yack. L'employée me dit d'abord que tout est vendu, puis elle me trouve tout de même une place. À l'hôtel, dîner dans la salle du restaurant réservée aux étrangers et paradoxalement remplie de Hans sans doute en mission, façon cachée de faire du tourisme.

Aller en car au Lac Koukou-Nor et retour en stop

À l'aube, sous un ciel maussade, je me rends à la gare. Je m'inquiète des nombreux agents de sécurité de peur qu'on m'arrête avant de monter dans le car. Des Tibétains odorants,

---

[188] Les Salars sont une minorité turcophone de l'Est du Qinghai et Sud-Ouest du Gansu. Ils se sont mélangés avec les Tibétains, les Hans et les Huis. Ils sont musulmans, parlent la langue salar, le tibétain mais utilisent l'écriture chinoise. Les Tuzus vivent également à l'Est du Qinghai et dans le Gansu, ils sont appelés parfois les Mongols blancs, car issus à la fois des Tibétains et des Mongols. Ils utilisent la langue Tu et l'écriture chinoise. Leur religion est un mélange de bouddhisme, de taoïsme et de chamanisme.

[189] *Oasis interdites - De Pékin au Cachemire,* Ella Maillart, op.cit.

[190] Barbara & Michael Foster, *Forbidden Journey, the life of Alexandra David-Neel*, Ed Harper&Row, 1987. En première de couverture, une carte très détaillée avec toutes les étapes datées. Le voyage, commencé en 1921 s'achèvera après 3ans de pérégrinations aux confins de la Chine de l'Ouest en février 1924 à Lhassa.

de stature imposante, les yeux vifs au milieu de visages cuivrés, s'agitent et remplissent les véhicules prêts au départ. Enfin je prends place. Il fait froid et il pleut. Bien sûr les vitres ne ferment pas et j'essaye de coincer un carton et du papier toilette pour étanchéifier la mienne. Finalement un passager dégourdi sort un tournevis de sa besace et la répare avant que je ne sois complètement trempée.

Premier arrêt : achat d'œufs durs et par chance des latrines. Puis, l'ascension du haut plateau commence sous une neige qui colle à la route. Tout devient blanc en quelques heures, alors qu'on est en plein mois d'août. Le car arrive poussivement au col du mont *Rìyuèshān*, de la Lune et du Soleil, qui s'élève à 3462 mètres. Malheureusement un brouillard épais empêche d'admirer la vue. C'est la première fois que je passe un col à cette altitude en car et non à pied ou en ski. Après quelques kilomètres de descente en roue libre pour économiser le carburant, nouvelle halte dans un restoroute. Les passagers, moi inclus, avalons en vitesse une soupe à la viande de mouton, du riz et deux galettes de blé bien bourratives, mais sait-on de quoi ce soir sera fait ? Des Tibétains sont assis à une table à côté de moi, dont un d'une beauté telle qu'il m'est difficile de détourner le regard. J'hésite même entre homme ou femme tellement il a les traits fins, la peau halée, une natte d'un noir d'ébène fait le tour de son visage puis descend le long de l'épaule pour se perdre dans le revers de son manteau. Mais le poignard ciselé dans un fourreau attaché à la ceinture, signe l'appartenance au sexe masculin. D'autres assis par terre ont sorti des photos et l'un d'entre eux lit des prières écrites en tibétain sur des feuilles brunes rectangulaires. Une vieille se verse dans un bol en bois du thé brûlant d'une jolie petite théière en argent sculpté.

Le car s'ébranle avec sa joyeuse cargaison de voyageurs. Tout le monde cherche à savoir d'où je viens. « Du Xinjiang ? *Făguó* ? De la France ? Mais alors tu es une minorité ethnique toi aussi ? Tu dépends du gouvernement central de Beijing ? » J'opine du bonnet, je suis sans doute la plus petite minorité du Qinghai, car je n'y ai pas encore rencontré un seul Français ou Européen. On se congratule, on rit, sans doute tout simplement d'être parvenus dans cette partie isolée du Qinghai. Je m'excuse de ne pas parler le tibétain et d'être obligée de passer par le *guóyǔ,* la langue des colons pour échanger avec mes compagnons. Après la traversée d'un immense plateau couvert de prairies où paissent de nombreux yacks, le bus atteint le lac de Koukou-Nor. Je suis la seule à descendre et le chauffeur me dit qu'il continue sa route et ne repassera que demain. Qu'importe, j'improviserai pour rentrer à Xining, pour l'instant profitons du lac et de ses alentours. Véritable mer intérieure, le lac ferait 360 kilomètres de circonférence. À peine ai-je le temps de faire une balade à pied le long de la rive, qu'une camionnette bâchée s'arrête et m'invite en chinois à monter à l'arrière. Le chauffeur, un gros Han sympathique au visage fendu d'un large sourire, fait sa tournée de vente de produits du magasin d'État de Xining auprès des populations nomades : vêtements, cuvettes, serviettes, papier toilette, articles de droguerie, outils. Il est accompagné de trois filles hans, employées du même magasin, qui viennent toutes de différents coins de la Chine : Hebei, Shandong, Fujian. Leurs parents ont été envoyés au Qinghai pour des études, pour leur service militaire, un travail en usine mais aussi certains y ont été exilés pendant la Révolution culturelle. Ce n'est pas dit ouvertement mais les dates correspondent. Avec mes nouveaux compagnons de route, nous faisons halte un peu plus loin, au bord du lac, près d'un embarcadère pour écouter le clapotis de l'eau sur la grève et admirer les poissons. Un chalutier vient de rentrer après trois jours de pêche avec une quinzaine d'hommes à bord qui déchargent le poisson, mis ensuite en conserve directement dans l'usine située sur la rive occidentale. Le lac est réputé poissonneux et il y a du reste cinq chalutiers qui sillonnent ses eaux. Beaucoup d'oiseaux également, l'endroit étant un lieu de nidification et de repos pour les migrateurs, oies, canards, mouettes, goélands. Je prends une photo souvenir de l'équipe devant le bateau.

Le chauffeur m'invite à rentrer avec eux à Xining à l'arrière du camion avec les employés et j'accepte avec reconnaissance sa proposition. Avant de repartir, je change discrètement mon tampon dans une cabane qui sert de latrines, devant les trois filles éberluées qui n'en avaient jamais vu. Nous nous installons à l'arrière de la camionnette, dans la partie de la benne bâchée, assises sur des tabourets-bobines, recouvrant nos genoux de couvertures bien appréciées. La pluie s'est arrêtée et à ma grande joie, la vue se dégage. Panne d'essence, ce qui est assez fréquent car les chauffeurs ne remplissent pas toujours le réservoir avant de partir mais ont toujours un jerrycan à l'arrière. Pendant que le chauffeur s'exécute, Yü, une des employés, fait bouillir de l'eau sur une sorte de lampe à essence, pour préparer du thé. Des yacks, moutons, chevaux, à perte de vue et au loin des yourtes, où vivent les gardiens tibétains de ces immenses troupeaux. Je n'ai jamais vu de si vastes hauts plateaux dans les Alpes. Sous la lumière presque orageuse, le vert des pâturages devient luisant. Les cimes enneigées brillent d'un éclat trop vif qui fait cligner des yeux. Ballotée dans la benne, bien au chaud sous ma couverture, le visage fouetté par le vent, l'irréalité du moment me rend euphorique. Je suis arrivée à mes fins dans cette partie du Tibet réputée inaccessible à l'époque, entourée de Hans sympathiques et complices de mon aventure. Après les Tian Shan du Xinjiang, cet endroit est le plus beau et l'expérience la plus improbable de mon périple.

Nouvel arrêt, cette fois-ci pour ramasser des bouses de yacks, excellent engrais pour les plantations du chauffeur et également seul combustible dans cet endroit où altitude, froid et vent empêche les arbres de pousser. À un col, la camionnette s'immobilise de nouveau pour de la terre cette fois-ci. Malgré l'ambiance amicale, j'ai tout de même une légère angoisse d'être repérée par un chefaillon zélé lors d'un des nombreux check points qui jalonnent la route. Un troupeau de yacks arrive en galopant, poursuivi par cinq Tibétains à cheval qui viennent se faire photographier fièrement sur leur monture. La neige a un peu fondu depuis ce matin. Lors d'une halte au premier bureau officiel qui enregistre les allées et venues des camions, les filles m'aident à me cacher sous la bâche. Elles n'ont pas beaucoup de conversation, mais leur vie dans cette région et leur travail de vendeuses en tournée me fascinent. Toutes trouvent que les Tibétains ont la vie dure, surtout en hiver et en parlent avec bienveillance. Il neige habituellement dès fin septembre jusqu'en juin, mais cette année est particulière et il neige encore en août. Après un deuxième bureau de surveillance de la circulation où je me fais discrète et me dissimule derrière une pile de cuvettes, nous atteignons Xining à la nuit tombée. Toujours pas d'eau chaude à l'hôtel où je partage un dortoir avec des Chinoises de Hong-Kong, qui, par leur attitude plutôt sans gêne, s'approprient l'espace pourtant réduit de notre chambrée. Tellement différentes de leurs consœurs mes co-camionneuses d'un jour.

Taershi ou Kumbum

Me voilà partie pour Kumbum pour voir ce fameux monastère des Gelugpas aux bonnets jaunes, où séjournèrent le Père Evariste Huc trois mois en 1845 et Alexandra David Néel en 1921. C'est à vingt-cinq kilomètres au Sud-Ouest de Xining, soit plus d'une heure de trajet en bus de la gare routière, traversant une belle campagne de champs de blé couleur d'or. Le bus s'élève au-dessus du plateau, seulement quelques kilomètres avant d'arriver au monastère, sis sur une colline où sont dispersés les différents bâtiments. Certains sont du style du Potala en plus modestes. Les murs sont de couleur rouge sombre. Sur la place devant le monastère se tient un grand marché, tel un souk où se vendent trompes en cuivre, conques marines, clochettes, textiles tissés, livres et moulins à prières, objets et vêtements tibétains. Les marchands de bondieuseries bouddhistes, qui savent s'y prendre pour attirer l'éventuel acheteur, sont paradoxalement tous de l'ethnie musulmane Satar, portant une calotte blanche brodée sur la tête, leurs étals protégés du soleil par de grandes bâches écrues. Un spectacle d'acrobatie à cheval se met en place derrière des palissades avec force musique qui gâche la sainteté du lieu. Il y a des vendeurs d'œufs durs, de thé, de nouilles. Pour deux *jiǎo*, on peut déguster un bol de yaourt frais. Cette année-là, il n'y a que quelques touristes Hans et de nombreux pèlerins venus des quatre coins du Tibet ou du Sichuan voisin, vêtus de leurs grands manteaux fourrés, d'où dépassent des thermos en plastique.

Visite dans l'odeur du beurre rance, carburant des lampes

À l'entrée du monastère, un lama vend pour deux *jiăo*, les quatre tickets nécessaires pour se rendre dans les pavillons ouverts à la visite. Dans le premier pavillon au toit doré qui s'élève en pointe arrondie, le lama de service n'est pas très souriant et m'interdit de photographier. Il y a pourtant de très beaux tankas faisant penser à une peinture de Dali avec des animaux à têtes humaines. À l'étage, un ours, une chèvre, deux yacks et un singe empaillés surveillent les visiteurs. Dans un deuxième bâtiment, les statues du bouddha en bonnet jaune, drapées de soieries sont recouvertes d'écharpes blanches offertes par les pèlerins. Des lampes à beurre brûlent au pied des statues, en laissant échapper une odeur rance. D'ailleurs, ce monastère est célèbre pour la fête des statues en beurre de yack, qui se tient en hiver. Une importante réserve de beurre se trouve dans un petit pavillon au toit rond où les pèlerins déposent quelques piécettes en échange d'un peu de carburant pour leurs lampes.

Des Tibétaines s'inclinent devant les statues et d'un geste ferme font incliner leurs bambins qu'elles ont posés par terre devant elle. Leur coiffure sophistiquée est composée d'une multitude de nattes qui sont attachées ensemble dans un rectangle de passementerie orné de bijoux en argent. Je les suis dans leur déambulation à travers les différents pavillons et cours du monastère où elles pratiqueront devant toutes les statues, sans en oublier une seule, le rituel de Kiang Chag. Bras levés et joints au-dessus de la tête, puis ramenés à la taille, elles s'agenouillent, se prosternent complètement allongées sur le sol en récitant des formules pieuses. Leurs gamins à peine âgés d'un an ou deux, d'une sagesse exemplaire, patientent assis à même le sol, jouant avec des cailloux. Un lama, chargé d'alimenter les lampes à beurre, passe devant moi avec sur son dos, un tonneau d'où émerge la pâte jaune et luisante.

Dans le Pavillon dit de la Méditation, je tombe sur un lama avenant qui me fait visiter la grande salle sombre où flotte une odeur âcre d'encens et de beurre mêlés. Tout est recouvert de tapis, le sol comme les nombreuses colonnes de bois, telle une forêt bigarrée. Des écharpes bleues et blanches, offrandes des pèlerins, sont accrochées sur les bras des trois trônes du Dalaï lama. Les Tibétains s'allongent pratiquement tous les dix mètres et les enfants qui les accompagnent les imitent respectueusement. Certains marmonnent des prières en faisant tourner leur moulin à prières portatif. J'en vois deux qui interrogent le lama. Intriguée, je m'approche et vois le lama prendre un carton rempli de la poussière de la salle devenue sacrée après balayage. Les deux pèlerins en prélèvent des poignées qu'ils enveloppent précieusement dans une serviette de toilette, tout comme ceux de Lourdes rempliraient leur bouteille d'eau bénite. Je discute un peu avec le lama qui me dit qu'il y avait sept cent temples au Qinghai autrefois et qu'il ne resterait que celui-là[191]. Lui n'a guère bougé et n'est jamais allé en pèlerinage à Lhassa. Ils seraient deux cent moines ici de tous âges, vêtus de toges rouge violet. Il regrette l'éducation des vieux lamas, devenue de plus en plus rare, voire inexistante, puisque la plupart des sages érudits sont soit en exil soit morts. Les fidèles accomplissent les rites sans en connaitre le sens initial. Les gestes répétés inlassablement relèvent davantage de l'appartenance à une identité tibétaine et bouddhique. Comme s'il m'en avait trop dit, il s'éclipse. Dans une pièce attenante à la

[191] En 1982. Aujourd'hui d'autres monastères ont été restaurés, et les touristes chinois et étrangers affluent.

salle de méditation, des lamas ont en charge la fabrication des mèches pour les lampes à beurre, avec des fils de laine de mouton. À la sortie du pavillon sont disposés d'énormes moulins à prières d'au moins quatre mètres de haut et deux mètres de circonférence que les pèlerins font tourner à l'aide de poignées dans un sens quand ils rentrent et dans l'autre quand ils en sortent. Certains enfants s'amusent à les faire tourner n'importe comment, mais se font rabrouer par ceux qui prennent la tâche très au sérieux et le font méthodiquement. Une femme tourne autour du bâtiment central en récitant son chapelet. Elle a fait au moins une dizaine de tours quand je me décide à la quitter. Les planchers en bois sont lustrés par le frottement des fronts des pèlerins, qui développent pour les plus religieux une excroissance de peau durcie, une sorte de croute qui leur fait comme un troisième œil, dont ils sont très fiers. Des touristes hans se font prendre en photo avec un costume tibétain qu'ils peuvent louer comme dans un parc d'attraction. Le quatrième pavillon est moins intéressant. Le nirvana y est représenté dans une peinture chromo et par d'innombrables petites statuettes d'à peine dix centimètres de haut, en plâtre et aux couleurs horribles. Je ne m'y éternise pas. Trois belles Tibétaines en habits de fêtes, jupe de velours rouge, chapeaux brodés au bord relevé, allaitent leurs enfants à l'ombre d'un arbre dans une courette.

La ville autour du monastère est entièrement musulmane et peuplée de l'ethnie Salar. Dans la rue principale, les porches d'entrée des maisons en bois sont artistiquement ouvragés. Une école coranique active jouxte une très belle mosquée en bois sculptée. Des nuées de gosses m'agrippent, très noirs de peaux, dû au soleil d'altitude, sales et boueux. Il est intéressant de voir ces deux ethnies principales, les Tu et les Salar, aux religions différentes cohabiter sans jamais entrer en relation à part les échanges marchands. Les Salar musulmans ne rentrent jamais dans un monastère bouddhiste, car ils pensent que leurs textes sacrés sont enterrés devant la porte d'entrée et que s'ils les foulent au pied ils iront en enfer. Au cours de l'histoire, nombreuses seront les rivalités, parfois sanglantes, entre ces ethnies.

Post-face

Mon journal s'arrête là. Le retour à Kunming, puis le départ pour la France ne sont malheureusement pas racontés et mes souvenirs trop flous pour les traduire fidèlement. Les lettres qui restent dans la caisse sont celles échangées après mon retour, en chinois, en français ou en anglais, avec mes amis de Chine. Cette correspondance au fil du temps s'est espacée puis arrêtée.

Dans ma bibliothèque, je retrouve un livre gris-bleu, joliment imprimé en bilingue par les éditions Encre marine de Zheng Banquiao, lettré du XVIIIe siècle, intitulé *Lettres familiales*, traduction et notes du sinologue Jean Pierre Diény. Je suis bien arrogante de me référer à cet ouvrage, mais l'ayant relu, je rêve que mes lettres, elles aussi, relatant un quotidien parfois peu digne d'intérêt, permettent au lecteur de découvrir un peu de cette Chine des années 1980, dont plus grand-chose ne subsiste. Zheng Banqiao, modeste, s'exprime ainsi : « Mes seize lettres familiales ne parlent nullement du Ciel et de la Terre mais des affaires courantes de la vie quotidienne, ces propos familiers ouvrant parfois sur de vastes perspectives ». Et plus loin, il appelle à la modestie : « Une série de lettres familiales ne peut passer d'ailleurs pour une œuvre littéraire. S'il leur trouve quelque intérêt, le public y jettera un coup d'œil. Si leur intérêt est nul, il utilisera le papier pour boucher les fenêtres et les cloisons, ou pour couvrir les pots et les cruches et voilà tout ».

Mes outils pour fixer mon histoire chinoise étaient simples, le papier et le crayon d'abord et l'appareil photo argentique. J'ai utilisé plus de cinquante rouleaux de diapositives, que j'ai fait numériser par Lucie, ma nièce photographe, dont certaines montrent des foules en bleu de chauffe ou vert militaire, des marées de milliers de vélos, des bus crachotant, des trains à la vapeur, des paysages encore vierges du tourisme de masse, des petites maisons-échoppes en bois, clichés devenus inédits d'une Chine qui n'existe plus. La modernisation des villes les a rendues toutes semblables, avec d'immenses buildings, de grandes avenues, maintenant couvertes de voitures.

Ce travail d'écriture et de tri de photos a fait resurgir une nostalgie de ces expériences, de mes voyages et séjours en Asie. Que devient cette Chine où l'évolution donne le vertige ? Des locomotives à vapeur en 1980, elle est passée au pays qui possède aujourd'hui le plus de trains à grande vitesse. Deuxième puissance du monde, briguant la première place, elle reste loin d'être devenue pour autant un paradis, si ce n'est de la consommation. Si les Chinois sont à la pointe dans de nombreux domaines, ils n'ont pas le droit de vote, sont dirigés par des dictateurs, la corruption est toujours présente à plusieurs niveaux. Les nouvelles technologies renforcent la mainmise du Parti et l'autocratie. Tout citoyen chinois est fiché, répertorié, surveillé, doit obéir à un code de conduite qui lui attribue des points sur un passeport de bonne tenue, sésame pour obtenir les avantages comme visa pour voyager, jobs attractifs, augmentation de salaires, priorité pour un logement plus confortable etc. S'il jouit d'un niveau de vie tout à fait remarquable en effet, vu la taille de la population, sa liberté de penser, de créer, de se distinguer en dehors de la ligne idéologique imposée reste très contrainte. Presse, internet, réseaux, tout est sous le contrôle du Parti. Certains jeunes chinois cherchent à obtenir des visas et des bourses pour quitter le pays et essayer d'émigrer, encore aujourd'hui, alors que le niveau de vie, le chômage, le racisme antichinois même, rendent la vie en Occident parfois plus difficile que chez eux. La Chine actuelle reste l'empire du mensonge et de l'autocratie, la gestion de la crise du COVID en est un bon exemple, mais aussi le slogan « un pays deux systèmes » promis à Hong Kong et jamais tenu. Le bilinguisme chinois/langue de bois qu'évoque Annette Wieviorka dans son livre *Mes années chinoises*[192] est toujours de rigueur.

Dès 2010, l'horrible répression infligée aux Ouïghours du Xinjiang sont les mêmes que celles décrites par les victimes des diverses révolutions et mouvements politiques et rappellent tristement la « hanisation » du Tibet. Rééducation par le travail, lavage de cerveau, torture, disparition. J'entends à la radio des interviews de Ouïghours exilés racontant comment ils doivent s'accuser d'être un mauvais élément, une mauvaise herbe à arracher et dire merci au Parti, être reconnaissant pour le gouvernement, chanter la gloire du PCC. J'ai un pincement au cœur en reconnaissant un des chants patriotiques 40 ans après.

À mon retour en France, j'étais devenue à la fois plus lucide par rapport aux évolutions géopolitiques du monde et plus dubitative, comme si cette expérience ne pouvait se partager qu'avec ceux qui en avaient vécu de similaires. L'austérité de la vie de la plupart des Chinois[193] que j'avais côtoyés était d'un tel contraste avec le monde dans lequel j'avais atterri à mon retour à Paris, qu'elle me semblait difficile à évoquer. J'avais vu des

---

[192] Annette Wievorka, *Mes années chinoises,* Stock Puissance des Femmes, 2021.

[193] Rappel : la Chine des années 1980 faisait partie des pays dits « sous-développés », la population vivant sous un régime communiste stricte, seuls quelques membres du Parti triés sur le volet pouvaient obtenir un visa de sortie du pays. Le lecteur d'aujourd'hui abreuvé d'images, pouvant aisément voyager, ayant rencontré des milliers de touristes chinois aura du mal à l'imaginer.

visages empreints de souffrance, des coolies attelés tels des bêtes de somme, tirant des charges inhumaines, des gens qui travaillaient dur, d'autres qui ont subi des humiliations, des injustices telles qu'elles ne s'effaceront jamais et peuplent leurs nuits de cauchemars. J'étais complètement déphasée, à tel point que ma sœur aînée était obligée de me dire comment m'habiller, me coiffer et allait même jusqu'à me prêter des vêtements pour aller à des entretiens d'embauche qui ne débouchaient jamais. Les recruteurs s'étonnaient de mon expérience en Chine, de ma maîtrise de la langue, s'en émerveillaient le temps de l'entretien et ne donnaient jamais suite. Paradoxalement, le fait d'avoir fait le choix d'apprendre cette langue difficile me marginalisait et je n'avais jamais le bon diplôme ou la formation adéquate exigée dans les offres d'emploi. Je ressentais ces années chinoises comme un handicap pour m'insérer dans la vie professionnelle en France. J'étais « l'originale » et même ma famille ou mes amis m'appelaient «la chinoise». Paradoxe aussi en Chine où malgré mon physique proche de celui d'une Asiatique, j'étais stigmatisée par mon statut de *wàiguórén* d'étrangère, ayant pourtant franchi la barrière de la langue mais avec qui on instaure une distance. À se demander si l'intégration pour un Occidental en Chine est possible. Mes vrais amis chinois sont rares.

Plus tard, ayant épousé un Anglais, nous avons fondé une famille bilingue et biculturelle et la place de la Chine s'est réduite dans ma vie. Mon rapport à la langue et à la culture chinoises devint difficilement partageable avec ma famille, nos trois enfants évoluant dans des sphères académiques extrêmement variées et exigeant de ma part une curiosité intellectuelle et du temps pour pouvoir échanger et les suivre dans leurs projets. Mon activité professionnelle fut parfois en lien avec la Chine (interprète dans l'industrie du nucléaire, chargée de la zone Asie Pacifique dans un observatoire de Géopolitique dirigé par Michel Foucher, chargée de cours et conférences dans diverses institutions), mais plus souvent un gagne-pain pour faire vivre ma famille. J'ai été élue vice-présidente de l'Institut Franco-Chinois de Lyon pendant quelques années, mais les moyens très limités de l'association n'ont pas permis d'envisager des projets intéressants, ni de poursuivre durablement des échanges sur le plan académique, ce qui restait la mission principale de l'Institut. J'ai pu réaliser une exposition sur l'Institut de 1921 à 1946 et un site internet[194] bilingue sur son histoire unique, répertoriant tous les étudiants chinois qu'il a accueillis à Lyon. Par la suite, des incompréhensions et des divergences de vue m'ont éloignée de l'Institut.

Vivre en Chine et côtoyer les Chinois modifient le caractère, les contacts normaux étant pratiquement impossibles et exigeant de raisonner différemment, d'accepter un manque de spontanéité. Il faut toujours se retenir, n'être pas complètement soi-même, ne pas dévoiler ses sentiments, ses émotions, peser ses mots. On pourrait rapprocher cette attitude de l'hypocrisie. Je préfère dire que c'est de la retenue. Le rire n'est jamais franc et bruyant, les gestes sont posés. Pour moi, de tempérament plutôt méditerranéen, j'imposais un carcan à ma personnalité. Le fait d'être en permanence surveillée me poussait à dissimuler, à prétendre, à parfois manipuler mes cerbères en jouant à la candide ou en rebondissant sur un slogan que je tournais à mon avantage. Un slogan officiellement lancé - une fois tous les deux mois pendant mon séjour-, était alors

[194] http://www.institut-franco-chinois-lyon.com/

omniprésent dans presque tous les domaines voire gestes quotidiens. Il convenait de l'adapter pour qu'une action ou un avis peu orthodoxe selon les directives du Parti se transforme en politiquement correct. Ces adaptations truquées devenaient un jeu presque naturel dans lequel je trouvais la satisfaction de manipuler la langue chinoise qui, dénuée de grammaire, le permettait. Les officiels eux, « mentent », sans même essayer de rendre leurs propos plausibles puisque ce qu'ils affirment être le *guīdìng*, le règlement, ne peut être modifié s'il vient d'en haut, du Parti. L'étranger ne peut être compris par une autorité représentant une institution qu'au sein d'un groupe d'individus et à travers le prisme des stéréotypes assénés par la propagande. Et pourtant, quand on connaît les Chinois, surtout ceux de ma génération, quand on arrive à entrer en relation avec eux, -ce qui à mon époque était encore très difficile sans les compromettre et peut paraître étonnant pour le lecteur d'aujourd'hui-, ce sont des gens aimables, avides de vous connaître, curieux sans agressivité, le rire servant d'exutoire pour un éventuel mouvement d'humeur, d'une générosité sans équivalent. J'ai eu la chance de rencontrer dans mon travail, parmi mes amis et même dans mes voyages des Chinois d'une politesse et d'un raffinement inégalés dans d'autres pays. Je retrouverai plus tard, lors d'un voyage en Iran, cette élégante délicatesse, cette courtoisie qui peut sembler obséquieuse mais qui fait réaliser à quel point la notion d'irrévérence peut être ressentie devant des comportements d'Occidentaux. Mais quant à la jeune génération chinoise, les propos de Ai Weiwei entendus lors d'une émission radiophonique, les trouvant « trop nationalistes, égoïstes, oubliant les efforts de leurs parents, sans vision ni intérêt pour l'humanité, arrogants et hautains par rapport aux sociétés étrangères », concordent malheureusement avec d'autres opinions.

J'ai appris aussi à me détacher d'une réalité parfois injuste. Pourquoi réagir violemment, chercher à imposer son point de vue devant ce que l'on ne peut changer ? La résistance, telle que nous la concevons, n'est pas toujours possible en Chine et les Chinois l'ont bien compris traversant les mouvements révolutionnaires brutaux et parfois sanglants. Il semble qu'il n'y ait pas de douceur dans la vie en Chine, sauf dans la poésie, la peinture, dans une mélopée accompagnée d'un pipa ou dans la délicatesse d'un met délicieux partagé entre amis. Le Chinois, souvent amer mais résigné, fait preuve d'une résilience hors du commun, d'une obéissance au Parti, d'une soumission qui peut nous paraitre lâche ou faible. Mais qui aurait l'audace de les juger face au rouleau compresseur du régime qui leur est imposé ? Leur passivité est en fait une leçon d'endurance devant un système totalitaire implacable. Il est triste de se rendre compte que les souffrances longues et terribles, endurées pendant le Grand Bond en avant, le Mouvement des cent fleurs et la Révolution culturelle prolétarienne, entre autres périodes troublées, ont engendré l'appauvrissement d'une des plus grandes civilisations du monde. La révolution qui voulait « révolutionner la culture » n'a réussi qu'à détacher le peuple de ses traditions séculaires pour finalement l'orienter vers la culture occidentale et même parfois l'attirer vers le pire de la culture consumériste.

Mon esprit d'indépendance et d'aventure, ma soif de liberté, très ancrée dans ma famille, a certainement joué sur mon moral et mon manque de bienveillance envers les autorités les premiers mois. Puis, j'ai évolué, je me suis habituée, j'ai posé un autre regard sur mon environnement. J'éprouvais une certaine fierté d'arriver à comprendre le fonctionnement de la société chinoise de l'époque, à me faire apprécier dans mon travail d'enseignante, d'avoir rempli mon contrat, d'avoir vécu cette expérience qui reste unique dans cette région isolée de Chine et dont le développement était très en retard par rapport aux régions côtières.

En tant que femme, voyageant parfois seule, je n'ai jamais senti d'insécurité, ce qui est tout de même incroyable vu les kilomètres que j'ai faits dans toutes sortes de moyens de transport. On ne pouvait certainement pas en dire autant ces année-là en Europe ou encore moins aux États-Unis. De tels voyages ou séjours en Chine ne sont plus possibles aujourd'hui. Les nouvelles technologies ont complètement changé la donne. La surveillance sophistiquée du territoire chinois par d'innombrables caméras rendrait toute escapade hors des zones contrôlées presque impossible. Le téléphone portable, devenu outil indispensable pour tout déplacement, réservation ou achat, empêche de vraiment couper les liens et crée une sorte de cordon ombilical, limitant les initiatives et les prises de risque et ne permet pas de disparaître des radars.

Les plus beaux endroits de ce gigantesque pays sont maintenant envahis d'un tourisme de masse sans culture qui coche les destinations visitées comme des items sur une liste de shopping. C'est le revers du développement d'une classe moyenne plus aisée. Dali et Lijiang sont devenus un immense parc d'attraction, genre Dysneyland. Les habitants ont été chassés de leurs maisons traditionnelles, transformées en guesthouses et restaurants où les serveurs sont déguisés en ethnies locales pour attirer les très nombreux touristes chinois et étrangers qui par milliers pullulent dans ce coin magique du Yunnan. Les photos ou récits de ces touristes de voyages organisés me procurent un réel dégout. Tout comme Alexandra

David Néel qui déjà en son temps, déplorait dans une correspondance à son mari en 1919 : « Vraiment il est bon d'être né maintenant plutôt que cent ou même cinquante ans plus tard, la terre devient bien laide sous la main des soi-disant civilisés »

En visionnant un documentaire sur la répression des Ouïghours, je découvre que des milliers de touristes Hans brandissent leurs perches à selfie sur les rives du lac des Tian Shan. Désastre humanitaire et environnemental imposé au Xinjiang.

Lors de mes voyages, malgré les contraintes que j'ai dû accepter, celles que j'ai pu contourner, les frustrations du permis non validé, les angoisses des contrôles dans les gares ou les check points, j'ai connu des moments d'euphorie d'une liberté chèrement acquise, j'ai eu des poussées d'adrénaline en faisant du stop déguisée en autochtone, j'ai goûté les fruits défendus avec délice, me retrouvant parfois seule dans des paysages exceptionnels et même à de rares moments, j'ai eu l'incroyable sensation de passer inaperçue dans une foule, surtout au Xinjiang. Alors que pendant mon séjour, les Chinois se surveillaient mutuellement et les échanges avec eux étaient murés dans un conformisme ennuyeux, j'ai pu parler seule à seule avec quelques rares amies sans oreille qui trainent ; j'ai pu surprendre une conversation intime, alors que j'étais étendue, invisible, sur la couchette haute d'un wagon ; j'ai pu décrypter un dàzìbào violent, écrit en cursif et collé sur le mur d'enceinte de l'Institut par une nuit noire pour être arraché dès le lendemain matin; j'ai eu la satisfaction d'organiser des voyages pour ma famille sans passer par l'agence du gouvernement, la Lüxingshe, ce qui était pratiquement impossible à l'époque et de lui faire connaître «ma» Chine et non la Chine officiellement acceptable. Parfois, dans le regard d'un inconnu, par une expression ou une parole échangée, j'ai pu deviner l'intellectuel caché dans une vareuse d'ouvrier et établir une certaine connivence. J'ai alors ressenti un réel bonheur, une admiration et même un amour pour ce pays et sa population que je n'aurais jamais imaginés possibles.

Il est difficile de rendre avec exactitude ses impressions et constatations surtout après quarante ans d'une autre vie bien loin de ma vie chinoise. La vision qu'on a de la Chine est façonnée par les préjugés, convictions, engagements politiques et valeurs humaines qui faussent l'objectivité. Les contradictions sont fréquentes dans la façon de juger les évolutions de ce gigantesque pays. D'ailleurs, comment parler d'une Chine alors qu'elle est multiple, en perpétuelle évolution, que les changements dans la société chinoise sont bien plus rapides qu'ailleurs, que le régime autoritaire en place désinforme sur ce qui s'y passe, à moins d'être un-e spécialiste émérite? Arrivée à Kunming avec de nombreux questionnements, j'en suis repartie loin d'avoir toutes les réponses et depuis, toujours curieuse, intéressée et souvent préoccupée par le développement du monde chinois, je reste humble devant sa complexité.

Mon récit ou micro-histoire est modeste eu égard aux mouvements politiques qui ont secoué la Chine depuis, mais c'est une expérience vécue qui témoigne d'un temps à la fois révolu et paradoxalement contemporain.

Sommaire

Repères historiques

1921 : Fondation du Parti Communiste Chinois.

1925-1949 : Tchang Kaï Chek, militaire, représentant du Guomindang, gère la lutte contre les communistes et la guerre contre le Japon avant de se retirer à Taiwan où il dirige le pays jusqu'à sa mort en 1975.

1937-1945 : Guerre sino japonaise.

1949 : Fin de la guerre, Tchang Kaï Chek et le Guomindang s'exilent à Taiwan. Le PCC est instauré, Fondation de la RPC.

1951 : Occupation du Tibet.

1957 de février à juin : campagne des Cent fleurs.

1965 : Rupture des relations avec l'URSS commencées en 1950.

1966-1976 : Révolution culturelle.

1973 : Campagne « Pi lin pi gong, contre Lin Bao et contre Confucius ».

1976 : Mort de Mao.

1978 : Deng Xiao Ping met en place les 4 modernisations dans l'agriculture, l'industrie, les sciences et technologies, la défense nationale.

1979-2015 : Contrôle des naissances, politique de l'enfant unique.

1979 de février à Mars: guerre sino vietnamienne. La Chine lance une expédition punitive en réponse à l'invasion et l'occupation du

Cambodge par le Vietnam en 1978, qui mit fin au règne des Khmers rouges soutenus par la Chine.

1989 juin : Manifestations et massacres place Tian an Men qui valent à Zhao Ziyang, alors dirigeant du PCC d'être limogé. Répercussions internationales majeures.

1997 : Rétrocession par les Britanniques de Hong Kong à la RPC.

2002-2004 Novembre : Epidémie de SRAS en Chine qui infecte une trentaine de pays 2016 : Fin de la politique de l'enfant unique, décision prise lors du 5ème plénum du comité central du Parti. Les couples peuvent avoir deux enfants voire trois dès 2021.

2019-2020 : Manifestations contre l'amendement de la loi d'extradition par le gouvernement de Hong Kong. Violente répression.

2019 Novembre: Pandémie de COVID déclarée à Wuhan qui se répand dans le monde entier.

2020 : Répression violente contre les Ouïghours au Xinjiang qui dure encore aujourd'hui.

2022 : Xi Jinping réforme la constitution pour être réélu sans limite à la tête du pays et du Parti.

Annexes

Exemple de copie d'un de mes élèves

sur le sujet : « Ma vie pendant la Révolution culturelle »

Pendant la Révolution Culturelle.

Quand la révolution culturelle commençait, je n'avais que onze ans. J'étais dans la cinquième année de l'école primaire. Tous les cours furent arrêtés parce que le mouvement a commencé. Toutes les écoles ont fermé leur portes, et je restais chez moi.

En 1969 j'ai repris l'école secondaire. Mais là, je n'y restais qu'une année. Je venais de Sichuan à la campagne de Yunnan en 1970. J'y travaillais bien avec les paysants. La vie était toute nouvelle pour moi. Naturellement j'ai rencontré des diffiultés, mais les paysants faisaient de leur mieux pour m'aider. Ils s'occupaient de moi comme de leurs propres enfants. J'y suis resté trois années avant d'entrer à l'usine chemique. Dans l'usine, j'étais apprenti pour réparer l'appareil de mesure et j'ai appris beaucoup de choses. En 1978, ~~j'ai~~ je suis devenu étudiant.

Je prends la résolution d'étudier bien le français et de contribuer à l'édification socialist.

ALAIN

Le 22 septembre 1981.

Carte de la Chine

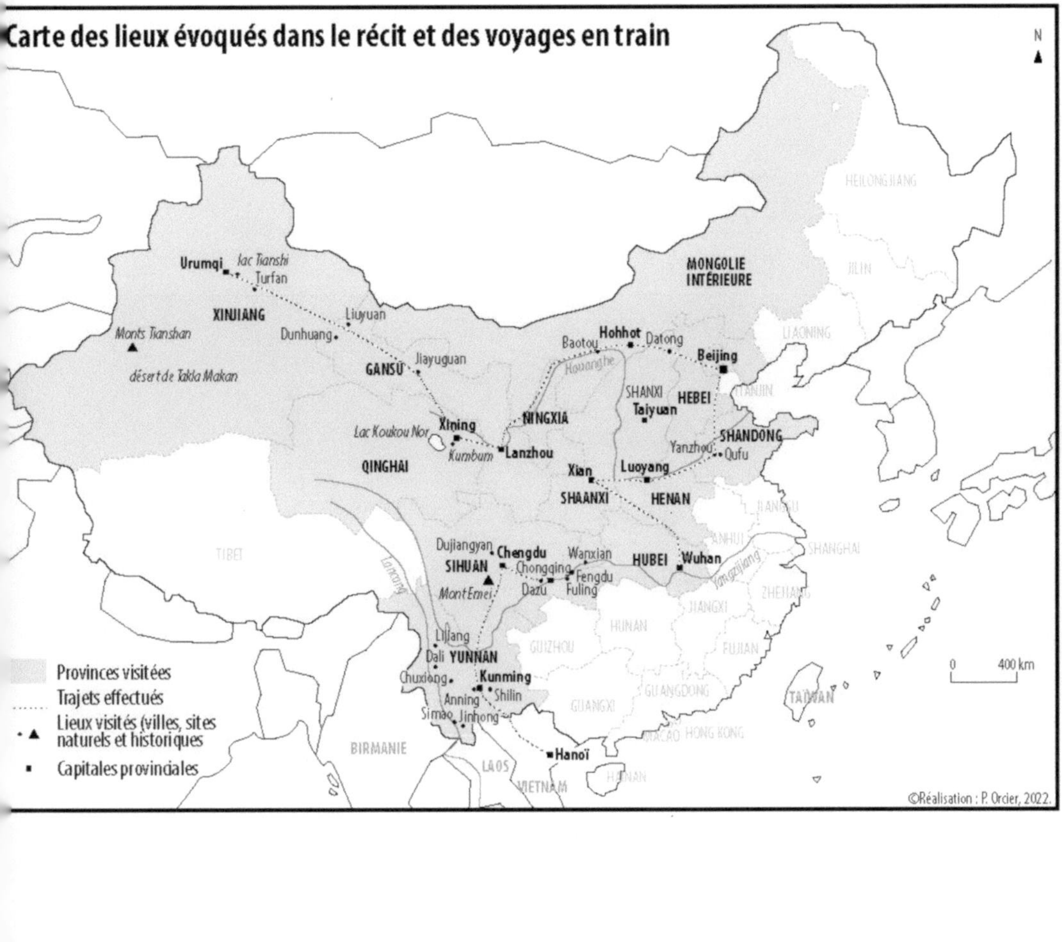

En images

Kunming

Toits de Kunming.

Trafic au rond point principal.

Ma classe d'ingénieurs et de géologues.

Parking à vélo

Scènes de rue

Scènes de rue

Tess d'Uberville au cinéma local.

Je poste mon courrier.

Livraison de carcasses, rue des bouchers.

Écrivaine publique.

Photographe officiel.

Fumeur de pipe à eau.

Minorités Yi aux pieds bandés.

Le quartier français, Pont sur la rivière Banlong.

Vestiges des maisons françaises.

Jour de lessive.

Cours sur les différentes parties du porc chez la minorité Yi.

Un Yi tressant un panier.

Enfant insouciant du danger et parents sereins.

Effets de la Révolution culturelle sur un temple proche de Kunming.

Photo de classe pour mon départ.

Voyages

Enfants dans un village Daï du Xichuangbana.

Tibétains dans une rue à Chengdu.

Chongqing, la ville montagne vue du Yangzijiang.

Entrée à Dali.

Naxi à Lijiang, un jour de marché.

Naxi à Lijiang, un jour de marché.

Inaccessible lama protégé par le ganbu.

J'achète des épices à Turfan.

La sieste des jumeaux Ouïghours.

Invitation à boire le thé au beurre salé dans une yourte Kazakh.

Cherchez l'intruse.

Rencontre au col de la Lune et du Soleil, 3468m, avec des cavaliers Kham du Qinghaï.

Pause de trois belles tibétaines de l'ethnie Tu au temple de Kumbum.

Remerciements

À mes enfants, ma famille et mes très nombreux ami-es qui ont relu ce manuscrit en me conseillant, me guidant avec bienveillance et patience et qui m'ont encouragée à raconter cette expérience.

La Route de la Soie - Éditions
www.laroutedelasoie-editions.com